Iso Camartin

Im Garten der Freundschaft

Iso Camartin

Im Garten der Freundschaft

Eine Spurensuche

C. H. Beck

Gesetzt aus der Swift bei Fotosatz Amann, Aichstetten
Druck und Bindung: Pustet, Regensburg
Einbandgestaltung: Leander Eisenmann, Zürich
Umschlagabbildung: © bobsairport/Ellen Rüger
Gedruckt auf säurefreiem, alterungsbeständigem Papier
(hergestellt aus chlorfrei gebleichtem Zellstoff)
Printed in Germany
ISBN 978-3-406-62158-1

www.beck.de

Inhalt

«Man sagte mir: Ja, das ist Freundschaft,
doch, doch, ganz bestimmt,
du brauchst nicht weiterzusuchen.»
Samuel Beckett, *Endspiel*

In Erinnerung an Hyman Bloom (1913–2009)

Der Brief des Großmoguls

Aus Samarkand erhielt ich einen Brief. Der Großmogul hatte diesen Brief offenbar einem seiner Privatsekretäre diktiert, der mit dem Namen Din Mahmud zeichnete. Der Brief war in englischer Sprache abgefasst und enthielt neben den üblichen orientalischen Höflichkeiten und liebenswürdigen Weitschweifigkeiten, die das Wohlwollen des so mächtigen wie gelehrten Herrschers dem Adressaten gegenüber bestätigten, im Wesentlichen zwei Mitteilungen: Zunächst äußerte der Großmogul den Wunsch, mich aufgrund ihm zugegangener Empfehlungen aus London und Wien verbindlich zum engeren Kreis seiner Mitarbeiter zählen zu können. Um diesem Wunsch den gehörigen Nachdruck zu verleihen, ernannte mich der Großmogul offiziell zu seinem Privatsekretär für den Bereich «Büchersammlungen und Schätze der westlichen Welt». Der Großmogul ersuchte mich, dies als ein außergewöhnliches Zeichen von Vertrauen und persönlicher Wertschätzung anzusehen.

Gleichzeitig teilte er mir mit, zunächst nicht den unterirdischen Erweiterungsbau der Palastbibliothek für Ergänzungen aus Ländern der untergehenden Sonne in Angriff zu nehmen, sondern diesem Vorhaben ein anderes vorausschicken zu wollen, das er wie folgt beschrieb:

«Auf meiner letzten Reise durch das Herrschaftsgebiet meiner Vorfahren bin ich auf die erschreckende Auswirkung von Monokulturen in landwirtschaftlichen wie in geistigen Bereichen gestoßen. Wo einmal paradiesische Vielfalt herrschte, haben engstirniger Zentralismus und dogmatische Weltanschauungen blühende Landschaften in immer gleiche Ödnis verwandelt, aus Gedankenvielfalt ist sture

Nachbeterei geworden. Die Folgen des zentralistischen Wahns und doktrinärer Weltanschauungen sind Armut, Abhängigkeit und Aussichtslosigkeit. Sie haben sich in früheren Oasen des Wohlstands und der Gelehrsamkeit in erschreckender Weise ausgebreitet. Meine Fachleute für Bewässerungsfragen und landwirtschaftliche Neuerungen sind bereits angewiesen, dort, wo die Lage noch umkehrbar scheint und Korruption nicht jegliche Verbesserung von vornherein unmöglich macht, in absehbarer Zeit für Abhilfe zu sorgen. Was den geistigen Verfall betrifft, bin ich entschlossen, an einigen Orten, deren Ruhm auf besonders blühenden Denkstätten und nie versiegendem Einfallsreichtum in Glaubensfragen beruhte, neue Impulse durch die Errichtung von Schulen und Forschungszentren zu geben. Bereits beschlossen und in Planung begriffen ist die Wiedereröffnung eines Gelehrtenzentrums für Sufismus in Samarkand, jener Stadt, die einmal «Paradies des Ostens», «Spiegel der Welt» und «Garten der Seele» hieß und heute nur noch ein schwacher Abglanz ehemaliger Gelehrsamkeit und Kunst und früheren Reichtums ist. Mein dafür ausgesuchter Architekt hat sich bereits mit den Sufismus-Experten beraten und mir seine Pläne unterbreitet. Wenn Allah, der Urheber aller Schöpfung, es will, werden in zwei Jahren die ersten jungen Menschen mit den besten Gelehrten in Samarkand das Studium muslimischer Mystik und Weisheitslehren in der neu entstandenen Sufismus-Akademie aufnehmen können.

Diese bereits nahe Aussicht ist der konkrete Anlass dieses Schreibens. Als Ergänzung zur geplanten Sufismus-Akademie habe ich beschlossen, in Samarkand als ein Spiegelbild zur entstehenden Stätte islamisch-sufistischen Wissens und Weltbegreifens einen «Palast der Freundschaft» zu errichten. An dieser in ihrer Art bisher unbekannten Schule der Gelehrsamkeit soll zunächst Freundschaft zwischen einzelnen Menschen, dann aber auch zwischen den Kulturen und Religionen der weiten Welt gelehrt und gepflegt werden. Beachten Sie bitte, dass ich nicht eine allgemeine philosophische Akademie oder eine überkonfessionelle Forschungsstätte für mystische Traditionen und

Weisheitslehren im Auge habe. Ich möchte der wunderbaren Idee der Freundschaft ein außerordentliches Denkmal setzen. Freundschaft ist in ihrer Vielfalt und Bedeutung ein *einmaliges zwischenmenschliches Ereignis, das gerade in der westlichen Welt reichhaltigste Ausprägung und Entfaltung erfahren hat. In Samarkand, diesem früheren Kreuzungspunkt der Kulturen, soll dieser besondere Palast entstehen.*

Meinem Plan liegt folgende Leitidee zugrunde: Der Freundschaftspalast soll genauso viele Räume und Einrichtungen enthalten, als notwendig sind, um die blühende Vielfalt der Formen freundschaftlicher Zuneigung zu erfassen, über die wir aus fernen und nahen Zeiten Kenntnis haben. In einem zentralen Kuppelraum werden die Schriften aller Sprachen der Welt versammelt werden, in welchen die Freundschaft beschrieben, erläutert und gepriesen wird. Die um den Kuppelbau in allen Himmelsrichtungen sternförmig sich fortsetzenden Flügel sollen in einer Vielzahl von Räumlichkeiten den besonderen Ausprägungen der Freundschaft die Ehre erweisen, wie sie uns durch Überlieferung und Studium bekannt geworden sind. Was unter einer Lichtkuppel in Buchform versammelt worden ist, darf in den von ihr ausgehenden Flügeln und Pavillons konkrete Gestalt und praktische Erprobung finden.

Es erübrigt sich, hier bereits des Näheren auszuführen, was ich mit einer solchen «Ehrerweisung» an die zur Freundschaft begabten Menschen letztlich bezwecke. Gesagt sei nur, dass jede Palasteinheit, die für einen bestimmten Typus der Freundschaftspflege ausersehen ist, sowohl über Arbeits- wie Ruheräume verfügen soll, über Meditations- und Vergnügungseinrichtungen, über Gärten und Parkanlagen, die dem jeweiligen Geist der Freundschaft am besten entsprechen. Glänzende Feste der Freundschaft sollen hier bald wieder gefeiert werden, wie sie uns die alten Chroniken Samarkands schildern. Doch ebenso soll es den in Freundschaft verbundenen möglich sein, sich aus der Gemeinschaft zurückzuziehen, um in den Palasteinrichtungen mithilfe von Denkarbeit und Meditation über den Wert der Freundschaft nachzusinnen. Was ich mir wünsche, ist: Akademie, Gasthaus, Palast und Kloster unter einem großen weiten Dach, wo jeder gemäß eigenem Freiheitsdrang sich einrichtet. Es werden jährlich Einladungen ausgesprochen in alle Himmelsrichtungen an solche Menschen, deren Leben vom Gedanken der Freundschaft getragen und geprägt ist. Da auch ich mich zu dieser Menschenart zählen darf, kann ich versichern, mich künftig regelmäßig in Samarkand aufhalten zu wollen, wofür es heute an Beweggründen leider noch fehlt.

Meine Berater haben mir versichert, dass Sie der richtige Mann sind, um für mich und meinen Beraterkreis ein Grundmuster anzufertigen für jene Teile des Freundschaftspalastes, die nach westlichen Richtungen weisen und darum die Freundschaftskultur des Okzidents zur Darstellung bringen sollen. Sie befassen sich angeblich seit Jahren mit Büchern aus der westlichen Welt, in welchen herrliche Freundschaften beschrieben und besungen werden. Vertrautheit mit diesen Schriften dürfte für die Gestaltung und Einrichtung der westlichen Flügel meines Palastes wegweisend sein. Ich ersuche Sie deshalb, sogleich in meine Dienste zu treten und mir im Verlauf der kommenden Monate Ihre detaillierten Vorstellungen über den erwähnten Palastteil zukommen zu lassen. Mein Londoner Büro wird Verbindung mit Ihnen aufnehmen zur Klärung der Bedingungen, unter welchen Sie bei mir arbeiten sollen. Da ich Sie bereits zum engen Kreis meiner Privatsekretäre zähle, werden Sie nicht nur mit meinem Vertrauen, sondern auch mit meiner Großzügigkeit rechnen können.

Ich bitte Sie, mich umgehend wissen zu lassen, ob Sie sowohl die Ernennung wie den Auftrag annehmen und in meine Dienste treten wollen. Es soll nicht zu Ihrem Nachteil und Schaden sein, auch wenn die Aufgabe, die ich Ihnen anvertraue, ungewöhnlich und womöglich auch schwierig sein dürfte.

Seien Sie meines Wohlwollens für alle Zukunft versichert.

Gezeichnet Der Großmogul

(Durch die Hand von Din Mahmud)

PS 1: Ein wandernder Derwisch, der mir vor Kurzem in der Oase Turfan die Ehre seines Besuches erwies und mit welchem ich über meine Pläne für Samarkand kurz ins Gespräch kam, erwähnte den Marmorboden des Domes von Siena als möglichen Wegweiser für die Ausgestaltung des westlichen Palastflügels. Kann dieser Hinweis für Sie von Nutzen sein?

PS 2: Es versteht sich, dass der Palast der Freundschaft keine ausschließlich männliche Einrichtung sein kann. Im Gegensatz zu gewissen östlichen Glaubensschulen dogmatischer Ausrichtung ist im Palast der Freundschaft sowohl die Anwesenheit wie die denkende und gestaltende Mitarbeit von Frauen zwingend erforderlich. Es gehört zur Kultur des Orients, dass Frauen an gewissen Orten nicht in Erscheinung treten, obwohl sie auch da niemals gänzlich abwesend sind. Im Palast der Freundschaft ist ihre sichtbare Gegenwart unerlässlich.

PS 3: Ich gehe davon aus, dass Sie sich gelegentlich fragen, ob Sie selbst zum Freund taugen. Nur eine positive Beantwortung dieser Frage befähigt Sie vermutlich zur Aufgabe, die ich Ihnen zumute.

Hartgesottene Realisten halten Großmoguln für eine ausgestorbene Menschenart. Ich kannte Großmoguln aus Büchern und glaubte, der letzte mit dem Namen Bahadur Shah II. sei in Delhi 1858 von den Briten wegen aufständischer Umtriebe verurteilt und abgesetzt worden. Man soll ihn danach ins Exil nach Rangun im britisch besetzten Teil Birmas geschickt haben, wo er 1862 im Alter von 88 Jahren verstarb. Doch große Ideen sterben nicht mit ihren Repräsentanten! Die Mogulkaiser, von türkisch-persischen und mongolischen Vorfahren abstammend, beherrschten nicht nur zwischen dem 15. und dem 18. Jahrhundert weite Teile Zentralasiens und Indiens. Mit Herrscherfiguren wie Babur, Akbar, Jahangir und Aurangzeb prägten sie wie kaum anderswo auf unserem Planeten die Idee des friedlichen Zusammenlebens unterschiedlicher Kulturen und Religionen. In guten Zeiten wie unter Jahangir und Shah Jahan in der ersten Hälfte des

17. Jahrhunderts lebten Moslems verschiedener Glaubensrichtungen friedlich mit Hindus, Buddhisten, Christen und Juden nebeneinander. Sie bauten Paläste, schrieben Gedichte, pflegten Geselligkeit und heitere Lebensart in einer Weise, die unseren heutigen Einfallsreichtum an Glanz und Luxus weit übersteigt. Ist denn nicht das Taj Mahal im indischen Agra unter ihrer Herrschaft entstanden, das Grabmal für Shah Jahans Lieblingsfrau, ein Gebäude, wie man es sich herrlicher nicht ausmalen kann? Habe ich nicht Bücher in Händen gehalten, in welchen portugiesische Jesuiten über Religionsgespräche am Hofe des Großmoguls Akbar berichteten, wo sich die Vertreter der verschiedenen Glaubensrichtungen mit höchster gegenseitiger Ehrerbietung begegneten? Muslime und Parsen, Hindus und Jains, Sikhs und Christen traten einander in den Palästen der Moguln mit Respekt und Neugierde entgegen, debattierten über die Schönheit Gottes und darüber, wie diese in der Welt zu entdecken sei. Und dies in einer Vielfalt von Sprachen. Am Hofe der Moguln sprach man Türkisch und Persisch, man war vertraut mit klassischem Arabisch und Sanskrit, mit Hindi und Urdu, sogar mit Pashto, Sindhi und Punjabi. Man übersetzte, was man für wichtig hielt, in die Sprachen der nahen und fernen Nachbarn, um den Reichtum der Gedanken weit in die Welt hinauszuschicken. Ein Geben und Nehmen von allen an alle, um niemanden von der Fülle des Gedachten und Gedichteten auszuschließen.

Ich hielt offenbar den Brief eines Nachkommen der einst mächtigen Moguldynastien in Händen. Es musste sich um die Mitteilung eines sehr mächtigen, reichen und gebildeten Mannes handeln. Offensichtlich hatte es sich dieser Herr vorgenommen, etwas vom längst verblichenen Glanz damaliger Mogulkulturen einer weniger glänzenden Welt wieder zurückzuerstatten. Ich war, je mehr ich über den Brief des

Großmoguls nachsann, angenehm davon angetan, Adressat eines so ungewöhnlichen Vorhabens zu sein.

Freilich, über Samarkand und Sufismus wusste ich so gut wie nichts. Aber dies war es ja auch nicht, wofür der Großmogul meine Mitarbeit und Nähe suchte. Dennoch beunruhigte mich der Gedanke, über offenbar so bedeutende geistige Traditionen wie jene des Sufismus vollkommen ahnungslos zu sein.

Erst neulich hatte ein islamischer Gelehrter unserer Bibliothek einen Besuch abgestattet, um sich über die Bestände des Hauses im Gebiet mystischer Traditionen zu informieren. Der Direktor hatte in alter Manier den Mann in mein Büro begleitet und dringende Geschäfte vorgeschützt, denen er sich unmöglich entziehen könne. Ich war darauf mit dem Gelehrten in den Vorraum der Bibliothek gegangen, der zugleich als Zeitungsraum und Cafeteria dient, um dem Gast einen Espresso anzubieten zusammen mit der Auskunft, dass das Haus leider über keine eigentliche Mystikabteilung verfüge, schon gar nicht über eine die Mystik islamischer Länder betreffende. Was an mystischem Schrifttum vorhanden sei, habe man den einzelnen Religionen zugeordnet. Die beschämende Ärmlichkeit der Bibliothek in Bezug auf den Sufismus hänge gewiss auch damit zusammen, dass ihr niemals der Nachlass eines Gelehrten und Kenners dieses Studien- und Forschungsgebietes zugutegekommen sei – im Gegensatz etwa zu einigen interessanten Werken über die Kabbala, die als Legat aus einer Privatbibliothek in die hiesige Sammlung gelangt seien. Der fremde Gelehrte behielt sein freundliches Lächeln, hörte zu, bedankte sich für den Kaffee und sagte, wer eine Stadt kennenlernen wolle, müsse vor allem ihre Bibliotheken kennen, sofern er ein Wahrheitssucher sei. Der Sufismus sei einer unter anderen möglichen Wegen zum Garten der Wahrheit, in den wir doch alle am

Ende unseres Lebens gelangen wollten. Er schien keineswegs enttäuscht über die Auskunft, die ich ihm gab, und sagte beim Abschied nur: «Wer immer wieder nach einer Perle ins Meer taucht und sie nicht finden kann, wird am Ende seiner Suche vielleicht selbst zur Perle.» – Das war die einzige Begegnung, die ich bisher mit dem Sufismus gehabt hatte.

Meinen Willen, zum Ende des Jahres vorzeitig in Pension zu gehen, hatte ich dem Direktor bereits vor einigen Monaten schriftlich mitgeteilt, nachdem dieser auf meine diesbezüglichen mündlichen Äußerungen immer nur ausweichend reagiert hatte mit Sätzen wie: «Das werden wir dann sehen, wenn es so weit ist.» Oder: «Das sollten Sie sich besser noch einmal überlegen!» Für mich gab es diesbezüglich gar nichts mehr zu überlegen, mein Entschluss stand in dieser Sache unverrückbar fest. Ende des Jahres sollte es definitiv vorbei sein mit der Bibliothekarstätigkeit und mit meinem Dasein als Angestellter. Die Zeit der Freiheit sollte beginnen, die Zeit des Reisens, der Liebhabereien und aller bisher aufgeschobenen Lustbarkeiten.

Und nun dieser Brief! Ich beschloss, dem Direktor gegenüber über diese unerwartete Entwicklung der Dinge kein Wort verlauten zu lassen und meinen Pflichten so unauffällig wie nur möglich bis zum letzten Diensttag nachzukommen. Es waren jetzt noch zweieinhalb Monate bis zum Ende des Jahres und zu meiner Freistellung. Natürlich musste ich mich ohne Verzug an die Sache machen. Da Menschen meiner Umgebung es leicht merken, wenn ich innerlich mit anderen Dingen beschäftigt bin und meine Gedanken ganz anderswo als an meinem Arbeitsplatz habe, nahm ich mir vor, in der verbleibenden Dienstzeit die Rolle des Geistesabwesenden besonders sorgfältig zu spielen, damit niemand mir auf die Schliche komme. Eine Vorsichtsmaßnahme bestand darin, dass ich über meine angebotene Aufgabe in Samarkand ausschließlich bei mir zu Hause nachdenken wollte, in der Dienstzeit allenfalls dann, wenn ich allein im Büro war. Während der Aufsichtszeit im Lesesaal konnte ich mich in Bücher vertiefen, in welchen es, nach außen unerkennbar, um Freundschaft ging. So wollte ich die verbleibende Zeit im Amt nutzen, um mich unbemerkt auf die künftige Aufgabe vorzubereiten.

Am Abend auf dem Heimweg war ich davon überzeugt, die Einladung des Großmoguls annehmen zu müssen. Über mehrere Dinge musste ich mir vor einer definitiven Zusage jedoch Klarheit verschaffen. Erstens: Wollte ich überhaupt ein Sekretär dieses reichen und mächtigen Mannes werden? Zweitens: War Freundschaft ein Thema, mit dem ich mich nicht nur in den kommenden Monaten, sondern bei einer Zusage vielleicht über Jahre befassen wollte? Drittens: Was bedeutete der Hinweis auf den Boden des Doms von Siena? Und schließlich die wichtigste und alles entscheidende Frage: Taugte ich selbst – als ein schrulliger Liebhaber von Büchern und als ein ältlicher Junggeselle – überhaupt zum Freund?

Bin ich ein Sekretär?

Machiavelli mahnt die Machthaber, sich mit den richtigen Sekretären zu umgeben. Daran hänge die Beständigkeit ihrer Herrschaft. Ein Sekretär muss loyal und intelligent sein, und zwar in dieser Reihenfolge. Ist einer nur intelligent und schwankt seine Zuverlässigkeit, arbeitet er heimlich mehr für eigene als für die Interessen des Fürsten. Die Verlässlichkeit dem Herrscher gegenüber duldet keine Ablenkungen. Die Haupttugend eines Sekretärs lautet «mantenersi buono» – aufrichtig bleiben! Der Sekretär muss aus Loyalität sogar an die Intelligenz des Fürsten glauben. So kann er gar nicht auf die Idee kommen, den Fürsten täuschen zu wollen, denn dieser würde es ja durchschauen. Die Intelligenz des Sekretärs hingegen beruht darin, jene zu durchschauen, die bei ihm und damit letztlich beim Fürsten etwas erreichen wollen. Er hält von diesem alles fern, was zu dessen Nachteil sein könnte. Dafür weiß ein guter Fürst, was er an seinem Sekretär hat. Er lobt ihn und gibt ihm Beweise seiner Wertschätzung. Der Sekretär muss täglich erfahren, dass der Fürst ihm voll und ganz vertraut, ja dass er ihn als seinen Geheimnisträger ansieht. Der Fürst muss spüren, dass der Sekretär nichts als sein Bestes will. Dann erst wird aus einem Sekretär der «Konfident» des Fürsten. «Possono confidare l'uno dell'altro», sagt Machiavelli: Sie können einander trauen und alles einander anvertrauen. Verhält es sich anders, nimmt die Sache für beide ein böses Ende.

Viel Logik und einen Rest an Moral. Darauf kann ein Sekretär nicht verzichten. Logik braucht er, damit seine Argumente einleuchten und seine Entscheidungen akzeptiert werden. Moral ist zumindest dem Schein nach notwendig. Denn ein Sekretär lebt in moralisch anspruchsvollem, aber auch verseuchtem Gelände. Die Entscheidungen der Mächtigen müssen unanfechtbar daherkommen. Darum ist der Sekretär so etwas wie der Bühnenbildner für das Unabänderliche. Was der Herrscher will, muss der Sekretär so weitergeben, als sei es pure Gerechtigkeit. Darum braucht es für den Beruf des Sekretärs neben all den Fähigkeiten auch die Fehler, die zueinander passen. Mängel, die einander ergänzen. «Lerne heucheln» heißt eines der ersten Gebote, die den Sekretär erwarten. Im Klima der Verdächtigungen, der Unterstellungen, der Unsicherheit und des Neides lauern Verrat, Intrige, Schmeichelei, böse Nachrede. Darum gibt es Regeln, die ein Sekretär genau beachtet. Eine davon lautet: niemals widerrufen, aber kräftig nachrufen. Vorschnell ist falsch. Saumseligkeit ist die Tugend der Sekretäre. Niemand darf ihn treiben. Er ist ein Meister im Zögern und im Zaudern. Lernen muss er, sogar im Turm der Lügen zu wohnen und sich darin wohlzufühlen.

Die Etikette verlangt, dass ein Begehren gefiltert ankommt. Ein Künstler wendet sich brieflich an seinen Herrn und landet mit Sicherheit beim Sekretär. Sekretäre sind die Zwischenträger der Bitten und Gesuche. Sie gehen nach Belieben damit um. Kommt ihnen eine Bitte gerade gelegen, so tun sie alles, damit diese schnell an die richtige Stelle gelangt. Passt sie ihnen nicht, können sie Anliegen verzögern, verlegen, vergessen. Zudem kennt ein Sekretär alle Hintertüren, durch die er entkommen könnte, würde ihm jemand Unredlichkeit oder Parteilichkeit, Profitgier oder Rachsucht unterstellen. Ein Sekretär muss Fuchs sein und Schlange, Katze und Krokodil, Wachhund und dickhäutig wie ein Elefant. Gibt es einen zweiten Beruf, bei dem so viele Tugenden mit so vielen Lastern die Waage halten müssen?

Bei Benvenuto Cellini heißt es einmal über den Herzog Cosimo: «Il Duca ne pigliava piacere, si del veder lavorare come del confabular meco. – Dem Herzog gefiel es, mich an der gemeinsamen Arbeit zu sehen, als auch mit mir zu reden.» So sollte es sein. Eine Art von «confabulare» zwischen dem Herrscher und seinem Sekretär. Ein gemeinsames Fabulieren über die wichtigsten Fragen, die den aufgeklärten Machthaber beschäftigen. Die Engländer hatten dafür einen herrlichen Namen: «Learned counsel – gelehrter Rat». Das war in guten Zeiten ein zwar schlecht bezahltes, aber respektables Amt am Hof. Man wird nicht von einem Tag zum anderen gelehrt. Das wusste man und räumte den künftigen Ratgebern und Sekretären Zeit ein, sich zu bilden und mit den Aufgaben des Hofes vertraut zu machen. Freilich gab es unter den Sekretären auch solche, die sich nicht durch die Konventionen und Steifheiten des Hofes gerade biegen ließen. Solche also, die ihre Aufgabe darin sahen, andere Stimmen als die durch Servilität gedämpften ertönen zu lassen. Sekretäre also, die sich nicht scheuten, sich mit den Mächtigen auch anzulegen und diese dadurch zu verstimmen. Wie etwa das Schandmaul Pietro Aretino. An Lodovico Dolce schrieb er einmal: «Die einfache Natur selbst, deren Sekretär ich bin, diktiert mir, was ich schreibe, und mein Vaterland löst mir die Zunge, wenn die abergläubische Ehrfurcht vor fremdartiger Rede sie binden möchte. Lasst doch die Sudler ihren alten Kohl aufwärmen und mit Behagen essen. Ihr aber haltet Euch an das saftige Fleisch und lasst die Haut den Pelikanen, die da stehen und mit ihrem leeren Diebsgehirn um einen Kreuzer Berühmtheit betteln. Ich ahme mich selbst nach, das ist gewiss. Denn die Natur ist eine reiche Gefährtin, die sich dir nackend gibt, die Kunst aber ist eine schmarotzende Laus, die sich ansaugen muss.» So ein Sekretär konnte sich nicht lang an einem Ort halten, das ist gewiss. Mit dieser Selbsteinschätzung blieb Aretino nie lange in dienender Stellung, er zog von einem Hof zum anderen, bis er schließlich nach Venedig kam, um von dieser Republik aus als freischaffender Künstler die vornehmen europäischen Machtzentren mit Lobpreisungen und Beleidigungen zu beliefern.

Ein Sekretär zu werden in der Art des Aretino: das liegt mir nicht. Dafür bin ich nicht kaltblütig und unverfroren genug. Bei aller Bewunderung für den Naturburschen Aretino gibt es für einen anständigen Sekretär dann doch andere Vorbilder. Im Italien des 16. Jahrhunderts wimmelt es geradezu von Schriften über die notwendigen Tugenden eines Sekretärs. Zu den bekanntesten gehört ein Traktat Tassos, 1587 in Ferrara erschienen, in welchem der Sekretär als «figliolo de l'ubedienza» – Sohn des Gehorsams – oder als «amico de la servitù» – Freund der Dienstfertigkeit, aber auch der Unterwürfigkeit – bezeichnet wird. Eines Sekretärs Haupteigenschaft ist bei all diesen beruflichen Profil-Beschreibungen für das gute Funktionieren einer Hofkanzlei die vorteilhafte schriftliche Umsetzung der Gedanken des Arbeitgebers und Herrschers. Während ein Diplomat vor allem redet und verhandelt, bemüht sich der Sekretär um die schriftlich verbindliche Fassung des Besprochenen. Er achtet darauf, dass die Interessen des Herrn, in dessen Diensten er steht, vorteilhaft und unanfechtbar gesichert bleiben. Manches in Offenheit und Klarheit, anderes, das besser geheim bleibt, in klug verdeckter Manier. Ein Sekretär spricht kein unnützes Wort, er ist sachlich und diskret, aber auch listig und verschlagen, wenn die Aufgabe dies erfordert. Vor allem ist er «de' taciturni pesci compagno» – der Kumpan der verschwiegenen Fische. Er muss es ertragen, dass vieles auf dem Papier ungesagt, unterdrückt, ja geradezu ausgelöscht bleibt, obwohl es in den Gedanken mitschwingt und für das

Handeln leitend sein kann. Ein perfekter Sekretär ist ehrlich nur gegenüber seinem Dienstherrn. Allen anderen gegenüber hat er nicht die Wahrheit zu vertreten, sondern das Ziel, mit seinen Aussagen seinem Herrn zu dienen. Darum bleibt der Sekretär in moralischer Hinsicht ein abgründiges Wesen. Allein wer vor einer moralischen Sumpflandschaft nicht zurückschreckt, ist für diesen Beruf tauglich.

Ich habe eine besondere Vorliebe für einen ganz bestimmten Sekretär. Es ist der in der ersten Hälfte des 17. Jahrhunderts wirkende Neapolitaner Torquato Accetto. Man weiß nicht gerade viel über diesen Mann, nicht einmal, wann genau er geboren wurde. Was man hingegen kennt, sind die Schriften des Mannes und einige wenige andere Taten, die den lang vergessenen und erst 1928 von Benedetto Croce wiederentdecken Neapolitaner auszeichnen. Er schrieb auch Reime, die heute freilich niemand mehr liest. Zudem war er stolzes Mitglied der «Accademia degli Oziosi» in Neapel – eines Vereins von so aufstrebenden wie gelehrten Schreibern, die nicht Müßiggänger sein wollten, aber doch so weit wie möglich Freunde der Muße, der Musen und derjenigen, die in Staat und Gesellschaft das Sagen hatten.

Was mein Interesse an diesem Mann jedoch in besonderer Weise belebt, ist eine kleine Schrift, publiziert im Jahr 1641, ein Jahr nach dem Tod ihres Verfassers, mit dem eigenartigen Titel *Della dissimulazione onesta.* Man übersetzt es wohl am besten mit «Über die anständige Art und Weise, sich zu verstellen». Die Italiener sind in der Kunst der Verstellung Fortgeschrittene und benützen mit gutem Grund zwei Worte für diesen komplexen Vorgang: «Simulare» bedeutet: so tun, als ob es etwas gäbe, wo gar nichts ist. «Dissimulare» dagegen meint, dort nachäffend zu verändern und zu verstellen, wo etwas ist, das nicht so gesehen und erkannt werden soll, wie es ist. Die Kunst der Verstellung, um die es hier geht, ist also jene Fähigkeit, etwas anders erscheinen zu lassen, als es in Wirklichkeit ist. Im Gegensatz zur lügenhaften Verstellung, mit der man andere mit bösen Absichten hinters Licht führt, gibt es in der Meinung dieses Torquato Accetto eine durchaus anständige Art, anstelle der Wahrheit die Unwahrheit zu befördern. Geradezu eine professionelle Voraussetzung wird diese strategische Falschheit im Mantel der Anständigkeit für Diplomaten und Sekretäre. Eine ehrenwerte Verstellung ist eine, die aus höheren Motiven die Wahrheit anders haben will, als sie in Wirklichkeit ist. Also eine Berufskunst, ohne deren perfekte Beherrschung man niemals ein erfolgreicher Sekretär werden kann. Sekretäre müssen die Fähigkeit haben, über die wahren Dinge einen Schleier zu werfen, sodass man sie nicht mehr so sieht, wie sie wirklich sind. Oder sie verkleiden die Wahrheit so, dass sie unerkannt auftreten kann.

Ein Sekretär kennt also die Absichten seines Herrn haargenau. Er muss sie aber geheim halten, weil sie dem Ansehen des Herrn schaden würden, kämen sie unverstellt daher. Also muss er sie so erscheinen lassen, dass sie jenen, die sie kennen wollen, gefallen. Ein Sekretär ist im Grunde der Friseur der Wahrheit. Er setzt ihr Perücken auf und macht aus einer Glatze eine beeindruckende Haarpracht. Wenn er – ohne seine Gesichtszüge zu verziehen – dies zustande bringt, ist er ein gemachter Sekretär.

Ich frage mich, ob ich mit dem engmaschigen Gewissen eines langjährigen Staatsdieners diese Kunst der Wahrheitskorrekturen überhaupt lernen kann, die offenbar etwas anderes ist, als zu lügen und zu betrügen. Darum vertiefe ich mich in den Traktat dieses Accetto, der sein Leben lang Sekretär von Adligen oder genauer: von kirchlichen und weltlichen Herrschern war. Am Ende seines Lebens wollte dieser Mann gewiss nicht als Betrüger und Lügner dastehen, sondern als ein anständiger Mensch, der aus seiner Lage und seinen Begabungen das Beste gemacht hat.

Denn – so würde unser Neapolitaner sagen – ein vorsichtiges, überlegtes, zuwartendes, nicht vorpreschendes Leben passt doch gut zu einem Menschen, der auch mit einem reinen Gewissen dastehen möchte. Ein Sekretär ist nicht der Auskundschafter der Abgründe, sondern ein Verwalter der Risiken. Er ist darauf bedacht, das Störende zu verbergen, er erweckt den Anschein, als gebe es keine Schwierigkeiten und Widersprüche, als entwickle sich alles einer Vertrauen schaffenden Erwartung entlang. Der Mensch hat Nischen in seiner Seele. Da kann er die Dinge einlagern, die stören und für Ungewissheit und Misstrauen sorgen. Ein Sekretär sieht alles, aber übersieht, was nicht konveniert. Nicht um es zu vergessen, sondern um sich in einem geeigneten Augenblick der Sache anzunehmen. «Qui nescit fingere, nescit vivere» – das ist der Leitspruch eines Sekretärs. Wer nicht fähig ist, die Dinge so zu drehen, wie sie nicht sind, taugt nicht fürs Leben – jedenfalls nicht für das eines Sekretärs. Es gehört doch zur besseren menschlichen Natur, die Welt nicht nur hinzunehmen, so wie sie ist, sondern sie so zurechtzubiegen, wie sie zu sein hätte. Freilich, man kommt nicht schon als Verstellungskünstler auf die Welt. Die Wendigkeit und Fähigkeit zum Schwindeln muss erst eingeübt und eingeschliffen werden, bis sie zur charakterlichen Tugend wird. Macht es uns aber nicht Spaß, Rollen, Kleider und Masken anzuprobieren und elegant zu wechseln? Empfindet der Mensch nicht Lust und Genugtuung an einem virtuosen Verstellungsspiel? Muss er nicht stolz darüber sein, dass man ihn niemals ganz durchschaut? Dass er immer für eine Überraschung gut bleibt? Dass er die anderen zehnmal am Tag hinters Licht zu führen und mit ihnen sein Spiel zu treiben vermag? Ist die Kunst der Verstellung nicht Ausdruck höchster schauspielerischer Intelligenz? Tiere flüchten oder verstecken sich, wenn sie in Not geraten. Was ist die Rettungskunst der vernunftbegabten Kreatur? Sie verstellt sich. Denn davon ist unser glaubensfester Sekretär vollkommen überzeugt: Offen liegen die Bücher erst im Jenseits. Volle Klarheit gibt es erst im Himmel. Ohne Schleier ist unser Herz und unser Gewissen erst, wenn wir vor Gottes Angesicht stehen. Auf Erden sind die Verhüllung, die Verstellung, die Verschleierung unvermeidlich. Sie sind sogar vereinbar mit der höchsten Moral. Denn warum verstellen wir uns letztlich? Um voneinander Schaden abzuwenden, um Enttäuschungen zuvorzukommen, um unser Gegenüber nicht zu desillusionieren und zu verletzen. Natürlich gibt es auch die Verstellung aus Bosheit, die Falschheit aus niedrigen und selbstsüchtigen Motiven, das Geschäft mit der Lüge, um andere zugrunde zu richten. Doch kann dies niemals die Haltung eines Sekretärs sein. Der ist wendig im Zurechtbiegen der Wahrheit aus ganz und gar edlen Motiven, die da heißen: Loyalität, Treue und Pflichtbewusstsein. Möglichst niemand soll Schaden nehmen aus der Verstellungskunst eines Sekretärs. Alle sollen besser und leichter davonkommen, erleichtert und beruhigt sein angesichts der Not und des Leidens, die im Leben nie fehlen. Die Wahrheit verdient ja nicht nur eine einzige Art, ihr zu dienen, sondern viele Weisen, ihr zum Sieg zu verhelfen. Sie bewegt sich auch verkleidet unter denen, die ihr verpflichtet sind. Nackt wird die Wahrheit erst am Jüngsten Tag sein!

Das sind die Überlegungen, die ich mir mache, wenn ich an den Sekretär aus Neapel denke. Vielleicht müsste ich in der Umgebung des Großmoguls so ein Sekretär sein wie dieser Torquato Accetto. Ich habe schließlich auch meine Grundsätze, die ich hochhalte! Nicht viele, aber immerhin einige. So habe ich Abscheu vor Grobheiten. Ebenso vor Unachtsamkeiten. Ich will aufrichtig sein, aber niemals verletzend. Wie ich dabei mit der Wahrheit umzugehen habe, muss ich noch lernen, wenn ich ein brauchbarer Sekretär werden soll. Wird es innerhalb meiner beruflichen Aufgaben Gelegenheit geben, auch leidenschaftlich zu sein? Und zärtlich? Beides sind Eigenschaften, die ich nicht aufzugeben und zu verlieren gedenke. Und teilnahmslos und gefühllos aus lauter Korrektheit will ich schon gar nicht werden. Werde ich das Glück haben, anregende Menschen um mich zu finden? Etwa einen gelehrten Talmudisten, der mir hilft, mein logisches Denken beweglich zu halten? Und gleich nebenan einen erfahrenen Sufi, der mich ab und zu in die Seelentiefen der Gottsuche mitnimmt? Gesprächspartner also, die mir die Gelassenheit und den festen Stand wiedergeben würden, wenn ich Gefahr laufe, mich nicht mehr auszukennen und ins Ausweglose zu geraten? Denn auch gelassen will ich sein können, weil dies für mich weder Gleichgültigkeit noch Lebensferne bedeutet, sondern eine Balance von Selbsteinschätzung und Vertrautheit mit den konkreten Lebensaufgaben, auf die man sich einzurichten hat. Auch einsam will ich in Samarkand nicht werden. Ich erinnere mich, gelesen zu haben, dass der Vater von Anton Tschechow zu sagen pflegte: «Für den Einsamen ist überall Wüste.» Und sein Sohn griff den Spruch auf und benützte ihn manchmal, um Briefe an Freundinnen damit zu beschließen. Kommt und beendet meine Wüste! – Nein, in die Wüste will ich nicht, sondern unter Menschen weilen, die freundschaftsfähig sind. Ich wünsche mir, ein Privatsekretär des Großmoguls sitze an der Anlegestelle einer Lagune und warte auf Freunde, die mit der Fähre herbeigeeilt kommen, gerade dann, wenn man ihrer am meisten bedarf. Das neue Samarkand müsste schon auch ein bisschen Venedig sein, damit man sich dort wohlfühlen kann.

Ein Untertan jedenfalls will ich als Sekretär keinesfalls werden. Irgendwo habe ich gelesen, man müsse auch noch als erwachsener Mensch täglich den Sklaven aus sich herauspressen – geradezu tropfenweise. Das ist als Sekretär sehr zu beherzigen! Die Leitlinien eines Sekretärs sollten sein: Reflexion statt Reflex. Nachdenken statt zurückschlagen. Lächeln, statt zürnen. Natürlich haben auch friedfertige Menschen Galle in sich, die in gewissen Augenblicken hochzusteigen droht und die Stimmung verbittert. Das jedoch soll bei mir nicht vorkommen. Vermeiden muss man jede Art von Unleidigkeit mit Menschen, die diese nicht verdient haben. Und selbst wo sie diese verdienen, schadet das Unleidigsein auch dem eigenen Lebensgefühl. Darum muss man den Gallenkanal in sich selbst umleiten in die Zonen diskreter Entsorgung. Blinder Gehorsam: nein. Bereitschaft aber: ja, weil der eigene Wille dabei immer noch mitspielen kann. Ich denke mir meine Rolle mehr als die eines Beraters. Es fällt mir Voltaire in Potsdam ein. Voltaire war des Königs Grammatiker, nicht sein Kammerherr! Heiter, leicht, witzig, voller Grazie und Denklust inmitten von Majestäten und ihren Geschäften. Heiterkeit ist doch ein Indiz von Freiheit. Grazie eine Folge von Generosität. Ein bisschen Bosheit, umgeben von Witz, ein bisschen Revolte gegen das Träge und Langsame: Das sind die Heilmittel gegen den dummen Ernst, der in den Kreisen der Mächtigen sich offenbar in unvermeidbarer Weise ausbreitet.

Und auf einmal bin ich mir sicher: So ein Sekretär wäre ich in der Umgebung eines weitherzigen Großmoguls gern.

Ein Freund ist ein Freund ist ein Freund ...

Ich beginne, über das Wort «Freund» nachzudenken.

Ein guter Freund, ein enger Freund, der beste Freund. Ein Jugendfreund, ein Freund fürs Leben, ein Freund für alle Fälle.

In der Umgangssprache treiben sich unverschämt viele Freunde herum.

Wir sind immer gute Freunde geblieben. In meiner Muttersprache sagt man: Besser ein einziger Freund als zehn Verwandte. In der Not lernst du die Freunde kennen. Nimm dich in Acht vor dem Freund, denn vor dem Feind kannst du dich zur Wehr setzen. Je größer der Schinken, desto zahlreicher die Freunde. Redensarten ohne Ende, in denen der Freund erscheint.

Dass im Alter Freunde selten werden, weiß man auf der ganzen Welt. Wer die Zähne verliert, verliert die Freunde! Wer was zu bieten hat, braucht um Freunde nicht zu bangen. Ist das Weinfass angezapft, sind sie zuhauf da, geht der Wein aus, siehst du keinen mehr. Wer mit jedem Freund ist, kann kein richtiger Freund sein.

So sagt man und hält es für Lebenserfahrung.

Wo um Zustimmung oder um Nachsicht, um Beteiligung oder um Nähe, um Schutz oder um Vertrauen gebuhlt wird, nennt man den andern Freund. Und sei es nur, um in einem bestimmten Augenblick von der anderen Seite nichts Schlimmes gewärtigen zu müssen. Hinter dem Freund verbergen sich Zuneigung ebenso wie Kalkül. Doch was für himmelweite Unterschiede: Ein lieber Freund und ein sauberer Freund! Das Wort bleibt, der Sinn verkehrt sich.

Das Wörterbuch sagt, dem Wort liege ein gotisches «frijon» zugrunde, das «lieben» bedeute. Ursprünglich soll man es nur für Heirats- und Blutsverwandte gebraucht haben. Freunde waren die, die man zur Familiensippe rechnete. Die Verschiebung des Wortes von der Verwandtschaft auf die frei gewählte Beziehung ist vermutlich einer der Riesenschritte in der Entwicklungsgeschichte der Menschheit.

Die Griechen sagten «philos». Doch schon bei Homer ist das Wort vieldeutig: «phila goúnata» meint nicht: «freundliche Knie», sondern «seine Knie», die des andern. Ein besitzanzeigendes Fürwort also. Das «Philos-Bett» ist aber dennoch nicht «sein» Bett, sondern das Ehebett, in welchem die zueinander Gehörigen liegen. Das griechische «philein» meint ursprünglich auch noch küssen. Der Kuss als Zeichen des Wohlwollens, der gesuchten Nähe, der Verbundenheit. Was man einem Menschen gegenüber empfindet, dem man gutgesinnt ist und dem man ebenbürtig sein möchte, das ist «philia».

«Philos»: ein weites Feld also. Gastfreundschaft, Verwandtschaft, häusliche Nähe, Nachbarschaft, vertrauter Umgang, Kuss, bis zum Bettgenossen, bis zum Ehe-Besitz. Vom Blutsverwandten zum Seelenfreund: ein weit sich schlängelnder Weg. Verwirrend und überraschend.

Da mussten irgendwann jene kommen, die Klarheit und Eindeutigkeit verlangten, wenn sie das Wort Freund in den Mund nahmen. Der strenge Königsberger zum Beispiel, der unter Freundschaft «die Vereinigung zweier Personen durch gleiche wechselseitige Liebe und Achtung» verstanden wissen wollte, aber auch eine «nicht auf wechselseitigen Vorteil abgezweckte Verbindung». Beim gegenseitigen Vorteil wäre ihm zu viel Ehemäßiges dabei gewesen. Die Definitionen Kants sind sehr erhellend, und doch schweben so viele ganz andere Töne noch im Klangraum der Freundschaft mit.

Schwingungen des Gefühls und des Verlangens. Von der leichtfertigen und rauschköpfigen Geselligkeit bis zur lebensbestimmenden Herzensangelegenheit. Freundschaft in tausenderlei Gestalt. Manchmal laut bekundet und in die Welt hinausgerufen, oft tief und von anderen unbemerkt im Innern verwahrt. Mein Freund! Meine Freundin! Nur die, die es beschwörend gebrauchen, ermessen in etwa, was es jeweils bedeutet.

Einiges scheint klar. Im Gegensatz zu familiären oder kollegialen Bindungen beruht Freundschaft auf Freiwilligkeit. Bei einer Liebesbeziehung ist der Gesichtspunkt der Freiwilligkeit schon sehr umstritten. Da ist oft Zwang dabei, schicksalhaftes Nicht-anders-Können, verhängnisvolles Müssen. Bei der Wahl des Liebespartners schalten und walten unerkannte Mächte. Den Freund jedoch glaubt jeder frei zu wählen, auch wenn meistens der Zufall vor dem eigenen Willen Regie führt. Seine Familie kann man sich nicht aussuchen. Man hat sie zu nehmen, wie sie ist. Denn wer keine hat, ist noch härter gestraft. Auch bei Berufskollegen kommt nicht Freiwilligkeit zum Zug. Da treibt sogar der Teufel sein böses Spiel mit uns und bringt Menschen zusammen, die im Lauf ihres Lebens eine tiefe Abneigung gegeneinander entwickeln. Nur beim Freund sind wir frei in unserer Wahl. Oder besser: Er macht uns frei von jenen Zwängen und Pflichten, die der Umgang mit Menschen sonst mit sich bringt.

Dazu kommt: Freundschaftliche Beziehungen zeichnen sich neben der Freiwilligkeit auch noch durch Nähe aus. Ein Freundeskreis kann zwar eine sehr lockere Angelegenheit sein. Eine Seelenfreundschaft aber verlangt schon tiefe Vertrautheit. Vor allem dürfen keine berechnenden Nebenabsichten beigemischt sein. Handfeste Interessen zersetzen eine Freundschaft im Nu, lassen sie als Kalkül und Täuschung bald einmal auffliegen. Kennt Freundschaft keine Nebenzwecke?

Ihr Ziel ist es, Unterschiede zu übergreifen, nicht diese zu markieren. So hebt sie die Barrieren des Alters auf, jene der gesellschaftlichen Klassen, oft sogar die des Geschlechts. Sie verlagert auf seltsame Weise die Triebkräfte zwischen den Geschlechtern, verkürzt den Abstand zwischen den Generationen, fegt die sozialen Unterschiede hinweg.

Somit wäre Freundschaft eine geradezu übermächtige Kraft. Sie vermag fest geglaubte Schranken niederzureißen, Entfernungen zu überwinden, Differenzen aus der Welt zu schaffen. So unheimlich ist Freundschaft, dass wer keine Freunde hat, sich bestraft fühlt und sich vor der Welt schämt. Es hatte schon Sinn zu behaupten, wer keine Freunde habe, sei gefährlich. Ohne Freunde ist man ein sozialer Krüppel, ein gestörter Mensch, vor allem ein armer Hund. Im Mittelalter glaubte man, wer freundlos sich der Einsamkeit überlasse, begebe sich in Lebensgefahr, ja er reiche dem Teufel den kleinen Finger. Um einen solchen Menschen musste man bangen.

Man wusste aber auch, dass Freundschaft nicht erzwingbar ist. Sie fällt schlicht vom Himmel, als unerwartetes Geschenk. Doch ist das Geschenk da, muss man schnell tätig werden. Spontan sich ergebende Freundschaft wird erst durch gegenseitige Aktivität real. In regelmäßigen Abständen hat man – so glaubte man schon früh – vor allem miteinander zu essen und zu trinken. Das ist der wahre Kitt für neu entstehende Beziehungen. Das italienische Wort «compagno» sagte es: der Mit-Brot-Esser. Wer mein Kumpan, mein Kumpel, Kompagnon oder Copain werden soll, mit dem muss ich mein Brot teilen und oft mit ihm zu Tisch sitzen. Vor allem Zeit muss ich für ihn haben. Verfügbare Zeit ist der Grundstoff, aus dem Freundschaften gemacht sind. Nie ein Bedauern über Zeitverlust. Nie das Gefühl, durch Verweilen beim Freund etwas anderes verpasst zu haben. Nie den anderen als Last oder gar Belästigung empfinden.

Freundschaften gedeihen dort, wo man einen Menschen findet, in dessen Nähe man sein kann, wie man sein möchte. Ein Freund ist jenen Eigenschaften gegenüber, welche die Besonderheit eines Individuums ausmachen, das toleranteste aller Menschenwesen. Weit mehr als ein Liebhaber, der immer auf Steigerungen aus ist und auf das ihn Anstachelnde schielt. Der Freund ist die Stütze der eigenen Sonderlichkeiten, gerade wenn diese kauzig und skurril sind. Er mäkelt nicht am Wesen des anderen, korrigiert nicht unnötig die schlechten Gewohnheiten, bessert nicht penetrant an offensichtlichen Fehlern herum. Wenn er etwas missbilligt, tut er es klug. Er bestraft den anderen nicht für Unarten, übersieht sie nötigenfalls. Zuneigung macht ihn nicht blind, doch die Fehler des anderen sind ihm kein Anlass zu Rechthaberei und zu Strafaktionen. Er lässt mich, wie ich bin, freut sich, dass ich nicht anders bin. «Weil er er war, weil ich ich war», lautet die berühmte Begründungs- und Rechtfertigungsformel Montaignes für die perfekte Freundschaft. Ich will dich nicht anders haben, als du bist. Du willst mich nicht anders haben, als ich bin.

So oder so ähnlich muss Freundschaft sein. Es ist ein großes Thema, vom Umfang vergleichbar mit der Frage, was das Wesen der Liebe sei. Es ist weder hinreichend noch abschließend zu behandeln. Nur eine sehr persönliche und ganz und gar auf Vorlieben beruhende Art, das Thema der Freundschaft anzupacken, scheint mir möglich.

Palast, Lagune, Park oder Pavillons der Freundschaft?

Der Großmogul will die Idee der Freundschaft dadurch fördern, dass er einen großzügigen Palast zu errichten gedenkt, in welchem für die Pflege der Freundschaft die günstigsten Voraussetzungen herrschen. Der Plan ist überaus edel und erwägenswert, obwohl ich daran zweifle, dass alle zur Ausübung und Einübung der Freundschaft dienlichen Einrichtungen sinnvoll in einem Palast unterzubringen sind. Nehmen wir einmal an, das Ganze wäre nicht für Samarkand, sondern – ja, wählen wir mutig einen außerordentlichen Ort für dieses schöne Projekt – es wäre für Venedig geplant. Würde es dann sinnvoll sein, alles in einem einzigen noch so prächtigen Haus unterzubringen? Ist der Gedanke nicht naheliegend, die Freundschaft bedürfe ganz anderer räumlicher und atmosphärischer Entfaltung, als sie auch der prächtigste Palast am Canal Grande zu bieten vermag? Für eine so weite und umfassende Idee müsste man vermutlich die ganze Lagune in Anspruch nehmen. Sollte ich den Großmogul deshalb nicht von Anbeginn darauf aufmerksam machen, dass man die Idee des Palastes in Samarkand aller Vermutung nach zum Konzept einer «Freundschaftslagune» erweitern müsste, etwa nach Art jener unvergleichlich schönen, die wir mit der Stadt Venedig verbinden?

Was ist denn das Spezifische einer Lagune? Eine solche kann nur entstehen, wo ein Meer in der Nähe ist, denn eine Lagune ist nichts anderes als ein untiefes Gewässer, das durch Sandablagerungen oder durch Korallenriffe im Lauf der Zeiten vom Meer abgetrennt wurde, ohne die Verbindung zum Meer ganz zu verlieren. Da in Samarkand weit und breit kein Meer zu finden ist, scheint es zunächst vollkommen unsinnig, dort von einer Lagune, einem Haff, einem Archipel oder gar einem Atoll reden zu wollen. All dies gibt es nur als angrenzende Phänomene zu einem richtigen Meer. Dennoch halte ich vorerst daran fest, dass die ideale Einrichtung für die Freundschaft nicht ein einzelner Palast sein kann, sondern irgendwie die Idee der Lagune mit einer Reihe von separaten, einander in Art und Beschaffenheit ergänzenden Inseln in sich aufnehmen muss. Ist also durch die Ortsgegebenheit keine wirkliche Lagune denkbar, muss die Lösung vielleicht bei einer Gruppe von verstreuten Wohninseln in einem künstlichen See gesucht werden. Das Wort Lagune bedeutet wörtlich ja gar nichts anderes als «ein großer Weiher» oder «eine mächtige Lache». Also muss der Großmogul vielleicht einen seinen Namen ehrenden großen künstlichen See für sein Freundschaftsprojekt anlegen lassen und womöglich dafür sorgen, dass darin vergleichbar unterschiedliche kleine Inseln wie in der Lagune von Venedig aufgeschüttet würden. Entscheidend scheint mir nicht, dass die Inselgruppe von Samarkand so groß und weit sei wie die venezianische Lagune. Wichtig ist womöglich, dass man in ein Boot steigen müsste, um von dem einen zum anderen Freundschaftsbezirk zu gelangen. Es sollte ein gewisser Abstand zwischen den einzelnen Inseln eingehalten werden, damit niemals der Eindruck von lästiger Nähe, unerwünschter Nachbarschaft oder gegenseitiger Überwachung entstehen kann. Ja, der Gedanke verbundener und gleichzeitig auch getrennter Räume scheint für ein Freundschaftsprojekt der großzügigen Art, wie es der Großmogul doch wünscht, geradezu zwingend.

Doch ein künstlicher See mitten in Samarkand – und dies bei einem Mäzen, der auf ökologisch verantwortbaren und sinnvollen Projekten besteht: Hat eine solche Forderung überhaupt Sinn? Vielleicht wäre der Plan ja auch mit einer ausgeklügelten Anlage von Pavillons zu realisieren, die in einem großen Park in gewisser räumlicher Entfernung zueinander liegen. Wenn also keine Gebäude auf Inseln in einem See oder gar in einer Lagune möglich sein sollten, dann muss man doch wohl zumindest vier getrennte Pavillons in einer großzügigen Parkanlage so anlegen, dass Männerfreundschaften, Frauenfreundschaften, Freundschaften zwischen Frauen und Männern sowie die speziell zu behandelnden Gottesfreundschaften sich in einem wohltuenden Abstand nebeneinander entfalten können. Ein Pavillon kann ja zweierlei bedeuten: Einerseits versteht man darunter ein freistehendes Gebäude im offenen Gelände, in einem Park, einem Tempelbezirk oder einem Hotelbereich. Ein Pavillon kann andererseits aber auch Teil eines größeren Bauwerks sein, gleichsam ein an den Rand oder im Innenbereich gelandeter «Schmetterling». Man kann sich also die unterschiedlichen Arten von Freundschaften durchaus in verschiedenen Frei- oder sogar Annexräumen denken, sofern die Architektur die Garantie bietet, dass die Anhänger der einen Richtung mit jenen einer anderen nicht in störende Berührung kommen. Gibt es nicht bereits seit der Antike solche Räume für ungestörte Beschäftigungen in Parks und Gärten des Adels, als Nebengebäude eines Schlosses, als Ruhe- und Sammlungsplätze, ja sogar als Andachtsraume und tempelähnliche Gebilde für die Nachdenklichen und Gottberührten? Die wohlhabenden Bürger haben später die Pavillons für ihre Teerunden und Gespräche in heiter gelöster Gartenatmosphäre übernommen. Und kaum ein Kurort lässt es sich bis heute nehmen, inmitten seiner Parkanlagen einen Musikpavillon zu errichten. Vielleicht ist also die Palastidee, erweitert um den Gedanken von raffiniert angelegten Pavillons, gar nicht so abwegig, um gute Voraussetzungen für die Pflege der Freundschaft zu bieten. Doch wie müsste man sich einen solchen Palast denken, in welchem die Vielfalt der Freundschaftsformen sich entfalten kann, ohne dass es zu gegenseitigen Bedrängungen und Belästigungen kommt?

Ich erinnerte mich, von einem Palast in Sizilien gelesen zu haben, in welchem selbst die Besitzer nicht alle seine Teile zu kennen schienen. Giuseppe Tomasi di Lampedusa beschreibt in seinem Roman *Il Gattopardo* diesen Palast der Filangeri di Cutò in Santa Margherita di Belice, welcher der Familie seiner Mutter gehörte und den er im Roman den «Palast von Donnafugata» nennt. Dort verbringt die Familie des Fürsten von Lampedusa jeweils die Sommermonate. Der verliebte Tancredi, Neffe des Fürsten und Garibaldi-Anhänger, will seiner angebeteten Angelica diesen Palast zeigen, «in seinem unentwirrbaren Ganzen aus alten Gästeflügeln und neuen Gästeflügeln, aus Repräsentationsräumen, Küchen, Kapellen, Theatern, nach Leder duftenden Remisen, Stallungen, schwülen Treibhäusern, Durchgängen, Fluren, Wendeltreppen, Balkonen und Arkaden, und vor allem aus einer Reihe nicht mehr genutzter, seit Jahrzehnten nicht mehr betretener Appartements, die ein geheimnisvolles labyrinthisches Gewirr bildeten». Wenn es schon ein Palast sein soll, dann könnte vielleicht dieser Wunderpalast der sizilianischen Provinz das zureichende Modell für das Freundschaftsprojekt von Samarkand sein. Das Gebäude war seit dem Erdbeben von 1968 über Jahre eine Ruine und wurde nach dem Wiederaufbau beschränkter Teile zu einem Provinzrathaus, das heute keine zulängliche Vorstellung des ehemaligen labyrinthischen Herrschaftshauses mehr erlaubt. Doch ist es immerhin denkbar, dass irgendwo in den staatlichen Archiven von Palermo ein findiger Archivar einen Bauplan der ursprünglichen Anlage des Palastes ausgraben könnte, von dem es im Roman heißt: «Die Streifzüge durch den sozusagen grenzenlosen Palast waren endlos; man brach wie zu einer Reise in ein unbekanntes Land auf, und unbekannt war es tatsächlich, weil in einige jener verlassenen Appartements nicht einmal Don Fabrizio jemals den Fuß gesetzt hatte, was ihm übrigens eine nicht geringe Genugtuung war, pflegte er doch zu sagen, ein Palast, dessen Zimmer man alle kenne, sei es nicht wert, bewohnt zu werden.» Ich bin mir beinah sicher: Wenn es in Samarkand einen Freundschaftspalast geben soll, muss er vergleichbare Eigenschaften haben wie jener von Donnafugata.

Mir fällt ein weiteres Modell für den Freundschaftspalast ein. Bereits einige Jahrhunderte vor den barocken Glanzhäusern der sizilianischen Barone und Latifundienbesitzer gab es vor allem in der Toskana Villen und Paläste, welche die Aufmerksamkeit der Welt auf sich zogen. Die Medicis zum Beispiel hatten neben ihren Stadtpalästen eine ganze Reihe von Villen auf dem Lande, in welchen sie die Zeit verbrachten, wenn die Stadtluft unerträglich wurde. Eine dieser Villen war jene von Careggi, welche Cosimo der Alte um die Mitte des 15. Jahrhunderts als Sitz der neu gegründeten Platonischen Akademie bestimmte. Dem Philosophen Marisilio Ficino, welcher der Akademie vorstehen sollte, schenkte er im Jahr 1463 ganz in der Nähe auch noch ein Landhaus. Diese Schenkungen Cosimos haben die frühen Geschichtsschreiber der Medici als Beweis der Großzügigkeit und Weitsicht des alten Cosimo gefeiert. Beim Landhaus des Ficino muss es sich um ein stattliches Gut gehandelt haben, «cum domo pro laboratore et hoste et terris laboratis, vineatis et olivatis stariorum quinquaginta» – was so viel heißt, als dass es da ein Haus für den forschenden Gelehrten und für den ihn besuchenden Gast gab neben bebauten Feldern, Weinbergen und Olivenbäumen auf nicht zu knappem Boden. Ich kenne die Hügellandschaft in der Nähe von Florenz aus eigener Anschauung und weiß, dass es kaum etwas Schöneres gibt, als an Sommerabenden dort zu sitzen, zu tafeln und mit gleich gesinnten Menschen Gespräche über Gott und die Welt zu führen. In Ficinos Landhaus trafen sich die florentinischen Freunde der hochfliegenden Gedanken, um in der Gesellschaft des Meisters die Tragfähigkeit ihrer philosophischen Gedanken zu erproben. Denn Cosimo der Alte wollte etwas ganz Bestimmtes: Ficino möge bald mit Platos Buch über das höchste Gut bei ihm in seiner Villa zu Careggi erscheinen, und er solle ja nicht ohne die orphische Leier kommen! Darauf antwortete ihm Ficino: «Von Herzen gern werde ich, sobald ich irgend kann, zu dir kommen. Denn was gibt es Holderes, als in Careggi, d.i. dem Lande der Chariten – was auf Griechisch Grazien heißt – mit Cosimo, dem Vater der Huld, zu weilen?» In der Akademie von Careggi gab es ein dominierendes Thema unter den dort geladenen Philosophen: die Liebe, in einem neuplatonischen, von Antike und Christentum geprägten Verständnis. In der Biblioteca Riccardiana in Florenz bin ich vor Jahren auf eine Sammlung griechischer Texte zum Thema «de amore» gestoßen, angelegt und geschrieben von Ficinos eigener Hand. Es ist, wenn man so will, eine frühe Datei über das, was die Griechen über die Liebe zu sagen hatten. Vermutlich hatte Ficino sie angelegt als Vorarbeit zu seinem *Commentarium in Convivium*, seinem berühmt gewordenen Kommentar zu Platons Symposion. Aus diesem Kommentar ist dann später Ficinos *El Libro dell' Amore* entstanden, eine von Ficino selbst vorgenommene Übertragung der Hauptgedanken seines Platon-Kommentars in die damalige Vulgärsprache. Auf diese Weise gelangten die Gedanken Platons und Ficinos weit über den Kreis jener kleinen Gelehrtenschar hinaus, die damals des Griechischen kundig war. Auch wenn die damalige Akademie und das Gelände der Medici-Villa in neuerer Zeit in eine medizinische Universitätsklinik verwandelt worden sind – es gibt hinreichende Zeugnisse, aus denen sich rekonstruieren lässt, unter welchen Bedingungen die miteinander in Freundschaft verbundenen Philosophen damals arbeiteten. An eine vergleichbar schöne Anlage wie die damalige Akademie von Careggi hat man für den Palast der Freundschaft in Samarkand zu denken. Werden dann die richtigen zur Freundschaft begabten Philosophen berufen, darf man im Lauf der Jahre vielleicht auch mit einem Standardwerk wie jenem von Ficino rechnen, diesmal mit dem Titel: *Il Libro dell' Amicizia.*

Wird dies als Nachricht an den Großmogul und seine Architekten, die den Auftrag für den Bau des Palasts in Samarkand erhalten, fürs Erste genügen? Oder sollte ich einige wichtige andere Details zur Pflege der Freundschaft ebenfalls gleich zu Beginn erwähnen? Falls aus natürlichen Gegebenheiten kein See mit verstreuten Inseln für Samarkand denkbar ist, muss in Bezug auf die den Palast umgebenden Gartenanlagen äußerst geschickt und mutig vorgegangen werden. Hat der Großmogul daran gedacht, dass auch Tiere und Pflanzen für die Freundschaft von Bedeutung sind? Ganz gewiss muss der dem Palast angrenzende Park ähnlich verschlungen und labyrinthisch sein wie der Palast selbst. Es ist darauf zu achten, dass nicht welkendes Grün neben anderen, die Farben der Jahreszeit annehmenden Bäumen in sinnvollem Kontrast und Ergänzung steht. Bambus, Pinien, Trauerweiden, Palmen, Pappelfeigen und Orangenbäume sind so wesentlich wie Granatäpfel, Kakteen, Schafgarbe, Wermut und Absinthpflanzen. Zwischen den Blumenbeeten und den Baumreihen müssen sich Kraniche, Fasane, Pfaue und Phönixe bewegen. Auch Elstern und Raben müssen sich auf dem Gelände zu Hause fühlen – vielleicht sogar Dachse und Füchse. Abends müssen die Fledermäuse ausfliegen und im Schnellflug mit den Schwalben Insekten jagen. Insgesamt muss die arrangierte Natur so etwas wie das friedliche Nebeneinander des Unterschiedlichen widerspiegeln. Es braucht eine Esplanade, gestufte Terrassen, überdachte und freie Balustraden, Loggien, Galerien, Nischen und Aussichtstürme. Man muss an von Säulengängen gesäumte Atrien denken, an glasüberdachte und himmelfreie Innenhöfe, an Ambulatorien und Ruhehallen, an Kuppelräume und Observatorien. Ich wünsche mir, dass es dem Großmogul gelingen möge, Architekten zu finden, die den Palast der Freundschaft so zu bauen verstehen, wie Le Corbusier sein Kloster von Sainte-Marie de la Tourette konzipierte. Gleichsam aus der innersten Notwendigkeit der Betroffenen heraus. «Per visibilia ad invisibilia»: Das Sichtbare sollte etwas umspielen, das man nicht direkt sehen kann und doch spüren muss. So ist beim Phänomen der Freundschaft ganz gewiss die architektonische Form der Ellipse hoch bedeutsam: also der zweifache Fokus. Nicht der Gedanke der Einheit darf dominieren, sondern jener der in Harmonie geeinigten Zweiheit oder gar Vielheit. Nichts, was auf eine einzige für alles geltende Zentralperspektive zielt, sondern Formen, die Spielelemente für Doppelbildungen sind. Es müssen die Architekten eine Sprache dualer Formen erfinden, welche Kontrastierendes in harmonischer Vereinigung sichtbar macht. Ebenso ist darauf zu achten, dass – wie es die Freundschaft tut – auch die Architektur alles weitet und öffnet und nicht einengt und verschließt. Es muss doch unter den wunderbaren Architekten und Architektinnen der Gegenwart solche geben, die für die grundlegenden Ideen der Freundschaft – Freiwilligkeit, Ebenbürtigkeit, harmonische Zweiheit, Komplementarität – das dafür geeignete räumliche Formenspiel zu finden imstande sind! Sollte ich dem Großmogul gegenüber vielleicht Namen von Architekten erwähnen, die bewiesen haben, dass sie lange und sorgfältig nachdenken, bevor sie darauflosbauen? Doch halt! Mische dich dort nicht ein, wo du nur ein Dilettant bist. Diese Vorsicht gehört auch zur Grundausrüstung von Sekretären.

Einen Hinweis muss ich dem Großmogul freilich noch zukommen lassen. Dass es im Garten der Freundschaft zahlreiche plätschernde Brunnen geben muss, an welchen die in Freundschaft Verbundenen dem Geheimnis der vergehenden Zeit nachlauschen können.

Der Marmorboden des Doms von Siena

Als ich den Dom von Siena betrat, erwartete ich nicht mehr und nicht weniger, als was große Kirchen und Kathedralen in Italien zu bieten haben. Wunder gibt es in Kirchen überall, sogar am Boden, und am größten sind sie oft dort, wo jemand sie am allerwenigsten vermutet. Der erste Anblick des Doms mit einem Turm, der zur Fassade in starkem zeitlichen Kontrast steht, war zwar das Vorzeichen für eine ungewohnte Vereinigung von Widersprüchen. Doch was der Marmorboden dieses Gotteshauses auf einmal vor mir ausbreitete, überstieg alle Vermutungen und Vergleiche mit anderen reich gestalteten Kirchen.

Als Erster begrüßte mich Hermes Trismegistus, der Weise des Altertums, Überbringer der Buchstaben und Hüter der Gesetze – eigentlich nicht bei den Sienesen, sondern bei den alten Ägyptern. Nachbarvölkern galt er als Begründer der Wissenschaft und der Kultur. Er stand groß und bärtig da, mit offenen Armen, als wolle er den Menschen das Wissen in alle Himmelsrichtungen weiterreichen, die Schreib- und Lesekunde sowie den Nutzen von Vorschriften und Gesetzen. Zu seinen Füßen las man die Inschrift, er sei ein Zeitgenosse des Moses und nicht selbst der Schöpfer aller Dinge, sondern nur der «Mercurius» – der Überbringer der göttlichen Botschaften. Was sollte dieser Mann am Eingang einer christlichen Kirche? War es die geradezu unverfrorene christliche Einvernahme des Wissens früherer Zeiten, das man in der Zeit der Renaissance, als dieser Marmorboden gelegt wurde, gerade neu in Italien entdeckte? War es der Hinweis, dass das Wissen früherer Zeiten nur Vorspiel und Vorbereitung sei für eine Offenbarung, die sich erst ganz vorne am Hauptaltar vollziehen werde, und dass der Lauf der Zeiten zu lesen und zu deuten sei in der Entwicklungslinie der einen in diesem Bau gefeierten Erlösungsreligion, die nur das Christentum sein konnte? Musste man auch die zehn Sibyllen so erklären, die in den Seitenschiffen in zwei Fünferreihen das antike Wissen gleich christlich umtauften, so etwa die Delphische, wenn sie anstatt «Erkenne dich selbst» hier mitteilte: «Erkenne deinen Gott!»? Alle zehn griffen sie auf alte Weisheiten und Überzeugungen zurück, zitierten die Gelehrten des Altertums, Platon und Vergil, und deuteten das Wissen längst vergangener Zeiten kühn um. Die Cumäische, eine alte Frau mit fliegendem Haar und doppelt gegürtet, tat kund, dass es aus sei mit dem Tod und dass nach drei Tagen Schlaf das wahre Leben beginne – ein offener Hinweis auf Tod und Auferstehung Christi. Da war die Cumanische, die dem staunenden Leser mitteilte, dass jetzt eine vollkommen neue Ordnung beginne, «nascitur ordo», dass die Jungfrau zurückkehre und ein neues Geschlecht zu erwarten sei, ja dass die Zeiten mit dem Ereignis der Menschwerdung Christi anders würden und neu zu zählen seien. Und die Persische, mit einem Schleier um das Haar, wies auf eine Tafel, auf welcher von den fünf Broten und den zwei Fischen die Rede ist, mit welcher der kommende Messias zwölftausend Menschen auf der Wiese sättigen würde – und sie vergaß nicht zu prophezeien, dass die Reste der Speisen zwölf volle Körbe füllen würden! Alle zehn waren sie da, diese Prophetinnen des Altertums, mit ernster Miene in weißen Kleidern vor dunklem Hintergrund, und kündigten an, dass der Erlöser in die Hände der Bösartigen gerate, dass man ihm mit schmutzigen Händen ins Gesicht schlagen würde, dass dieser aber schweigen und den Schlägen der rohen Gesellen seinen «innocens dorsum», seinen unschuldigen Rücken, anbieten würde. Was für eine unheimlich bedrohliche Art, auf kommende bessere Zeiten aufmerksam zu machen!

War es diese Ambivalenz von Heilsbotschaften, auf die ich aufmerksam gemacht werden sollte? Es war noch zu früh, um zu urteilen. Ich war erst im Eingangsbereich des Doms. Als Gesellschafter der hellespontischen Sibylle reichte ein Wolf einem Löwen seine Pfote, so als wolle jemand damit andeuten, es sei auch Falschheit und Täuschung bei freundschaftlichen Gesten im Spiel. Über diesen unheimlichen Kreaturen konnte ich lesen, dass Galle der Speise beigemischt sei, dass dem Durstigen Essig zum Löschen seines Durstes geboten werde. Im Mittelschiff folgten weitere sonderbare Tiere, eine halbe Arche Noah war da versammelt, allerdings nur in Einzelgestalten und nicht als Paare: Pferd und Panther, Hase und Storch, Greif und Einhorn, Elefant und Gans. Vermutlich sollten diese Tiere die verbündeten Städte der Sienesen darstellen, denn in der Mitte erkannte man die sienesische Wölfin, die zwei Knaben säugte. Dann folgte der römische Kaiseradler, wohl um kundzutun, dass an diesem Ort auch die Glanzzeit Roms ihre Fortsetzung finde. Waren die Tiere nur als Symbole ihrer Städte hier dargestellt oder auch als Repräsentanten von deren Natur und Charakter? Sollte, wer die Kirche betritt, gleich darauf aufmerksam gemacht werden, dass auch seine Leidenschaften nicht vor dem Portal abgelegt werden können, sondern unterwegs zum Heil immer dabei und im Spiel blieben? War die Kirche der Ort, um die Laster und Mängel, die Listen und Bosheiten, aber auch die Stärken und Vorzüge, welche der Mensch mit der Natur der Tiere teilt, einer christlichen Verwandlung und Veredelung zu unterziehen?

Man kam beim Betrachten des Marmorbodens noch vor dem Erreichen des Querhauses schon auf allerlei verborgene Hinweise. Als ich zum vierten Quadrat des Mittelschiffs gelangte, fiel es mir jedoch wie Schuppen von den Augen. Hier musste der Grund liegen, warum der Großmogul mich auf den Boden der Kathedrale aufmerksam machen wollte. Was war hier dargestellt?

Die äußerst lebendige, nun nicht nur schwarz-weiße, sondern buntfarbene und figurenreiche Erzählung vollzog sich auf drei Ebenen. Auf der untersten nimmt eine nackte Frau den Blick gefangen, mit der rechten Hand ein Füllhorn jonglierend, mit der linken ein vom Wind aufgeblähtes und gewölbtes Segel festhaltend. Diese Frau stand nicht auf festem Boden, sie balancierte auf wackliger Grundlage: Den rechten Fuß hatte sie auf eine Kugel gesetzt, der linke war in einem auf unruhigem Wasser schwankenden Boot platziert, dessen Segelmast vom Sturm zerbrochen und zerschlagen schien. Nach wilder Meeresfahrt hatte diese Fortuna wohl mit ihren Leuten das Ufer einer Insel erreicht, die schroff aus dem Wasser herausragte. Die Insel war in rötlichem Marmor gestaltet, das aufgewühlte Meer schien grau von helleren Schaumkronen durchzogen, über Insel und Meer hing ein bedrohlich schwarzer Himmel. Eben erst am Ufer gelandet, erschien eine Gruppe von Menschen, neun insgesamt, die sich anschickten, den Gipfel der Insel zu ersteigen. Die Männer und Frauen sahen aus, als gehörten sie einer vornehmen Gesellschaft an. Während zwei beherzt voranstürmten, waren die anderen noch dabei, sich von der Überfahrt zu erholen. Ein älterer Mann, ein Buch unter den linken Arm geklemmt, hielt seine rechte Hand an der Schläfe, als wollte er sagen: Was haben wir uns mit dieser Reise wohl für eine Mühsal angetan? Die anderen schienen sich noch zu beraten, über den Landeort und den bevorstehenden Aufstieg. Denn der ihnen zugemutete Weg war beschwerlich, voll von Steinen, durchwachsen von Gestrüpp, und man sah Schlangen, Echsen und anderes ungemütliches Getier auf ihm herumkriechen. Auf der dritten Ebene, auf der Höhe des Gipfels, saß auf einer Truhe inmitten einer herrlich blühenden Wiese eine Frau mit weit ausgebreiteten Armen, einer milden Königin gleich. Mit der rechten Hand reichte sie dem Philosophen Sokrates – man konnte den Namen unter der Figur lesen – eine Palme, mit der linken streckte sie auf der anderen Seite dem reichen Krates ein Buch entgegen. Dieser war damit beschäftigt, wertvolle Steine, Ketten, Ringe, Broschen und dergleichen aus einem großen Korb ins Meer zu leeren. Hier befreite sich offensichtlich ein reicher Mann von seinen Schätzen, um fortan einem anderen Reichtum zugetan zu sein. Auf einer Tafel über der thronenden Frau konnte man lesen: «Menschen, beeilt euch, den Weg nach hier oben einzuschlagen, steigt den steilen Berg hinauf, der schöne Preis wird die Palme sein, die euch die Seelenruhe – die ‹quies› – schenkt.»

Kein Zweifel, hier handelte es sich um eine allegorische Darstellung des Berges der Weisheit, die man aus der Zeit der Renaissance als ein beliebtes und vielfach verwendetes Motiv kennt. Denn erst nach stürmischer Meeresfahrt mithilfe der Fortuna und nach einem mühseligen Aufstieg aus freiem Willen und eigener Kraft sollten die Menschen den Berg der Weisheit, das heißt den größtmöglichen auf Erden zu erwerbenden Reichtum erreichen. Von allen Darstellungen des Marmorbodens – auch von den vielen großartigen Bodenfeldern mit den Geschichten des Alten Testaments, die ich erst danach zu Gesicht bekommen sollte – schien mir gerade dieses Quadrat, vor dem ich jetzt eben stand, als das für die mir zugemutete Aufgabe bedeutendste. Kein geringerer als der Maler Pintoricchio soll der Zeichner dieses Berges und dieser Figuren gewesen sein, und er soll es mit seinen Steinschneidern und Steinlegern in jahrelanger Arbeit kunstvoll erarbeitet haben. Stundenlang hätte man hier verharren können im Anblick dieser Marmorkunst, wenn die nachfolgenden Besucher der Kirche nicht ungeduldig und unsanft weitergedrängt hätten. Vor allem die Gruppe der vor dem Aufstieg noch zögernden, gleichsam noch einen Augenblick der ruhigen Überlegung und Besinnung einschaltenden Figuren war von einer solchen wunderbaren Einheit und Ausstrahlung, dass man den Eindruck gewann, diese Menschen müssten einander sehr nahe stehen, ja auf eine bestimmte Art und Weise müssten sie miteinander in der Verfolgung ihres Zieles befreundet sein. Man hätte zu gern von jeder einzelnen Figur gewusst, was sie in diese Gesellschaft geführt und was sie gemeinsam mit anderen auf die Suche nach der bestmöglichen Art von Reichtum getrieben hatte. Könnte nicht gerade ihre Nähe und Freundschaft zueinander die Voraussetzung dafür gewesen sein, um das eigentliche Ziel des irdischen Daseins, die von der Weisheit geschenkte Seelenruhe, irgendwo doch noch zu finden? War das etwa auch der letzte Sinn und Zweck der Freundschaft?

Ich lief weiter, die wundersamen Darstellungen des Querhauses weniger scharf beobachtend, geradezu befangen durch das eben Erlebte, und stand auf einmal im Chor vor den Altarstufen. Hier geriet ich wieder ins Sinnieren. In der Mitte sah man ein Rundbild mit dem Psalmen dichtenden und ein ungewöhnlich geformtes Instrument spielenden König David. Er war umgeben von vier in Tanzschritten sich bewegenden Musikanten. Jeder hatte sein eigenes Instrument, eine Tragorgel, eine Trommel, eine Laute und eine ungewöhnlich große Armgeige. Mit der rechten Hand zeigte David auf die Notenschrift einer aufgeschlagenen Partitur, mit der linken schien er in die unsichtbaren Saiten seines trapezförmigen, zitherähnlichen Instruments zu greifen. Von den Theologen wurde David als der größte Poet des alten Bundes betrachtet. Seine Musik vertrieb nicht nur König

Saul die trüben Stunden, wenn dieser in eine tiefe Depression darüber fiel, dass die Menschen – und am meisten er selbst – den Anforderungen Gottes niemals ausreichend gewachsen seien. Davids Klänge begleiteten auch die feierlichste Stunde in vorchristlicher Zeit, wenn in Jerusalem die Arche des Bundes in den Tempel getragen wurde. Zudem war man durch die Lehren der Propheten ohnehin angehalten, sieben Mal am Tag zu lobsingen und die Seele mit Festfreude zu umhüllen über alles, was Gott seinem Volk zugutekommen ließ. Hier vor dem Hauptaltar war offensichtlich der Ort, wo der Betrachter des Bodens daran erinnert werden sollte, dass es keinen Gottesdienst geben dürfe, ohne dass dieser im Mantel der Schönheit daherkomme – und einen schöneren Mantel als jenen der Musik konnte man sich für das Gotteslob schon damals gar nicht denken. Die Künstler der Renaissance verstanden sich als die treuesten Diener der Schönheit, und so war es ihnen vorbehalten, durch ihre Kunst die Menschen in die Geheimnisse der Wundertaten Gottes einzuführen. Hier an den Stufen zum Hauptaltar erklang für den verstehenden Geist durch diese Darstellung eines geradezu perfekten Orchesters zu König Davids Zeiten die herrlichste Musik, die der größte Psalmensänger und Musikant des alten Bundes geschrieben hatte. Der fromme Beter sollte daran erinnert werden, dass das Gotteslob nur dann vollkommen ist, wenn es zu einem Fest für die Augen und für die Ohren wird.

Keinen Zweifel gab es da noch für mich: Der Großmogul wollte mit dem Hinweis auf den Marmorboden des Doms von Siena darauf aufmerksam machen, dass in seinem Palast Freundschaft als ein Aufstieg zum Berg der Seelenruhe, der Zufriedenheit, der gefundenen Harmonie zwischen Menschen verschiedener Herkunft, Glaubensrichtungen und Lebenserfahrungen praktiziert werden solle. Dieser Weg sollte aber nicht einer der Wortlosigkeit, des Schweigens und der stillen Meditation sein. Nein, er sollte begleitet und beflügelt werden von den schönsten denkbaren Worten und Tönen, vom Feuer der Sinnlichkeit und von einer festtäglichen Lust am Leben. Freundschaft ist nichts für Eremiten und Weltentsager! Freundschaft heißt unterwegs sein, auch wenn es nicht nur geradeaus ins Leichte und Gefällige geht, sondern steil den Berg hinauf. Und Freundschaft ist Freude am Dasein, Musik für die Seele und Tanz für den Geist! – Mit dieser festen Überzeugung verließ ich den Dom von Siena. Ich glaubte, den Wink des Großmoguls verstanden zu haben.

Taugst du zum Freund?

Als ich ihn kennenlernte, war er zweiundsechzig Jahre alt, ich war eben einunddreißig geworden. Es war in einem Fischlokal an der amerikanischen Ostküste, ich trat mit einem ortskundigen Bekannten dort ein, der mir die Küche, insbesondere die Zubereitungsart des Blaufischs, empfohlen hatte. Das Lokal war voll, an einem Tisch in einer Ecke saß allein ein kleiner, schmächtiger Mann und aß eine Seezunge. Mein Bekannter und der Mann schienen sich zu erkennen, jedenfalls war es für ihn eine Selbstverständlichkeit, dass wir an seinem Tisch Platz nehmen durften. Er stellte mich dem Mann vor als einen Bibliothekar, der noch nicht lang in der Stadt sei und an der Widener Library einen Fortbildungskurs für den fachgerechten Umgang mit wertvollen alten Druckschriften in öffentlichen Sammlungen besuche. Der Mann sei Maler, erklärte mir mein Begleiter gleich, und das große Bild dort an der Wand mit den Fischköpfen und den Fischskeletten sei von ihm gemalt. Der Maler lächelte verschämt, so als wäre ihm die Äußerung unseres Bekannten eher peinlich. Er lenkte sogleich das Gespräch zurück vom Bild auf das Essen und sagte, der Fisch sei hier besonders frisch und solche Seezungen, wie er sie gerade esse, seien in der ganzen Stadt kaum zu finden. Die Bedienung kam, ich blieb bei meinem Blaufisch, mein Begleiter hatte Lust auf den Hummer der Küsten von Maine, und während wir auf das Essen warteten, begann ein lockeres Gespräch über die großartigen Schätze der Widener-Bibliothek, die unser Maler offenbar sehr gut kannte, denn es stellte sich heraus, dass er vor über zwanzig Jahren einmal Lehrer für Zeichnen und Malen an der Harvard University gewesen war. Ich erzählte von den wundersamen Funden, die ich in den Keller- und Lagerräumen dieser Bibliothek bereits gemacht hatte, darunter Originalschriften und Zeugnisse von Autoren aus dem Alpenraum, die man niemals jenseits des Atlantiks vermutet hätte. Der Maler hörte aufmerksam zu, erzählte dann von eigenen Trouvaillen in der Judaica-Sammlung dieser Bibliothek – es wurde ein sehr angenehmes und angeregtes Tischgespräch, und das Gesicht des Künstlers blickte immer freundlicher. Das Essen war in der Tat ungewöhnlich gut und schmackhaft, wir bestellten Weißwein dazu, den der Maler allerdings nicht trank, aber wir hatten es fröhlich zusammen. Am Schluss dieses Treffens lud er mich ein, ab und zu mittags doch hier vorbeizuschauen, denn er esse jeden Tag hier – und zwar immer an diesem Ecktisch.

Aus der Zufallsbegegnung wurde eine Gewohnheit – und im Verlauf eines Sommers entstand zwischen mir und dem Maler das, was man wohl eine Freundschaft nennen muss. Seine wirkliche Zuneigung und Aufmerksamkeit gewann ich, als wir uns am Mittagstisch über das Lachen unterhielten. Ich erzählte vom «risus pascalis», dem Osterlachen, das lange in den Kirchen geherrscht habe, um der Osterfreude Ausdruck zu verleihen. Weil mancher Prediger es in der Barockzeit wohl etwas übertrieben habe mit dem Erzählen von komischen Dingen von der Kanzel herunter, hätten die Reformatoren den Brauch aber als Unsinn und perversen Missbrauch des Gotteshauses betrachtet und ihm nach und nach den Garaus gemacht. Er wiederum erzählte von Simchat Thora, dem jüdischen Fest der Freude über die Thora, an dem man mit den Gesetzes-Rollen im Arm in der Synagoge richtig lachend und jubelnd herumtanze. Über das, was sich unserem Verständnis entzieht, weil es zu gewaltig für das menschliche Gehirn ist, sich davon ein Bild machen zu können, müsse man lachen können, meinte er. Ob Auferstehung oder Gesetzestreue! Vielleicht sei das Lachen die beste Medizin gegen die bedrohliche Anstrengung und Zumutung, Gottes Wege im Umgang mit den Menschen begreifen zu wollen. Diese Unverhältnismäßigkeit zwischen dem, was Gott von den Menschen wolle, und dem, was dieser zu leisten imstande sei, schien meinen Malerfreund geradezu zu belustigen.

Im Verlauf unserer Begegnungen wurde mir klar, dass ich es mit einem in seinem Fach berühmten Mann zu tun hatte, der freilich alles tat, um sich durch die Folgen der Berühmtheit nicht die von ihm gewünschte Art des Lebens zerstören zu lassen. Geboren war er in einer jüdisch-orthodoxen Familie in Lettland, nahe an der litauischen Grenze. Im Alter von sieben Jahren kam er mit seinen Eltern nach Amerika, die aufgrund der kargen Lebensumstände in Osteuropa wie hunderttausend andere das neue Lebensglück hier suchten. Er wuchs in ärmlichen Verhältnissen auf – der Vater war Schuhmacher, die Mutter Näherin –, doch in den amerikanischen Schulen fiel seine Begabung rasch auf. Eigentlich wäre er gern Rabbiner geworden, aber die Erfahrungen, die er mit einem religiösen Lehrer machte, entfernten ihn wieder von diesem Vorhaben. Hingegen wurde er früh von Leuten gefördert, die sein außerordentliches Talent im Zeichnen entdeckten. Ein Mann, der selbst an einer Hochschule Kunst unterrichtete, sorgte dafür, dass er mit einem anderen begabten Freund aus einfachen Verhältnissen ein Atelier erhielt, und gab den beiden angehenden Künstlern ein bescheidenes Wochenstipendium. So begannen die Lehrjahre unter einem entgegen allen Erwartungen sehr günstigen Stern. Er hatte bald erste Ausstellungen, die das Staunen der Kunstszene hervorriefen, vornehme Institutionen wie Wellesley und Harvard waren gleich da, um ihm Angebote zu unterbreiten, ihren jungen Studentinnen und Studenten Zeichen- und Malunterricht zu erteilen, was er einige Jahre lang auch tat. Große Museen begannen sich für seine Bilder zu interessieren, das Museum of Fine Arts in Boston, das MOMA in New York und einige andere namhafte Häuser sicherten sich Bilder und Zeichnungen der frühen Vierzigerjahre. 1941 wurde er aufgrund seiner schmächtigen Gestalt und seiner wackeligen Gesundheit als dienstuntauglich erklärt, sodass er nicht in den Krieg ziehen musste, sondern in Boston weiterarbeiten konnte. Nach dem Krieg gab es die ersten bedeutenden Ausstellungen mit seinen Werken, in den Fünfzigerjahren war sein Name in der Kunstszene in aller Munde, er war unter denen, welche die USA auf der Biennale von Venedig vertraten. Jackson Pollock und Willem de Kooning schätzten die Arbeit ihres Kollegen enorm, nannten ihn «den ersten unter den abstrakten Expressionisten Amerikas», die Kunstgalerien wollten seine Werke haben – und er? Auf einmal wusste er, dass sein Weg ein ganz anderer zu sein habe. Er gab den Unterricht auf, weigerte sich, Galeristen zu treffen und ihnen Bilder «zu liefern», ging nicht mehr zu eigenen und fremden Vernissagen und zu Treffen mit Kollegen. Kurzum: Er versagte sich dem Kunstbetrieb, malte für sich weiter, gestützt von einem kleinen Freundeskreis, der sich durch die Eigenheiten und Launen des Künstlers nicht beirren ließ. Er war siebzig Jahre alt, als er Boston verließ und mit seiner zweiten Frau ein Haus in einer ländlichen Gegend New Hampshires kaufte. Die letzten sechsundzwanzig Jahre seines langen Lebens verbrachte er dort, malend, zeichnend, lesend, Musik hörend. Gern empfing er in seinem Haus und seinem Garten Freunde und war diesen ein fröhlicher und zufriedener Gastgeber. Dort starb er im Sommer 2009, sechsundneunzigjährig.

Kann man sich eine Freundschaft mit einem derart eigenwilligen, ja eigenbrötlerisch schwierigen Künstler vorstellen? Ich habe für unsere Freundschaft drei Beweise. Der erste: Es gab für den privilegierten Umgang mit diesem Menschen ein untrügliches Zeichen: Geschäftsfreunde, Galeristen, Sammler oder Journalisten, die über ihn schreiben wollten, und Museumsleute, die von ihm ein Bild geschenkt haben wollten, ja selbst nahestehende Verwandte: Alle empfing er zwar freundlich in seinem Haus, aber er verwehrte ihnen ausnahmslos den Zutritt zu seinem Studio, ob in Boston oder in New Hampshire. Nur die ihm engsten Geistesverwandten hatten das Privileg, mit ihm in seinem Studio zu sitzen und dort stundenlang mit ihm zu reden. Mich hat er bereits im ersten Jahr unserer Begegnung zu dieser mit den Fingern einer Hand zu zählenden Schar von Auserwählten erkoren. Bis heute ist es mir ein Rätsel weshalb – zwischen uns gab es sehr viel mehr Unterschiede als Gemeinsamkeiten. Er hatte die Gewohnheit, nach der Arbeit und vor Verlassen seines Studios die großen Leinwände alle mit den Bildern wandseitig umzudrehen, sodass – sollte ein Unbefugter schändlicherweise einen Blick in sein Arbeitsheiligtum werfen – dieser gar nichts zu erblicken bekam. Wenn er jemanden mit in sein Studio nahm, musste man zunächst sehr geduldig sein, man durfte nicht fragen und nicht drängen, man musste ihn einfach machen lassen, bis ihm der richtige Augenblick gekommen schien, um ein Bild, das er in Arbeit hatte, umzudrehen und den Augen des Besuchers auszusetzen. Reihenweise waren Bilder an der Wand angelehnt, Dutzende von Bildern, unter denen er dann eines sorgfältig auswählte, die ungerahmten Leinwände leicht nach vorne kippend, dann heraushob und auf die Staffelei setzte oder in einem günstigen Lichtkegel unter einem der Dachfenster platzierte. Er liebte es, wenn man im Gespräch zunächst weitschweifig war und sich nicht gleich mit Fragen oder Bemerkungen aufs Bild stürzte. Man musste sich ganz allmählich und sehr bedacht dem Bild nähern, und man sah es seinem Mienenspiel sogleich an, ob man diskret genug im Besprechen des Gesehenen war. Ich bin sicher, jeder hätte sich seine Zuneigung für immer verscherzt, der plump mit Kommentaren ins Haus gefallen wäre. Er hatte es nicht ungern, wenn man eine Weile gar nichts sagte, wenn man einfach schwieg und schaute und danach gleichsam über einen Seitenweg zum Thema oder zur Ausführungsart des Bildes zurückfand. Mein Freund hatte die für Sammler schwer zu ertragende Eigenart, Bilder, welche diese für perfekt und vollkommen hielten und am liebsten gleich mit nach Hause getragen hätten, immer wieder zu verändern, weil ihm eine Partie, eine Ecke, ein Detail unfertig und ärgerlich schien. Ich selbst habe drei- und vierfache Überarbeitungen von Bildern gesehen, mit welchen der Künstler tatsächlich zu hadern schien, bis sie die ihnen in seinem Kopf zugedachte Ausführung hatten. Ein Sammler sagte mir einmal, man müsste ihm die Bilder wegziehen, damit er sie nicht immer wieder verändere! Wann war ein Bild für ihn fertig? «Wenn nichts Überflüssiges mehr auf ihm zu sehen ist», pflegte er zu sagen. Einmal wollte er in meiner Wohnung eines seiner Bilder, das ich von ihm erworben hatte, unter allen Umständen wieder mitnehmen und überarbeiten. Nur die linke Seite sei so, wie sie zu sein habe, die rechte müsse er vollkommen neu malen! Ich konnte ihn von diesem Vorhaben mit dem Argument abbringen, er habe gegenwärtig so viele Bilder in Arbeit, dass er für meines in den kommenden Wochen ohnehin keine Zeit finde. Warum nicht später einmal? – Das Bild blieb, wie ich es von ihm vor Jahren bekommen hatte, und ich bin darüber sehr glücklich.

Der zweite Beweis unserer Freundschaft wurde für mich folgender: Mein Malerfreund hat im Verlauf seines langen Lebens einige Themen umkreist, die er niemals als abgeschlossen und definitiv ausgeschöpft betrachtete. Dazu gehörten solche, die mit seinen frühen Erfahrungen in der Synagoge zu tun hatten: Porträts von Rabbinern mit der Thora-Rolle, von ihre ganze Seele in den Gesang legenden und zur Ekstase sich aufschwingenden Kantoren, Bilder von gewaltigen Leuchtern, die wie eine Licht- und Farbenbombe vor dunkler Synagogenarchitektur zu explodieren schienen, aber auch christliche Motive wie etwa Weihnachtsbäume, die nichts anderes als Leuchtkegel erstaunlichster Farberuptionen waren. Er hatte in einer gewissen Phase seines Lebens begonnen, zwischen lebendiger Pracht und drohendem Verfall schwebende Wälder zu malen. Als Folge einer Sammlerpassion für böhmische Vasen und historische Glasgefäße malte er eine Reihe von großdimensionalen Tafeln mit grandiosen Stillleben, die von seltsam stürmischen Hintergründen und tief bedrohlichen Himmeln begleitet waren. Bereits in früher Zeit faszinierten ihn Sektionsräume von Hospitälern, die er besuchte, um dort medizinische Obduktionen an Leichen zu beobachten. Danach zog er sich in sein Studio zurück und bannte verstörende Bilder über das Äußere und das Innere des menschlichen Körpers auf die Leinwände. Es war diese offensichtliche Obsession von der Grenze zwischen Leben und Tod und die daraus entstehenden Schockbilder offener Menschenkörper, die einen Teil seiner Kunstfreunde und Verehrer schockierte und zu ihm auf schweigsame Distanz gehen ließ. Dabei muss man wissen, dass dieser Agnostiker und gleichzeitige Sinnsucher jemand war, der an die Wiedergeburt glaubte. Für ihn war Leben auch noch in totem Gewebe vorhanden, nur seine Gestalt war verwandelt. Er hielt Leben und Tod für Veränderungszustände einer verborgenen Schöpfungskraft, die sich im Kreis bewegte und im Wechsel unterschiedliche Gestalt annahm. Eigentlich war für ihn alles Seiende in kontinuierlicher Metamorphose begriffen – und darum gab es in allen seinen Werken eingezeichnete Lebens- wie Todeszeichen. Die Ratten, die in einigen seiner Endzeitbilder über menschliche Körperglieder fielen, waren für ihn Wesen, die dasselbe Lebensprinzip verkörperten wie jene Gestalten, die als materielle Erscheinungen von Verstorbenen oder noch Ungeborenen auf seinen Séance-Bildern auftauchten. Im Prinzip war mein Freund ein mystischer Visionär, der viel über Kabbalisten, Sufisten, Geisterseher und andere Gestalten zu erzählen wusste und mit besonderen Antennen für Obskures und Verborgenes ausgestattet schien. Er hielt unsere alltäglichen Wahrnehmungen für den beschämend kleinen Anteil von dem, was uns bei zureichender Hinwendung, Meditation und Imagination offenstand. Alles faszinierte ihn, was die Verlässlichkeit und Eindeutigkeit der Erscheinungen zu widerlegen schien und den aufmerksamen Beobachter in einen anderen Wahrnehmungszustand versetzte. Er konnte sich unendlich vergnügen beim Lesen von buddhistischen Geschichten über Geister und Dämonen, ebenso wie über westliche theosophische Spekulationen und Hirngespinste. Alles kam für ihn aus den Möglichkeiten menschlicher Einbildungskraft, die Figuren, die uns selig machten, und die Gespenster, die uns Albträume bescherten. So waren ihm die Wundergeschichten des Chassidismus so wichtig und nah wie die Berichte reisender Mönche aus östlichen Religionen, die sich mit einem Affenkönig als Führer auf die Suche nach heiligen Schriften und ihren verborgenen Botschaften machten. Er hörte mit Vorliebe Musik, die mit alten Religionen in Beziehung stand, synagogale Weisen, gesungen von berühmten Kantoren wie etwa von Kantor Pinchik, indische Ragas, auf der Sitar gespielt – er nahm einige Jahre Unterricht, um selbst die indische Langhalslaute spielen zu können. Auch sufische Tariqas hörte er gern neben christlicher Gregorianik, orthodoxen Liturgien und aus Osteuropa stammender Volksmusik. Diese Art von Musik schien ihm direkter aus den inneren Bedürfnissen der Menschen herauszuwachsen als die Kompositionen selbst der größten klassischen Meister. Diese Grundierung in etwas, das den Menschen zentral betraf, war die Voraussetzung, damit er sich mit einer Sache wirklich befasste. Vor allem malen und zeichnen konnte er nur, wenn diese verborgenen Dimensionen der Realität mit im Spiele waren. Über alles musste man vermeiden, sich mit Nichtigkeiten, Moden, Launen des Augenblicks zu befassen. Ob er gerade den Körper einer alten sterbenden Frau zeichnete oder aber den Ausbruch eines Vulkans in tausend Feuerfarben entwarf: Alles hatte aus einem inneren Beweggrund heraus zu wachsen und musste um das Lebensrätsel der menschlichen und der kosmischen Natur kreisen. Einmal hat er den Ausspruch eines Kollegen in einem wesentlichen Punkt zurechtgerückt. «Alle Kunst hat es mit Einschüchterung durch Sterblichkeit zu tun.» So hatte Mark Rothko seine eigene Philosophie formuliert. Über dem Schreibtisch seines Ateliers hatte mein Freund diesen Spruch an die Wand geheftet, jedoch das Wort «mortality» durchgestrichen und es durch «immortality» ersetzt. Vielleicht sind die ewig sich erneuernden Formen des Lebens in der Tat das erschreckendere Geheimnis als die Banalität des überall um uns wütenden Todes.

Es war Mitte der Neunzigerjahre, mein Malerfreund war inzwischen das, was man einen alten Mann nennt, denn sein Freundeskreis hatte seinen achtzigsten Geburtstag bereits gefeiert. Ich pflegte ihn einmal im Jahr für einige Tage in Amerika zu besuchen – doch auf einmal teilte er mir mit, er habe den Wunsch, in diesem Jahr das Werk jenes Malers zu sehen, den er für den größten Künstler aller Zeiten halte. Er komme nach Europa und wolle mit mir nach Colmar fahren, um den Isenheimer Altar des Matthias Grünewald zu sehen. Es wurde ein denkwürdiges Erlebnis mit ihm im Museum von Colmar. Er konnte sich kaum von Grünewalds Altar trennen, schien Hunger und Durst zu vergessen, staunte endlos vor sich hin, als gehe es darum, bei dieser ihm geschenkten Gelegenheit in diesem Bild ein nur ihm zugedachtes Geheimnis zu entschlüsseln. Noch die Postkarten, die er in den folgenden Tagen an einige Freunde in Amerika schrieb, lassen die Erschütterung erahnen: Er habe das größte Kunstwerk gesehen, dessen ein Mensch in der Malerei je fähig gewesen sei. Er wurde auffallend schweigsam in den folgenden Tagen. Bevor er zurück nach Amerika reiste, hatten wir aber noch ein entscheidendes Gespräch. Ich sagte ihm, dass unter seinen Bildern jene für mich die unwiderstehlichsten seien, die sich mit der Bürde befassen, welche Gott den für die Deutung und Auslegung der Gesetzesschriften zuständigen Rabbinern zumute. Ich hätte den Eindruck, dieses Phänomen lasse sich nicht in einem Bild schlüssig erfassen, sondern sollte in einer langen Reihe unterschiedlicher Gestalten seine Darstellung finden. Wie er selbst behaupte, dass der Lohn des Künstlers die Ekstase sei, in welche dieser durch die Berührung mit dem Unbekannten gerate, so könne man sich doch auch die unterschiedlichsten Arten von Mut und Angst, von Zuversicht und Schwäche, von Freude und Trauer vorstellen, in welche die Lehrer der Schrift durch ihre Aufgabe geraten, die Gott ihnen aufbürde. Je ernster einer seine Aufgabe als Lehrer der Schriften Gottes nehme, umso leichter könne er doch auch an den Schwierigkeiten, diese zum Wohl der Menschen zu bewältigen, scheitern und an der Zumutbarkeit seines Auftrags verzweifeln. Wer den Menschen zu erklären habe, dass Gott diese Welt so haben wolle, wie sie nun einmal mit all ihrem Unglück und ihrem Leid beschaffen sei, gerate doch in einen die Seele zerreißenden Notstand. Ich behauptete sogar, mein Malerfreund sei der Einzige, der die Fähigkeit hätte darzustellen, welches die inneren Kämpfe und Nöte dieser Rabbiner seien, die den Glauben an einen Gott trotz Auschwitz und aller vereinigten Naturkatastrophen noch nicht verloren hätten. – Mein Freund hörte mir aufmerksam zu, sagte nur, dies sei ein interessanter Gedanke, und flog zurück nach Amerika. – Der zweite Beweis, dass dieser Mann mein Freund geworden war, besteht darin, dass er in der letzten Phase seines Lebens beinah ausschließlich an die vierzig neue großformatige Porträts von Rabbinern gemalt hat, welche – die Gesetzesrolle im Arm und auf dem Richterstuhl des Rabbiners sitzend – darum ringen, die lebensgerechte Auslegung des in den Schriften offenbarten göttlichen Willens im Umgang mit der Welt zu finden.

Ich bin in den auf seinen Europabesuch folgenden Jahren mehrmals mit meinem Freund vor den immer noch in Arbeit befindlichen Bildern seiner weisen Rabbiner gesessen und habe mit ihm herumgerätselt, welche Gedanken gerade durch den Kopf jedes einzelnen gehen könnten. Der Ernst ihrer großen Aufgabe konnte die Betrachter dazu verleiten, in diesen alten Herren gequälte, verzweifelt suchende, mit Gott und seinen Forderungen hadernde Gestalten zu sehen. Einige schienen unter dem Gewicht der Gesetzeslast beinah zusammenzubrechen. Andere neigten sich der Thora-Rolle mit solcher Inbrunst zu, als wollten sie ihren eigenen Kopf zu einem Teil von Gottes Gesetz machen. Mein Malerfreund und ich nahmen die Gewohnheit an, vor den wunderlichen Gestalten nicht nur über die fürchterlichen Ahnungen und Visionen zu spekulieren, welche diese Gottesdiener heimsuchen mochten, sondern auch über die komischen Widersprüche nachzusinnen, in welche sie ihr Beruf als Ausleger und Deuter von Gottes Willen verwickelte. Er hatte begonnen, sich wieder in die Geschichten der chassidischen Rebben und Zaddiks zu vertiefen, er las viel über Kabbalisten und mystische Gottsucher und erzählte darüber, oft mit einer solchen Verwunderung ob der großartigen Einfälle dieser Gestalten, dass er sich beim Erzählen vor Lachen schüttelte.

So faszinierten ihn die Tricks, welche die Rabbiner anwandten, um den Enthusiasmus in der Ausübung ihres Berufes nicht einzubüßen. Er meinte, das Alter bedrohe in gleicher Weise auch die Künstler, Begeisterungsverlust sei auch ihre Alterskrise, ihre Werke seien nicht mehr glühend und leuchtend, sondern nur noch lau und fad. «Weißt du, warum dieser Rabbi hier so gequält ausschaut? Er ist fähig, sich in die Leiden seiner Mitmenschen zu versenken. Er ist ein Trüffelschwein – Gott verzeihe mir das unheilige Wort – für das, was sein Gegenüber an Leib und Seele plagt. Und aus Ehrfurcht vor dem Leiden der anderen wird er selbst zur gequälten Gestalt. – Oder dieser hier sieht so aufgeschreckt und verstört aus, weil er fähig ist, den Unterschied zwischen der den Menschen von Gott zugedachten Gestalt und ihrem wirklichen Aussehen zu ermessen.» Einmal sprach er lange vom «deveykus» – mit diesem Begriff würden die jüdischen Mystiker ihren Neigungswinkel Gott gegenüber errechnen. Das sei die Art und Intensität ihrer Anhänglichkeit an etwas, das alle menschlichen Beziehungs- und Zuneigungsweisen um ein Unermessliches übersteige. Mancher Mystiker hätte darum gerungen, dass Gott ihm die Tore des Lichtes öffne, und vielleicht könne auch ein Maler kein bedeutendes Bild malen, ohne dass eine unbekannte Kraft und Energie ihm die Tore des Lichtes öffne. Ihn faszinierte der Gedanke, dass jedes reale Leben auch als eine Form des Exils anzusehen sei, das wir alle irgendwann zu verlassen wünschten, um anderswo eine womöglich weniger mühsame Existenz anzutreten. Andererseits amüsierte es ihn geradezu zu hören, wie ein Rabbiner sich über die Kräfte der Unreinheit in dieser Welt empören konnte. «Schau einmal sein Gesicht an! Es ist ganz und gar von der Unreinheit der Welt gezeichnet. Ist das nicht eine Empörung der innersten Seele, wenn sich sein Antlitz beim Gedanken an die Fehler der Welt so verwüstet?» – So ging es von Gesicht zu Gesicht, von Haltung zu Haltung, und alles wurde sichtbar: Zerknirschung und Stolz, Mitleid und Standhaftigkeit, Einverständnis und Widerspruch. Es kam oft vor, dass er nach einer Weile angeregten Gesprächs eine Musik hören wollte. Besonders, wenn es zu dunkeln begann. Einmal sagte er, man müsse den ausübenden Musiker selbst als das Instrument einer unsichtbar höheren Kraft ansehen, die alle Spannungen und Absurditäten des Lebens in eine harmonische Balance zur verborgenen Schönheit des Lebens zu bringen trachte.

Das letzte Mal besuchte ich ihn fünf Wochen vor seinem Tod. Er war inzwischen pflegebedürftig, seine Stimme war so schwach geworden, dass er sie selbst kaum hören konnte. Wir haben uns fast nur noch mit Mienenspiel und Gesten unterhalten. Und dazwischen immer wieder gelacht. Auch sein Lachen war leise und schüchtern geworden. Ich hatte den Eindruck, die Hälfte meines Freundes sei bereits ins Jenseits unterwegs. Nach seinem Tod erfuhr ich, dass er in seinem Testament verfügt hatte, dass der Gebetsmantel seines Großvaters, der schon auf der Wanderschaft von Lettland nach Amerika im Gepäck mit dabei war, mir gehören sollte. Das ist der dritte und untrüglichste Beweis seiner Freundschaft zu mir. Er hatte keinen Sohn, dem nach jüdischer Tradition die Aufgabe zugekommen wäre, an seinem

Grab das Totengebet zu sprechen, und dem der Gebetsmantel der Vorfahren gehört hätte. Darum hat er mir diese Kostbarkeit zugedacht. Mir, seinem Freund!

Große Worte über Freundschaft

Freundschaft ist die leichte Form des Glücks für diejenigen, die sich selbst nicht genügen. So sage ich. Doch man kann in höhere Register greifen. Wenn jemand behauptet, die Chemie der Freundschaft sei die Alchemie des Glücks, ist Freundschaft geheimnisvoller umschrieben. Denn zweieinhalb Jahrtausende nach den alten Griechen fragt man sich auch in der westlichen Zivilisation immer noch, worin das eigentliche Geheimnis und das unverdiente Geschenk der Freundschaft bestehen und was letztlich ihr innerster Kern sei. Da ist das Wort Alchemie nicht fehl am Platz. Denn ein wenig Zauber ist dem Phänomen immer auch beigemischt.

Mangel an Anstrengungen, die Erscheinungsformen der Freundschaft zu beschreiben, gibt es wahrhaftig nicht. Eine schier endlose Zahl von Bildern und Begriffen hat man verwendet, um ihr Wesen zu umschreiben. Sie sei ein Brunnen der Freuden. Eine Waage, bestehend aus Übereinstimmungen und gegenseitigen Entsprechungen. Eine Bindung, die befreie. Eine Verpflichtung, deren Erfüllung kein Dienst, sondern eine Beglückung sei. Sie sei eine Ressource, die durch Entnahme und Verbrauch wachse. Oder ein Geländer, das uns an jedem Lebensabgrund das Gefühl von Sicherheit gebe. Freundschaft lasse uns die Furcht vor dem Leben niemals bedrohlich werden. Sie sei eine Vertraulichkeit, die nichts ausplaudere. Ein Komplizentum, das keine Verrenkungen des eigenen Ichs zur Folge habe. Eine Magie, die uns davor bewahre, wegen unserer Schwächen stärker als notwendig beschämt zu sein. Freundschaft vertreibe die Lebensmüdigkeit und verschaffe das bestmögliche Gefühl der Anerkennung, sie sei geradezu jene Zuversicht nach Innen, die einem immer über eine Sache Gewissheit gebe: Du bist nicht nichts! Da gibt es jemanden, der zu dir steht! Kürzlich fragte ich einen Freund, der den Beruf des Theologen ausübt: Ist Freundschaft nicht eine vergleichbar starke, aber unvergleichlich freiere Art von Bindung als Religion? Er antwortete mir: Deine Frage offenbart nur dein unzulängliches Verständnis von Religion! Dennoch: Vielleicht sollte man Freundschaft als eine Art innerweltlicher Religion ansehen, für die es sich lohnt zu leben.

Noch einmal anders: Vor einem Freund dürfe man denken und reden, ohne sich verstellen zu müssen. Freundschaft sei aber auch eine Spur im Sand, die man erneuern müsse, weil sie sonst verschwinde. Denn so ewig und unvergänglich sei sie gar nicht, wie sie manchmal besungen werde, und dies gerade von alten Männern, die am liebsten allein seien und nichts als ihre Ruhe haben wollten. Achtung also vor alten Philosophen, welche die Freundschaft in alle Himmel preisen! Sie backen und essen ihre Brötchen in der Regel ganz allein.

Man müsse zuerst einen Scheffel Salz mit einem Menschen gegessen haben, bevor man ihn für einen Freund halten dürfe, soll Luther gesagt haben. Jemand anderer meinte: Wer aus seinem Leben die Freundschaft entferne, entferne die Sonne aus der Welt. Thomas von Aquin schreibt an einer Stelle: «Videtur quod amici sint necessarii ad beatitudinem» – es scheint, als ob Freunde notwendig seien zur Glückseligkeit. Im Arabischen heißt der Freund «wali» – aber der Begriff bezeichnet zugleich jemanden, der unter einem besonderen Schutz steht – und wird darum auch für den Heiligen gebraucht. Kann man von einem Freund vornehmer denken? In den großen Schriften von der Bibel bis zum Koran begegnen wir immer wieder der Freundschaft. Sie sei wundersamer als Frauenliebe, lesen wir im *1. Buch Samuel*. Da steht auch: «Und da er hatte ausgeredet mit Saul, verband sich das Herz Jonathans mit dem Herzen Davids, und Jonathan gewann ihn lieb wie sein eigen Herz.» Jonathan zieht seinen Rock aus und gibt ihn seinem Freund David, sowie seinen Mantel, sein Schwert, seinen Bogen und seinen Gürtel. Ein Schutzbund der Freunde gegen den Zorn der Väter, das war manchmal dringlich, wenn die Söhne nicht nach dem Willen der Väter handelten. Im *2. Buch Moses* lesen wir sogar, dass Gott zu Moses gesprochen habe «von Angesicht zu Angesicht, wie ein Mann mit seinem Freunde redet». Ist dies nicht erstaunlich, weil Gott doch zu den Menschen meistens so spricht, als hätten sie etwas falsch gemacht, als sei etwas im Umgang mit seinen Geboten noch nicht richtig, als seien die Menschen ihm untreu geworden und von ihm abgerückt?

Hölderlin bittet einmal seinen Freund Casimir Böhlendorf, ihm bald zu schreiben: «Ich brauche Deine reinen Töne. Die Psyche unter Freunden, das Entstehen des Gedankens im Gespräch und Brief ist Künstlern nötig.» Vielleicht ist dies die Essenz, die Künstler aus ihren Freundschaften zu gewinnen fähig sind: die reinen Töne. Wichtig auch für unreiner gestimmte Seelen, als es große Dichter wie Hölderlin sind, ist in der Freundschaft das Gespräch. Das jederzeit mögliche, nichts ausschließende und nichts tabuisierende, Kopf und Herz ermunternde Gespräch. Spätestens seit Platon ist Freundschaft gesprächsorientiert. Es gibt in manchen Lebenslagen keine Worte, die man dringender braucht als die guter Freunde. Und doch sind Freunde beinah unendlich belastbar im Abwarten geschuldeter Reaktionen. Ich antworte nicht gleich: Das kann für eine Liebe fatale Folgen haben. Eine Freundschaft hält es aus. So als hätte man ein Stück seiner selbst sowieso beim Freund deponiert und wisse es dort gut versorgt. Halt bieten gerade dann, wenn man ungeduldig ist und zweifelt: Ist es dies, was das Bedürfnis nach Anlehnung, das man Freunden gegenüber empfindet, am allermeisten rechtfertigt? Dafür ist man bereit, sofort Gegenrecht zu halten. Wenn du mich brauchst, bediene dich meiner!

Ein Tagesgeschäft ist Freundschaft allerdings nicht. Dauer, die Verwandlung nicht ausschließt, ist für sie wesentlich. Erst in der gestreckten Zeit kommt es zur Erfahrung der gegenseitigen Zuneigung von Unterschiedlichen. Ein Scheffel Salz zusammen essen! Das Seltsame dabei bleibt, dass Differenzen weiter bestehen dürfen, denn in der Freundschaft beharrt man nicht auf ihnen, sondern nimmt sie mit Verwunderung hin. Auch mit den gegenseitigen Schwächen verhält es sich merkwürdig. Wenn sie in anderen Beziehungen sich störend melden, sind sie hier wie Empfindlichkeitszonen, die man behutsam und schonend umkreist. Man fühlt sich geehrt, sich beim anderen in potenzieller Verletzbarkeit auszukennen. Nachsicht braucht es dafür gar nicht, Achtsamkeit reicht. Dieser Schonreflex ist das Gegenteil von Schmeichelei oder von berechnender Zustimmung. Er ist schlicht ein angemessenes Verhalten, das sich aus dem Willen ergibt, den anderen nicht zu überfordern. Man spürt diese Vertrautheit miteinander bei guten Freunden geradezu atmosphärisch. Sie führt auch dazu, dass keiner sich in gegenseitigem Lob oder gegenseitigem Tadel übertrifft. Man trumpft weder auf, noch rechnet man ab. Bei aller Emphase und Sympathie gibt es keine störenden Übertreibungen. Eine rätselhaft schnell wirkende Gerechtigkeit im Umgang miteinander greift um sich. Man täuscht sich nicht darin, was dem anderen zumutbar ist.

Die schönste Wirkung der Freundschaft ist vielleicht die Diskretion im Umgang mit den Gefühlen. Sie ist zwar immer spürbar, diese tiefe und umgreifende Empfindung, und verseucht doch nicht die Umgebung mit Gefühlsüberschwang, mit Mitleid oder mit ängstlich übertriebener Sorge um den anderen. Verliebte stehen der Welt gegenüber unter Bekenntniszwang. Insgeheim wollen sie uns eine Glückslektion erteilen. Freunde sind diskreter. Sie stellen nichts zur Schau und haben nichts zu beweisen. Ihre Zuneigung ist langsamer gereift, wie Augustinus einmal schreibt: von der Sonnenwärme gemeinsamen Strebens. Freunde sind Spezialisten für den Nachklang des Herzens, nicht für Trompetenstöße ihrer Glücksempfindungen. Sie lachen so leicht miteinander aufgrund von «einerlei Gefühl, einerlei Wunsch, einerlei Hoffnung». Die Missverhältnisse in der Einrichtung der Welt nehmen sie zur Kenntnis, ohne darüber in Panik zu geraten. Denn gewisse Dinge sind gerade so, wie man sie sich wünscht. Freunde zum Beispiel. Freunde verstärken unser Weltumarmungsbedürfnis. Der Freund sei die Andersheit, die uns nicht schrecke, sondern ermutige. Für Platon ist die Freundschaft eine Voraussetzung des Lebens. Nach Aristoteles brauchen alle Menschen Freunde, um zu überleben. «Der Mensch hat nichts so eigen,/So wohl steht ihm nichts an,/Als dass er Treu' erzeigen/Und Freundschaft halten kann.» schreibt der Barockdichter Simon Dach in einem Freundschaftslied. «Wem der große Wurf gelungen, eines Freundes Freund zu sein» heißt es in Schillers *An die Freude*. Ja, Freundschaft ist ein großer Wurf, und keinen Menschen dürfte es geben, der nicht auf einen solchen großen Wurf aus ist. «Jeder Freund ist des anderen Sonne und Sonnenblume zugleich; er zieht und er folgt», schreibt Jean Paul. Goldene Worte ohne Ende über und um die Freundschaft! Am Ende soll hier jenes Wort stehen, das die Sieneser für ihre Stadt brauchen: «Cor magis Sena tibi pandit – es weitet dir Siena dein Herz.» Nehmen wir es für die Freundschaft in Anspruch: Es weitet dir Freundschaft dein Herz!

Die Wirkungen der Freundschaft kann man sich nicht groß genug denken. Ein Freund ist mehr als eine Lebenserleichterung. Was an Freundesgeschichten aus alter Zeit auffällt, ist nicht die Leichtigkeit, sondern die Radikalität der jeweiligen Beziehung. Zwei Menschen setzen füreinander Leib und Leben aufs Spiel, vertrauen einander Hab und Gut an, schenken dem anderen das Beste, was sie besitzen, und sei es die eigene Ehegefährtin. Darüber gibt es zahllose Geschichten, erzählt in immer neuen Variationen und Steigerungen. Eine davon hält Boccaccio in seinem *Decamerone* fest.

Ein reicher Römer schickt zur Zeit des Augustus seinen Sohn Titus nach Athen zum Studium der Philosophie. Die griechische Hauptstadt ist immer noch das Zentrum der Bildung, auch wenn inzwischen Rom die Herrschaft im Mittelmeerraum übernommen hat. Der junge Titus wird von einem Geschäftspartner seines Vaters in Athen wie ein zweiter Sohn aufgenommen und zusammen mit Gisippos, dem echten Sohn des Hauses, einem Lehrer anvertraut zur Entfaltung der Geistesgaben der beiden Jünglinge. Gut drei Jahre lernen die zwei zusammen, da entdecken sie, dass zwischen ihnen eine Freundschaft herangewachsen ist, die für alle Zeiten dauern soll.

Nun stirbt Vater Chremes in Athen, und die Verwandtschaft findet, der junge Gisippos müsse heiraten, um eine neue Verantwortung als Oberhaupt der Familie wahrzunehmen. Die Verwandten suchen ihm eine Braut aus, wie dies selbst im demokratischen Athen damals offenbar so üblich war. Gisippos schlägt seinem Freund Titus vor, ihn bei seinem ersten Besuch zu begleiten, gleichsam als Gutachter der Schönheit und der Brauttauglichkeit seiner Zukünftigen.

Es geschieht das Unvermeidliche: die Braut gefällt zwar beiden ausnehmend gut, in heftiger Liebe zur jungen Frau entbrennt aber nicht der designierte Ehemann, sondern der junge Freund aus Rom. Vorbei ist es jetzt mit der Seelenruhe. Titus überlegt sich hin und her, was in dieser schrecklichen Not und Prüfung zu tun sei, so wie es sich für einen Studierten der Philosophie gehört. Darf entflammte Liebe alle Gebote der Rücksicht zunichtemachen und selbst das Gesetz der Freundschaft außer Kraft setzen?

Titus isst nicht mehr, schläft nicht mehr, wird schwach und krank und wünscht sich nur noch den Tod. Man soll aber vor dem Freund selbst das Unerlaubte nicht verbergen, und so gesteht Titus dem Gisippos seine schwere Not. Dieser erweist sich, obwohl ebenfalls von den Reizen seiner Braut Sophronia gefesselt, als edel und großmütig. Denn das Leben seines Freundes liegt ihm mehr am Herzen als die Heirat mit einer Frau. Dies mag uns überraschend scheinen, ist aber immer wieder verbürgt! Denn weit schwerer sei es, einen guten Freund zu finden als eine andere Braut! Gisippos behauptet sogar, er verliere seine Braut gar nicht, wenn er sie seinem besten Freund überlasse. Titus soll Sophronia also haben – doch der Schein und die gesellschaftlichen Konventionen müssen gewahrt bleiben!

Es ist offenbar für die Umgebung vorteilhafter, wenn Sophronia nach außen als die Braut des Hausherrn gilt. So kommen die zwei Freunde überein, in der Hochzeitsnacht den Tausch heimlich zu vollziehen. Kaum ist das Licht gelöscht, schleicht sich Gisippos davon und Titus heran, er schenkt der Sophronia einen Ring, vollzieht mit ihr die Ehe und verbringt auf zärtlichste Weise die Nacht mit ihr, was Boccaccio selbstverständlich nicht zu bemerken vergisst. Weder Sophronia noch ihre Umgebung bemerken, dass der Falsche der Begünstigte ist. Der Schwindel fliegt erst auf, als Titus nach Rom zurückkehren muss, da nun sein Vater im Sterben liegt. Natürlich will er seine geliebte Frau mitnehmen, und sofort setzen Geschrei und Gezeter der Braut und ihrer Familie ein über den heimtückischen Betrug.

Da fährt Titus seine ganze in Athen gelernte Rhetorik auf, um zu beweisen, dass die Gesetze der Freundschaft höher stehen als jene der Blutsverwandtschaft. Ruhe kehrt ein in die zänkische Familie, denn man begreift den Vorteil, sobald Titus seinen Reichtum ins Feld führt und belegen kann, was für eine Glückspartie Sophronia mit ihm tatsächlich macht. Einen reichen Verwandten erkennt schließlich jeder an. Sophronia ist verständig genug, um aus der Not eine Tugend zu machen und ihre Liebe vom vermeintlichen auf den wirklichen Ehemann zu übertragen.

Titus reist mit ihr nach Rom, und dies in der Überzeugung, Sophronia sei nach dem Willen der Götter, durch die Kraft der menschlichen Gesetze, durch die edle Gesinnung seines Freundes und durch eigene Liebeslist die ihm Angetraute geworden. Hier könnte die Geschichte eigentlich zu Ende sein – doch ist eben nicht das Liebesabenteuer, sondern die Freundschaft ihr eigentliches Thema. Darum geht sie auch weiter.

Der verlassene Gisippos gerät durch politische Unruhen in Athen in Not, verliert seinen Besitz und wird aus der Stadt vertrieben. Zum Bettler herabgesunken macht er sich auf die Suche nach seinem Freund, dem einzigen, von dem er Hilfe erwarten darf. Durch Umstände, wie sie nur die Renaissance-Novelle für plausibel hält, wird er in Rom Zeuge eines Mordüberfalls. Doch die römischen Polizisten halten selbstverständlich zunächst den mittellosen dahergelaufenen griechischen Vaganten für den Mörder. Gisippos kommt vor Gericht, wo Richter Varro ihn zum Tode verurteilt.

Jetzt hört wunderbarerweise Titus vom Angeklagten, geht in den Gerichtssaal und erkennt im verurteilten Bettler seinen Freund. Titus sieht keinen anderen Ausweg, den Freund zu retten, als sich selbst des Mordes anzuklagen. Lieber selbst den Tod erleiden, als den unschuldigen Freund im Stich zu lassen – das ist der endgültige Beweis, dass nichts so stark und zuverlässig ist wie die Freundschaft. Die römische Justiz schlägt aber nicht den Falschen ans Kreuz! Der wirkliche Mörder sitzt natürlich auch im Saal, und als er diese Freundesliebe bis zum Tod erlebt, wird er seelenweich und gesteht vor allen Anwesenden seine Schuld. Nun ist selbst der Richter von den Wirkungen wahrer Freundesliebe so bewegt, dass er den echten und nunmehr reuigen Mörder laufen lässt. Gisippos wird von Titus fürstlich im Haus aufgenommen, erhält Titus Schwester Fulvia zur Frau und wird aus Überzeugung, dass nichts über das Glück der Freundschaft mit einem Römer hinausgeht, sogar zum römischen Bürger.

Boccaccio, sonst eher darauf bedacht, der Übermacht der Liebe und der Leidenschaft das Lob zu singen, stimmt auf einmal die Hymne der Freundschaft an. Ja, etwas Heiliges sei es um die Freundschaft! Ehe, Familie, Verwandtschaft: alles sei angekränkelt vom Schielen auf den eigenen Vorteil. Nur die Freundschaft habe nichts als das Wohl des anderen zum Beweggrund. Darum muss jeder einsehen: Unter der Sonne gibt es nichts Größeres als wahre Freundschaft!

Viele Namen tragen diese exemplarischen Freunde, die sich in den Erzählungen von Heiden, Juden und Christen, in den Geschichten aus *Tausendundeiner Nacht* und ebenso im *Gilgamesch-Epos* eingenistet haben. Amis und Amiles, Damon und Pithias, Titus und Gisippos: Das sind nur die Bekanntesten unter ihnen. Immer ist da einer bereit, auf Besitz und Vermögen, auf die Liebe zum anderen Geschlecht, ja selbst auf das eigene Leben zugunsten eines anderen zu verzichten, von dem er nichts Besseres zu sagen weiß als: Er ist mein Freund! Für ihn tue ich alles, sogar mein Leben setze ich für ihn ein!

Sollte ich alle diese Geschichten hier sammeln und nacherzählen? Ach nein! Keine Anthologie der Freundschaft versetzt uns in die Keimzelle des Entstehens und Vergehens von Freundschaft. Kein Glossar von Freundesworten vermag uns plausibel zu machen, wie Freundschaft die Welt verändert. Auch der größte Schatz goldener Formulierungen erklärt uns die Beglückungen und die Enttäuschungen der Freundschaft nicht zureichend. Diese voll klingenden Freundesworte hängen in unserer Sprache herum wie Kostüme im Theaterfundus, sobald man sie in einer Anthologie sammelt. Will jemand ihren Gehalt wirklich erleben, braucht man dazu nicht nur exemplarische Geschichten, sondern real existierende Personen. Die Sprache der Freundschaft erschöpft sich nicht in glücklichen Definitionen. Sie braucht Schicksale, das heißt: Menschen, die bezeugt haben, wie sich ihr Leben durch Freundschaft verwandelte.

Vorerst jedoch gilt es, einige Missverständnisse aus dem Weg zu räumen. Das Wort Freundschaft hat sich auch dort eingeschlichen, wo es um ganz andere Dinge geht. Wie weit ist Freundschaft im Spiel, wenn wir kulturhistorisch von Gastfreundschaft, religionsgeschichtlich von Gottesfreundschaft und soziologisch von Männer- und Frauenfreundschaften reden? Bevor man nicht darüber eine klare Vorstellung hat, sollte man das Wort Freundschaft mit Vorsicht gebrauchen.

Gastfreundschaft

Es ist eine offene Frage: Stand am Anfang der spontane Wille, dem Fremden, der an die Tür klopft, zu helfen und ihn aus seiner Verlegenheit oder gar Not zu befreien? Oder aber: War immer schon die tiefgründige Berechnung mit im Spiel: Was ich für diesen Hergelaufenen tue, der sich jetzt an mich wendet, wird er vielleicht mir zugutekommen lassen, wenn ich einmal seiner Hilfe bedarf? Gastfreundschaft gilt jedenfalls als ein urtümlicher Reflex. Dem ungebetenen Gast soll nicht die Tür gewiesen werden, um ihn abzuschieben, sondern tief sitzende natürliche Anlagen im Menschen scheinen zu gebieten, den um Aufnahme Ersuchenden freundlich einzuladen und zu bewirten. Ein heiliges Gesetz sozusagen, das nicht einmal Barbaren brechen, wenn sie einen Rest von Menschlichkeit noch in sich tragen. Thomas Mann nennt es in seiner Erzählung *Wälsungenblut* «eine Art wilder Gesittung», wenn er von Wagners Hunding spricht, der dem hergelaufenen Siegmund für eine Nacht im eigenen Haus Schutz bietet, um ihn am folgenden Morgen niederzustrecken.

Ist Gastfreundschaft also ein Versicherungssystem auf Gegenseitigkeit, um Gefährdungen durch ritualisierte Pflichten aus der Welt zu schaffen? «Wahrhaftig, du bist mir ein alter Gastfreund von den Vätern her», liest man bei Homer. Gastfreundschaft ist etwas, das man fortsetzt, weil es schon bei den Alten zur Sitte gehörte und man es gerade dadurch neu bekräftigt und zum Leben ruft. Ein Bündnis aus grauer Vorzeit ist lebenswirksam von Generation zu Generation. Das ist das eine.

Doch gibt es ein Weiteres: Wer nicht in Not ist oder auf der Flucht vor Feinden und Nachstellungen, der weiß, was sich gehört. Man bringt dem Gastgeber ein Geschenk mit, nicht um sich besondere Gunst damit zu erkaufen, sondern um den Ritus der Gastfreundschaft zu bekräftigen und zu adeln. Diese Geschenke sind oft rein symbolischer Natur ohne bedeutenden realen Wert, und dennoch sind sie entscheidend, um die guten Absichten derjenigen zu erweisen, die um Gastfreundschaft ersuchen.

Die alten Sprachen bekunden uns Seltsames: Das Wort für den Gastfreund auf Griechisch heißt «xenos» – und bedeutet: der Fremde, der Ausländer, sogar der Feind, aber es steht damit auch gerade für denjenigen, der um Gastfreundschaft bittet. Im Lateinischen ist es vergleichbar: Für den Gast braucht man das Wort «hostis» – wie auch für den Feind. Erst spät wird man die beiden Wörter «hostis» und «hospes» verwenden, um Unverträgliches zu trennen – und so wird für unser leichteres Verständnis die Hostilität von der Hospitalität unterscheidbar. Dass am Anfang Freund und Feind sich in einem Wort vereint finden, kann uns daran erinnern, dass Menschen aufeinander angewiesen bleiben, einer des anderen Partner, ob Wohltäter oder Übeltäter. Man könnte die Wortspiele fortsetzen. Das Geschenk heißt auf Lateinisch «munus». Der «Immune» ist entsprechend derjenige, der sich dem Gastgeschenk entzieht – der sich nicht einbinden lässt und unverpflichtet gegenüber allen Ansinnen und Anträgen bleiben will. Ganz im Gegensatz zu «communis» – zu demjenigen also, der das Gesetz des Gastgeschenks und damit der Gegenseitigkeit respektiert und nicht einfach nimmt, ohne selbst etwas zu geben. Es kommt ziemlich viel Vernünftiges zum Vorschein, wenn man alte Wörter auf ihre ursprüngliche Bedeutung abklopft.

Auch die Mythen erzählen Bedenkenswertes. Zeus Xenios

gilt als der Stifter der Gastfreundschaft. Die Menschen lebten in ewigem Hader miteinander. Da griffen die Götter ein, um dem wüsten Treiben ein Ende zu setzen. Sie schufen Gesetze und Vorschriften. Eines davon war das Gesetz der Gastfreundschaft. Damit die Fremden nicht dem Mutwillen von Wilden ausgesetzt blieben.

Welchen Stellenwert Gastfreundschaft etwa bei Homer hatte, soll eine Stelle seiner *Odyssee* belegen: Odysseus, nach Jahren des Verweilens bei der Nymphe Kalypso, wird auf Ratschluss der Götter auf den Heimweg geschickt, gerät jedoch auf dem Meer in einen fürchterlichen Sturm, denn der Meeresgott und Erderschütterer Poseidon zürnt ihm. Odysseus vermag sich an den Strand der Insel der Phaiaken zu retten. Erschöpft fällt er nach dem Kampf mit den Fluten in tiefen Schlaf. Athene, seine Schutzgöttin, nimmt die Gestalt einer Freundin der Königstochter Nausikaa an und erscheint in ihrem Schlafgemach, um sie aufzuwecken. Sie soll mit ihren Mägden die Wäsche auf den Maultierwagen packen und zur Flussmündung fahren. Großer Waschtag bei den Phaiaken in Erwartung festlicher Hochzeitsereignisse. Alles geschieht nach dem Willen der Göttin, und bevor die Mädchen mit den sauberen und schön gefalteten Gewändern wieder nach Hause kehren, vergnügt sich die Königstochter mit ihren Helferinnen am Strand der Phaiakeninsel noch mit einem Ballspiel, damit die Mädchen durch ihr Geschrei Odysseus wieder aus seinem Tiefschlaf holen. «Und es erwachte der göttliche Odysseus und setzte sich auf und erwog in seinem Sinne und in dem Gemüte: O mir, ich! In das Land von welchen Sterblichen bin ich abermals gekommen? Sind es Unbändige und Wilde und nicht Gerechte, oder sind sie gastfreundlich und haben einen Sinn, der die Götter scheut?» Odysseus sorgt sich, er könnte unter die Wilden geraten sein, die keine Regeln und Gesetze der Gastfreundschaft kennen und jeden Fremden als Feind und als Gefahr betrachten. Er bedeckt sich notdürftig mit Blätterwerk, bevor er sich den schönen Jungfrauen zeigt. Die Mädchen laufen erschreckt davon, als sie ihn sehen, nur der Nausikaa nimmt die Göttin die Furcht, sodass Odysseus sie aus gehörigem Abstand ansprechen kann. Ein Kleid wünscht er sich, um seine Blöße zu bedecken, um sich den Menschen zeigen zu können. An nichts soll es dem Leidgeprüften fehlen, der hier bei den Phaiaken Schutz sucht, versichert ihm Nausikaa. «Wohnen wir doch weitab in dem vielflutenden Meer, zuäußerst, und kein anderer der Sterblichen gesellt sich zu uns. Doch dieser ist als ein Unglücklicher, ein Umgetriebener hierhergekommen, diesen gebührt es sich, jetzt zu pflegen. Denn es sind von Zeus her allesamt die Fremden sowie auch die Bettler, und so gering sie sei, ist lieb die Gabe.» Man reicht dem Fremden jetzt Leibrock und Mantel, die Mädchen entfernen sich wieder, damit Odysseus das Meersalz von der Haut waschen und sich mit Öl salben kann, «denn ich scheue mich, mich zu entblößen, wenn ich unter flechtenschönen Jungfrauen bin». Athene verschönt ihren Schutzbefohlenen sogar, lässt ihm kraus die Haare vom Kopf fallen, «einer Hyazinthenblume ähnlich», und gießt ihm Anmut über Haupt und Schultern. Er wird bewirtet mit Speis und Trank, und Nausikaa ist offen genug, es sich einzugestehen: «Wenn doch ein solcher Mann mein Gatte heißen möchte, dass er hier wohnte und es gefiele ihm hierzubleiben!» Doch will sie noch keineswegs mit ihm vor aller Augen durch die Stadt und in den Königspalast zurückkehren. Nicht dass man danach munkeln könnte, sie habe sich ihren Mann gleich selbst geangelt und sich einen Deut gekümmert um den Willen von Vater und Mutter und ihrer Anverwandten. Sie sagt ihm nur, wie er sich zu benehmen habe, wenn er später in den Palast komme. Am Vater, der auf dem Thron sitze und

Wein trinke wie ein Unsterblicher, soll er vorbeigehen und gleich zu ihrer Mutter streben, ihr die Arme um die Knie werfen, damit er «den Tag der Heimkehr» sehe. Nausikaa verabschiedet sich von ihm und eilt mit den Mägden und den Maultieren zurück nach Haus. Odysseus wirft sich nieder und spricht zu seiner Schutzgöttin ein Gebet: «Gib, dass ich zu den Phaiaken komme als Freund und des Erbarmens würdig!» Hier braucht Homer das Wort «philos» – der Freund, und nicht «xenos», der Gastfreund. Athene lässt darauf einen dichten Nebel um Odysseus entstehen, damit kein Phaiaker ihn befrage, woher er käme, und dann als Fremden verhöhne. Sie warnt sogar Odysseus: «Blicke keinen von den Menschen an und befrage keinen! Denn die hier dulden nicht gern fremde Menschen bei sich und bewillkommnen den nicht freundlich, der von anderswoher kommt.» Nicht alle scheinen bei den Phaiaken das Gesetz der Gastfreundschaft in Ehren zu halten. Aber es gibt auch so etwas wie Experten der Gastfreundschaft: Echeneos, der alte erfahrene Weise, man könnte auch sagen, derjenige unter den Phaiaken, der die Sitten am besten kennt, erinnert König Alkinoos daran, dass man den Fremden nicht am Boden im Staub sitzen lasse. «Hebe den Fremden auf und setze ihn auf einen Lehnstuhl mit Silbernägeln. Und befiehl den Herolden, neu den Wein zu mischen, damit wir auch dem Zeus, dem blitzfrohen, den Weinguss tun, der mit den Schutzsuchenden ist, denen Scheu gebührt.» Es gibt Zeremonien der Gastfreundschaft, die beachtet sein wollen. Dazu benötigt man Handwasser, Silberbecken, Brot, Wein und viele andere einander folgende Speisen. Ja aufpassen, dass man nicht zu viele Reden hält vor dem Gast, denn dieser hat Hunger. «Da ist sonst nichts Hündischeres außer dem bösen Magen, der da treibt, dass man seiner notgedrungen gedenke, und wenn man noch so sehr erschöpft ist und Jammer im Herzen hat.» Selbst Polyphem, der wilde unzivilisierte Riese, Menschenfresser und Götterverachter, der nichts kennt und anerkennt außer den eigenen Vorteil, im Grunde ein Fremdenhasser der frühen Stunde, kennt den Brauch der Gastfreundschaft. Odysseus gibt ihm Wein zu trinken, nachdem das wütende Ungeheuer wieder zwei seiner Reisegenossen verschlungen hat. Polyphem will mehr von dem süßen Trank haben und sagt zu Odysseus: «Gib mir noch einmal gütig und sage mir deinen Namen, jetzt auf der Stelle, dass ich dir ein Gastgeschenk gebe, an dem du dich freuen wirst.» Er kennt offenbar die Regeln, wie man Gäste empfängt, auch wenn er sich auf Göttergesetze nur beruft, um sogleich dawiderzuhandeln. So wird Sitte zum blanken Hohn. Odysseus fädelt nun seine List ein, den «untadeligen Einfall», der ihn retten wird: «Kyklop! Du fragst nach meinem berühmten Namen. Nun denn! So will ich ihn dir sagen! Du aber gib mir das Gastgeschenk, so, wie du es versprochen hast! Niemand ist mein Name, und Niemand rufen mich Vater und Mutter und all die anderen Gefährten.» Darauf antwortet Polyphem – mit ungerührtem Mute, wie Homer schreibt: «Den Niemand werde ich als Letzten verspeisen unter seinen Gefährten, die anderen zuvor: das soll dein Gastgeschenk sein!» – Der vornehme König Alkinoos und der menschenverachtende Wilde Polyphem berufen sich auf das Gesetz der Gastfreundschaft – legen es freilich sehr unterschiedlich aus. Doch wenn selbst Bösewichte der Gastfreundschaft ihre Art von «Ehre» bezeugen, muss an diesem Phänomen etwas sein, das sie noch in ihren böswilligen Taten zur Anerkennung einer Pflichtschuldigkeit zwingt.

Die Moderne hat das Thema der Gastfreundschaft als einer Pflicht, der man selbst unter schwierigsten Bedingungen nachzukommen hat, immer wieder aufgegriffen. Am eindrücklichsten vielleicht in Conrad Ferdinand Meyers Ballade

Die Füße im Feuer, wo der Dichter beschreibt, wie ein Hugenotte in einer stürmischen Nacht einem Kurier des französischen Königs Herberge anbietet und während des Nachtmahls erkennen muss, dass er nicht einen Unbekannten bei sich aufgenommen hat, sondern jenen sadistischen Knecht, der drei Jahre zuvor seine Frau, ihre Füße in die Glut des Kamins steckend, gefoltert und ermordet hat, weil sie das Versteck ihres Mannes nicht preiszugeben bereit war. Am Morgen weckt der Hausherr seinen unheimlichen Gast, er reitet mit ihm ein Stück durch den Wald. Der Königskurier weiß, dass der Gastgeber und seine Kinder ihn als den Mörder seiner Ehefrau und ihrer Mutter erkannt haben. Der Kampf um die Frage, ob er Rache zu nehmen habe an diesem Schergen, hat den Gastgeber über Nacht ergrauen lassen. Dem Soldaten wird es unheimlich. Nur eines möchte er: Auf und davon reiten! So spricht er zum Hugenotten: «Herr, / Ihr seid ein kluger Mann und voll Besonnenheit / Und wisst, dass ich dem größten König eigen bin. / Lebt wohl. Auf Nimmerwiedersehen!» Dieser antwortet: «Du sagst's! Dem größten König eigen! Heute ward / Sein Dienst mir schwer ... Gemordet hast du teuflisch mir / Mein Weib! Und lebst! ... Mein ist die Rache, redet Gott.» – Dass einer seine Gastfreundschaft seinem ärgsten Feind gegenüber trotz eines zum Himmel schreienden Verbrechens nicht bricht, um Rache zu nehmen, sondern die Sühnung des Unrechts einer höheren Instanz überlässt, hat keiner gedrängter und bewegender geschildert als Meyer in der Gestalt dieses adligen Hugenotten.

Will man das moralische Dilemma der Gastfreundschaft – selbst einem in Not geratenen Feind vorübergehend Schonung und Respekt zu bezeugen – voll begreifen, muss man an zwei weitere Geschichten erinnern. Der französische Autor Prosper Merimée – berühmter Verfasser der Vorlage für Bizets Oper *Carmen* – hat 1829 eine kleine Geschichte geschrieben mit dem Titel *Mateo Falcone*, in welcher er Ereignisse in einem korsischen Dorf am Rand der Macchia schildert, wo die Welt von Recht und Gesetz geographisch direkt angrenzt an jenes Gebiet, in welchem der Wille zum Überleben von Banditen und Geächteten ungewöhnliche, ja dubiose Verhaltensregeln erfordert. Dieser Mateo Falcone – ein korsischer Bauer, Jäger und Haudegen – weiß, dass Polizei und Gerichte nicht immer tätig werden, um für Gerechtigkeit und Fairness in der Welt zu sorgen, sondern dass auch ehrbare Menschen mit den Gesetzen der Mächtigen in Konflikt geraten können. Gegenüber staatlichen Behörden verhält er sich distanziert und kritisch und geht den offenen Auseinandersetzungen mit der herrschenden Gewalt klug aus dem Weg. Er hat den Ruf, ein ebenso guter Freund wie gefährlicher Feind zu sein. Für ihn gelten Verhaltensregeln, die weniger mit Polizeigesetzen als mit urtümlichen Instinkten zu tun haben, wenn es um jene Abgründe geht, welche Menschen zu Verbrechen und Verzweiflungstaten treiben. Zwei verheiratete Töchter hat er sowie einen Sohn, erst zehn Jahre alt, den er Fortunato taufte und der noch mit ihm und seiner Frau auf dem Hof lebt. Während Mateo Falcone an einem Tag auf der Jagd ist, verfolgt die Polizei einen Banditen, der angeschossen ist und es nicht mehr schafft, in der Macchia unterzutauchen, bevor die Häscher ihn einholen. Der Bandit ersucht nun den kleinen Jungen, ihn auf dem Hof vor der Polizei zu verstecken. Zuerst weigert sich dieser, doch als der verletzte Mann dem Jungen ein Fünffrancsstück zeigt, ist der kleine Schelm gleich dazu bereit. Der Bandit wird in einem Heuhaufen neben dem Haus versteckt, sodass nichts Auffälliges zu sehen ist, wenn die Polizei antrabt. Der Wachtmeister, ein mit den Falcones weit entfernter Verwandter, weiß, dass der Bandit verletzt ist und dass er es nicht bis zur Macchia geschafft haben kann. Zunächst versucht er, den jungen Falcone mit Druck zu einer Aussage über den Flüchtigen zu bewegen. Doch dieser bleibt standhaft und tut, als ob er von allem nichts wüsste. Erst als der Gendarm Fortunato mit einer silbernen Uhr, sechs Taler wert, geschickt ködert, wird der Junge schwach und verrät das Versteck. Der Bandit wird festgenommen im Augenblick, als Mateo Falcone von der Jagd zurückkehrt. Der Gefangene spuckt auf die Schwelle des Hauses und schleudert ihm die Worte ins Gesicht: «Haus eines Verräters!» Das ist für einen korsischen Ehrenmann zu viel! Zu seiner Frau sagt Mateo Falcone: «Weib, ist dieses Kind von mir?» Zu seinem Sohn: «Du fängst gut an!» Nachdem der Bandit von der Polizei auf einer Bahre fortgetragen wurde, fordert Mateo Fortunato auf, ihm zu folgen. Er bringt ihn zu einer kleinen Schlucht, findet die passende Stelle, befiehlt ihm, die Gebete, die er kenne, zu sprechen, erschießt ihn ohne ein weiteres Wort, und ohne auf die Bitten des Jungen zu hören, und kehrt nach Hause zurück. Seiner Frau, die wissen will, wo ihr Sohn ist, sagt er: «In der Schlucht. Ich werde ihn begraben. Er ist als Christ gestorben. Ich werde eine Messe für ihn lesen lassen. – Man soll meinem Schwiegersohn Tiodori Bianchi sagen, dass er kommt und bei uns wohnt.» – So endet die finstere Novelle. Der Ehre der Gastfreundschaft ist Genüge getan, der Verrat am Gastfreund ist gesühnt. Das ungeschriebene Gesetz, den in Not Geratenen nicht zu verraten, steht höher als die Solidarität zur Familie. Selbst dort, wo es um einen Fortunato, einen vom Glück begünstigten Sohn und Stammhalter geht.

Und es gibt eine weitere berühmte Geschichte über Gastfreundschaft, die sich zwar ebenfalls durch kein beruhigendes, aber doch weniger brutales Ende auszeichnet. Albert Camus hat sie in den Fünfzigerjahren des zwanzigsten Jahrhunderts geschrieben, in einer Zeit, als er seine hellsichtigen essayistischen Klärungen der «condition humaine» und des gegen das ihm zugemutete Lebensschicksal revoltierenden Menschen mit einer Reihe von kurzen Erzählungen ergänzte, in welchen er Entscheidungssituationen in scheinbar ausweglosen Lagen in unerbittlich knappem Stil schilderte. Die Geschichte trägt den Titel *L'hôte (Der Gast)* und beschreibt das Leben des algerischen Lehrers Daru vor dem Ausbruch des Kolonialkriegs auf einer der Hochebenen Nordafrikas, wo die Extreme des Klimas – eiskalte Nächte, welche die Landschaft mit einer Schneedecke überziehen, und glühende Tage, in welchen die Sonne alle Lebensformen wegzusengen scheint – nur den Rahmen liefern für den Konflikt zwischen nomadisierenden Arabern und algerischen Stadtbewohnern, die ihre neue Lebensart den kolonisierenden Franzosen mit verdanken. Der Lehrer, ein in der Provinz geborener Algerier, der sein Land und dessen ländliche Zonen liebt, ist allein in seinem Schulhaus, in welchem er selbst auch lebt. Wegen der winterlichen Verhältnisse ist die Schule geschlossen, seine Schüler aus den Dörfern der Hochebene bleiben zu Hause, er heizt nur seinen an das Klassenzimmer angrenzenden Wohnraum, kocht sich Tee und versorgt im Schuppen nebenan die Hühner. Aus dem Fenster erkennt er von weitem zwei herannahende Personen, eine zu Pferd, die andere zu Fuß. Es ist der Gendarm Balducci, der an einem Strick einen Araber mit sich führt. Wie die beiden im Schulhaus ankommen und Daru ihnen Minztee zum Aufwärmen anbietet, stellt sich heraus, dass der Araber seinen Vetter wegen eines Familienstreits umgebracht hat. Er soll jetzt ins nächste größere Dorf nach Tinguit geführt und dort vor Gericht gestellt werden und seine Strafe erhalten. Der Gendarm verlangt vom Lehrer, dass er diese Überführung an die Justiz übernehme, er selbst müsse sogleich in sein Dorf zurück, denn er werde aufgrund der Spannungen zwischen Franzosen und Arabern dort dringlich gebraucht.

Wenn ein Krieg vor der Tür stehe, habe jeder auch ungewohnte Aufgaben zu übernehmen. Der Gendarm überlässt dem Lehrer eine seiner Waffen und zieht mit dem Pferd wieder ab. Daru bleibt mit dem Araber allein zurück. Sie kommen ins Gespräch. Auf die Frage, ob seine Tat ihm leidtue, weiß der Araber keine Antwort, weil er die Frage nicht versteht. Er hat so gehandelt, wie man in den Dörfern der Nomaden handelt. Die Welt der Polizei und der Gerichte ist ihm unbekannt und fremd. Er will nur eines wissen: «Kommt der Gendarm zurück?», und fordert den Lehrer auf: «Komm mit uns!» Dieser aber spürt in seinem Innern nur einen wilden Zorn gegen die Bosheit, den Hass und den Blutwahn der Menschen. Es folgt eine beunruhigende Nacht. Der Lehrer, der sich dem Gendarm gegenüber mit allen Kräften wehrte, Polizeidienste zu übernehmen und seinen Gast der Justiz auszuliefern, wäre dafür dankbar, wenn sein Gast in der Dunkelheit heimlich flüchten würde. Ihm ist die Anwesenheit dieses Arabers lästig, ja unheimlich. «In diesem Zimmer, wo er seit einem Jahr allein schlief, empfand er die Gegenwart des anderen als störend. Sie störte ihn auch, weil sie ihm eine Art von Brüderlichkeit aufzwang, die er unter den gegebenen Umständen ablehnte und deren Wesen ihm wohlbekannt war: Männer, Soldaten oder Gefangene, die ein und denselben Raum teilen, gehen eine seltsame Bindung ein, als fänden sie sich jeden Abend, sobald sie mit den Kleidern ihre Rüstung abgelegt haben, über ihre Eigenheiten hinweg in der zeitlosen Gemeinschaft der Müdigkeit und des Traums zusammen. Aber Daru verwies sich diese Gedanken, solche Dummheiten waren ihm zuwider, er musste schlafen.» Doch dies will ihm jetzt nicht so leicht gelingen. Er bemerkt, wie der Araber sich auf dem Feldbett neben ihm erhebt und den Raum verlässt. Holt er etwa die Pistole aus der Schreibtischschublade des Nebenraums? Doch der Araber kommt wieder zurück. Daru glaubt, Gestalten ums Haus schleichen zu hören. Täuscht er sich? Sind es Angstgespenster? Nichts geschieht, und endlich schläft er ein. Am Morgen weckt er den Araber. Sie trinken Kaffee. «Das sinnlose Verbrechen dieses Mannes empörte ihn, aber ihn auszuliefern ging gegen die Ehre: der bloße Gedanke daran war eine Demütigung, die ihn rasend machte. Und er verfluchte zugleich die Seinen, die ihm diesen Mann geschickt hatten, und den Araber, der es gewagt hatte, zu töten, der es aber nicht verstanden hatte, zu fliehen.» Er macht sich mit dem Araber auf den Weg zum Bestimmungsort. Wieder glaubt er, Unbekannte im Rücken zu haben. Die beiden marschieren nebeneinander eine Stunde und kommen an einen Scheideweg. Daru gibt dem Araber Proviant und Geld und fügt hinzu: «Das ist der Weg nach Tinguit, du hast zwei Stunden zu gehen. In Tinguit befinden sich die Behörden und die Polizei. Sie erwarten dich.» Dann fasst Daru den Araber am Arm, macht mit ihm eine kleine Drehung nach Süden und sagt, auf einen kaum erkennbaren Weg am Fuß der Anhöhe deutend: «Das ist die Piste, die über die Hochebene führt. In einem Tagesmarsch kommst du zu den Weiden und den ersten Nomaden. Sie werden dich aufnehmen und beschützen, wie das Gesetz es verlangt.» Nun will er zurück, sofort, ohne hören zu wollen, was der Araber ihn fragen möchte. Er läuft eine Weile, ohne sich umzudrehen. Dann hält er, schaut zurück, entdeckt, dass der Araber immer noch an der Stelle ausharrt, mit hängenden Armen und unentschlossener Miene. Daru geht weiter, dreht sich nochmals um, der Araber ist nicht mehr zu sehen, Daru läuft ein Stück zurück, um ihn wieder in den Blick zu bekommen. «Die Felsenfelder im Süden zeichneten sich deutlich am blauen Himmel ab, aber über der Ebene im Osten erhoben sich bereits die Dunstschleier der Hitze. Und in diesem leichten Dunst entdeckte Daru mit beklommenem Herzen den Araber, der langsam dahinschritt auf dem Weg zum Gefängnis.» Er hat ihm die Wahl gelassen, der Araber hat selbst über seinen Weg entschieden. Wie Daru in seinem Schulhaus ankommt, entdeckt er an der Wandtafel mit Kreide geschrieben: «Du hast unseren Bruder ausgeliefert. Das wirst du büßen.» Es ist das Menetekel eines fürchterlichen Bruderkrieges, das den Algeriern und Franzosen bevorsteht. Der Schlusssatz der Erzählung lautet: «In diesem weiten Land, das er so sehr geliebt hatte, war er allein.»

Freundschaft ist individuell, geprägt von Eigenheiten der beteiligten Personen. Gastfreundschaft ist ein kollektiver Schonreflex, weit entfernt von Vorliebe und Wahl, und hat mit Freundschaft nur dem Namen nach etwas gemeinsam. Wenn wir in Not sind, brauchen wir Gastfreundschaft und sind dafür dankbar. Damit es uns aber gut geht und wir am Ende nicht allein und einsam bleiben, brauchen wir mehr als Gastfreundschaft, wir brauchen Freundschaft. Das aber ist etwas ganz anderes.

Mich überkommt auf einmal eine Unsicherheit: Hätte mich der Großmogul – schon im Zeichen der Gastfreundschaft – nicht längst nach Samarkand einladen müssen, um unser Projekt zu besprechen? Anstatt seinem Sekretär einen Brief zu diktieren, um mich für sein Freundschaftsprojekt zu gewinnen! Ich bin fleißig dabei, Freundschaftsgedanken für ihn und seine Leute zu sammeln, ohne zu wissen, wie dieser Mann es selbst mit der Gastfreundschaft hält. Ganz zu schweigen von der Möglichkeit, dass er für echte Freundschaft womöglich vollkommen untauglich sein könnte! Vielleicht ist dieser Großmogul nichts als ein Herr, der keine Freundschaft kennt, weil er keine braucht, und mit seinem Freundschaftspalast einzig um seinen künftigen Ruhm als Bauherr und Philanthrop besorgt ist?

Gottesfreundschaft auf Mallorca

An der Gottesfreundschaft ist verwunderlich, dass jemand mit einem ganz anderen Wesen als er selbst glaubt befreundet sein zu können. Gott zum Freund haben zu wollen, das könnte als ungeheuerliche Anbiederung, als Anmaßung sondergleichen erscheinen. Als ob man Gott zu sich herunterziehen könnte, auf das eigene Niveau, auf ein Gegenüber von Gleich zu Gleich. Darf ein religiöser Mensch überhaupt mit einer freundschaftlichen Nähe zu dem von ihm verehrten Gott rechnen? – Nun, Tatsache ist, dass Gottesfreundschaft im Mittelalter und in der Barockzeit geradezu ein Lebens- und Heilsprogramm war, ja dass das Ziel, einer solchen Freundschaft teilhaftig zu werden, in diesen Zeiten ein höchst erstrebenswertes war. Freilich muss man die Sache nicht übertreiben und sich eine zu aufgeblasene Vorstellung von einem Gottesfreund machen. Bei Thomas von Aquin ist der Gottesfreund einfach derjenige, der die «caritas» verwirklicht. Also eigentlich jeder Mensch, der die tätige Liebe praktiziert.

Ich male mir einmal aus, was ein geeignetes architektonisches Modell für die Pflege der Gottesfreundschaft sein könnte. Es fällt mir das Kloster Miramar auf Mallorca ein, welches Jakob II. im Jahr 1276 auf Wunsch des großen Gelehrten Ramon Llull stiftete. Dort sollten Mönche des franziskanischen Ordens Arabisch und andere orientalische Sprachen lernen, um als Christen mit Juden und Arabern das Gespräch aufzunehmen. Das Kloster liegt an der Nordküste der Insel auf dem Gebiet der Gemeinde von Valldemossa, wo ganz in der Nähe auch jene berühmte Karthause zu finden ist, in welcher während des langen Winters des Jahres 1838–39 Chopin an seinen *Préludes* arbeitete und George Sand ein Buch über ihren Aufenthalt auf der Insel schrieb. Als sich Ramon Llull für beinahe drei Jahre mit den Franziskanern in Miramar zurückzog, um Bücher zu schreiben und die Mitbrüder im Umgang mit Andersgläubigen zu unterweisen, muss es in dieser Gegend – anders als im 19. Jahrhundert und heute – einsam zugegangen sein. Der junge König, der eben auf Mallorca die Nachfolge seines Vaters Jakob des Eroberers antrat, stattete das Kloster zwar reichlich mit Gütern und Privilegien aus. In der Nähe des strengen und unermüdlichen Gelehrten werden die Patres freilich kein ganz leichtes Leben gehabt haben. Der spektakuläre Blick vom Garten des Klosters weit übers Meer hinaus wird die Mönche für die Abkehr von der Welt und für die Pflege der Gottesfreundschaft gelegentlich entschädigt haben.

Llull blieb dort etwa drei Jahre, schrieb unter anderem an seinem *Buch vom Heiden und von den drei Weisen* und zog dann wieder weiter, rastlos von Stadt zu Stadt rund ums Mittelmeer, um seiner Botschaft vom versöhnlichen Gespräch zwischen den Religionen zur Wirkung zu verhelfen. 1283 finden wir ihn in Montpellier, wo er an seinem Roman *Blaquerna* arbeitet. Der Name des Helden, der vom Weltmann zum Kirchenmann wird, bis zum päpstlichen Amt aufsteigt, um als kontemplativer Mönch und frommer Eremit sein Leben zu beenden, geht auf den jener Basilika in Konstantinopel zurück, in welcher 1277 ein Abkommen zwischen der griechischen und der lateinischen Kirche geschlossen wurde und die auch in der byzantinischen Ikonen-Tradition eine entscheidende Rolle spielt. Wie die im Streit liegenden Vertreter der christlichen Ost- und der Westkirche in Frieden zueinander finden sollten, so wünschte sich Llull, dass es auch zwischen Christen, Juden und Moslems zu einem Einvernehmen und zu einem «rationalen» Dialog kommen möge. In diesen Roman fügte er ein kleines Meditationsbuch ein, das er *Libre de Amic e Amat* nannte – das *Buch vom Freund und vom Geliebten*. Mit dem Freund meinte Llull den christlichen Gottsucher, und als den Geliebten bezeichnete er Gott selbst. Das kleine Werk, von der Troubadour-Dichtung des Mittelalters ebenso beeinflusst wie von der Sufi-Mystik jener Epoche, gilt als eine Perle unter jenen Werken, welche die Gottesfreundschaft zum Thema haben. Wenn man also begreifen will, was mit Gottesfreundschaft in einer nicht mystischen, sondern die rationalen Fähigkeiten des Menschen aufrufenden Art gemeint sein könnte, hält man sich mit Vorteil an dieses kleine Buch, das mit seinen 366 kurzen Einträgen für jeden Tag des Jahres eine Meditation bereithält. Wer heute das Grab des Raimundus Lullus – wie sein lateinischer Name heißt – sucht, findet dieses in der Franziskanerkirche von Palma auf Mallorca. Der Beginn der Inschrift auf dem Sarkophag lautet: «Hier ruht der Freund./Er starb für den Geliebten/und aus Liebe.»

Wie bei jedem großen Theologen, der ein Lehrer der Gottsuche sein möchte, ist auch dieses Buch Llulls ein Wegweiser, wie man zu einem beglückenden Verhältnis zum Göttlichen gelangen könnte. Es ist durchpulst von einer geradezu grenzenlosen Aufstiegsleidenschaft. Hier will jemand die Niederungen verlassen und aus dem Sumpf der Unzulänglichkeiten herausgelangen. Dieser Weg hinauf beginnt jeden Tag von Neuem, 365-mal im Jahr. So wie die Sufis, die muslimischen Weisen und Mystiker, Wege und Mittel kannten, um sich aufzuschwingen mit Gedanken, Worten, Gesängen, Tänzen und Übungen, sodass der Mensch aus dem Alltag herausgehoben und geradezu in einen anderen Zustand versetzt wurde, so will Llull den Christen mit jedem seiner

Tagesgedichte in ein höheres Bewusstsein heben. Den Maßstab dafür nimmt er bei den Attributen Gottes, bei den ureigensten Eigenschaften des Schöpfers der Welt, die da lauten: Unendlichkeit, Vollkommenheit, Güte, Gerechtigkeit, Liebe. Davon gibt es zumindest noch Funken in seinen Geschöpfen! Das Zwischenglied, die Brücke, welche Teilhabe, Nähe und Gemeinschaft mit dem Göttlichen garantiert, ist die Erfahrung tätiger Liebe, jene «caritas», von der Thomas von Aquin sprach. Sie ist jenes Band, das die Freundschaft zwischen Gott und dem Gottsucher stiftet, zwischen dem Geliebten und dem Freund. So lautet bereits die Meditation zum 6. Tag: «Dix l'amic al amat, / Tu qui umples el sol de resplendor, / umple mon cor d'amor. / Respos l'amat, / Sens compliment d'amor / no foren tos ulls en plor, / ni tu vengut en est loch / ver ton amador.» – «Der Freund sprach zum Geliebten: / Der du die Sonne mit Glanz erfüllst, / erfülle mein Herz mit Liebe. / Da antwortete der Geliebte: / Wäre es nicht schon von Liebe erfüllt, / so stünden in deinen Augen keine Tränen, / und wärst du nicht hierhergekommen, / um den dich Liebenden zu sehen.» Nun laufen der Verstand und der Wille des Menschen um die Wette, um schneller beim Geliebten zu sein. Doch im Gegensatz zu gewissen späteren Mystikern, welche das schwarze Geheimnis, die Dunkelheit Gottes, das Verschwinden und Verschmelzen im Göttlichen anstreben, haben wir es hier mit einem kritischen Verstandesmenschen zu tun, der im strahlenden Licht der Einsicht Liebe, Wärme, Zuwendung, Trost und Erfüllung erleben will. Freilich auch in den Tränen des Entbehrens und der Sehnsucht. Der Liebende wird nie eins mit dem Geliebten, verliert nie sein Anderssein im Göttlichen. Dennoch teilt er mit dem Geliebten sein Glück, sein Sehnen, sein Entbehren – jedenfalls teilt er das, was er liebend erlebt, dem Geliebten mit. Er wohnt mitten in diesem Paradox des Strebens nach Vereinigung und des gleichzeitigen Wissens um sein bleibendes Anderssein. Und empfängt in der Beschränktheit seiner Liebe die Beglückung der Nähe nicht weniger als das Bewusstsein seiner immerwährenden Unzulänglichkeit. Darum ist er in seiner Freundschaft zum Geliebten ein Beglückter und ein Bestrafter – so, wie der Minnesänger in seinen Gedichten zwar die Gunst der Geliebten und doch niemals ihren Körper erringt. Gott zum Freund zu haben, wird eine täglich neu beginnende Anstrengung und Mühe.

Die «herzerfreuenden Gedanken» sind in der Gottesfreundschaft deshalb immer nahe bei der «beglückenden Pein». Das «Sehnsuchtsleiden» ist das Grundgefühl des Freundes, der sich in die Nähe des Geliebten wagt. Immer hofft er auf Verwandlung, auf Erfüllung. «Und das Wasser, das immer abwärtsfließt / – wann kommt die Stunde seiner Verwandlung, / sodass es aufwärtsstrebt?» Sein Herz ist ein Überläufer, wähnt sich immer in der Nähe des Geliebten, doch sein Verstand erinnert ihn daran, dass er noch weit von seinem Ziel entfernt bleibt, ja dass er immer wieder zurückfällt und dass der Aufstieg täglich neu beginnen muss. Immer dann beispielsweise, wenn er den Geliebten aus den Augen verliert. Wenn er aber den Gedanken an ihn festhält, schrecken ihn auch keine Unfälle. «Nachdenklich wanderte der Freund / auf den Pfaden seines Geliebten. / Und er strauchelte und fiel in die Dornen. / Ihm aber schien, es wären Rosen / und dass er auf dem Bett der Liebe läge.» Es ist eine im Gedanken nach dem Geliebten sich immer erneuernde Glückserwartung, die ihn unterwegs stärkt und ermuntert. Llull fährt die schönsten Metaphern auf – schließlich war er in jungen Jahren selbst Minnesänger –, um diese lebenslange Annäherung an den Geliebten zu beschreiben. Tränen sind der Schlüssel zum Tor der Liebe, und der Pförtner an diesem Tor heißt Gerechtigkeit und Erbarmen. Brief und Siegel ist die Liebe, die zur Ehre des Geliebten beiträgt. «Mit der Feder der Liebe/und mit der Tinte der Tränen/schrieb der Freund auf dem Papier der Passion/Briefe an seinen Geliebten.» Die Rede ist vom Lager der Liebe, vom Laken, der Decke, dem Kissen der Liebe. Kleidungsstücke werden bemüht, um die Beziehung in der Gottesfreundschaft zu umschreiben: «Der Geliebte kleidete seinen Freund/in Jacke, Rock und Mantel./Er machte ihm einen Hut aus Liebe,/ein Hemd aus Gedanken,/Beinkleider aus Betrübnis/und einen Kranz aus Tränen.» Wir kennen die Bilder beinah alle aus der Liebeslyrik. «Liebe ist Überschäumen/von Kühnheit und Furcht durch Inbrunst.» Oder: «Liebe ist ein sturmgepeitschtes Meer/ohne Ufer und Hafen.» Diese Gottesfreundschaft ist wie die sinnliche Liebe ein Neigen und ein Steigen, ein Untergehen und ein Auferstehen. Manchmal ist der Freund der Verzweiflung nahe, weil es ihm scheint, der Geliebte sei ihm endgültig abhandengekommen. «Der Freund erlitt Schiffbruch/auf dem großen Meer der Liebe,/und er rief nach seinem Geliebten,/der ihm zu Hilfe kam mit Betrübnis, Gedenken,/Trauer und Tränen, Seufzen und Sehnen./Denn es war das Meer des Liebens und des Ehrens seiner Ehren.» Der Weg zu dieser Gottesfreundschaft ist nicht eben und gerade. Um ihn zu gehen, braucht es eine Erziehung der Augen, ein Einüben des Herzens, ein Bett aus Gedenken, eine «Einwohnung» mit Erinnerungen.

Dazu sind die Gaben der Sinnlichkeit und die Kräfte des Verstandes vonnöten. Eine vor allem: die Erinnerung. Das Schlimmste, was dem Freund passieren kann, ist das Vergessen des Geliebten, ja, dass ihm dieser einfach aus dem Gedächtnis schwindet. «Krank war die Liebe, als der Freund/den Geliebten vergaß.» So heißt es an einer Stelle. Den Geliebten nicht im Gedächtnis zu behalten, ist schlimmer als jede Entdeckung eigener Unzulänglichkeit, schlimmer als jede andere Schwäche, die den Freund auf dem Weg zur Gottesfreundschaft überfallen mag. «Es gab Zwietracht und großen Streit / zwischen dem Freund und der Liebe, / denn der Freund war der Leiden müde, / die er um der Liebe willen erduldete. / Und es erhob sich die Frage, ob der Fehler / bei der Liebe zu suchen war oder beim Freunde. / So gingen sie vor das Gericht des Geliebten, / der den Freund mit Sehnsuchtsleid strafte / und mit Mehrung der Liebe belohnte.» Solange der Geliebte im Gedächtnis bleibt, mag es Leiden und Entbehrung geben, doch alles kommt am Ende dem Freund und seiner Liebe zum Geliebten zugute.

Llull versteht, den Zauber der Natur in diese Beziehung einzubinden. Diese Freundschaft atmet Sinnlichkeit. Vom Gesang der Vögel und vom Rauschen des Windes ist die Rede. Baum und Stamm und Ast und Zweig und Blatt und Blüte und Frucht: Alles taucht unterwegs zu dieser Freundschaft auf. Wir sind am Mittelmeer und spüren die Wohltaten eines Baumes, der Schatten wirft, oder jene eines kühlenden Baches. In der schönsten Natur zu schlafen und vom Geliebten geweckt zu werden: welche Seligkeit! Doch der Freund weiß ebenso: Liebe ist auch Gefängnis und Kerker, ein nicht Loswerden und Loslassen, eine – freilich seligmachende – Gefangenschaft. Wenn sich der Freund gefangen fühlt, da geschieht es auch, dass der Geliebte die Kammer des Freundes beleuchtet, er schafft ihm Raum und Atem in seinem Gefängnis. Der Geliebte sagt dem Freund, Liebe sei eine Mischung von «Glück und Leide / von Furcht und Kühnheit.» Und er «belebte den Freund / durch seiner Schönheit Gedächtnis». Manchmal ist es die Kammer, die den Ort der Gottesfreundschaft darstellt. Es kann aber auch ein Zeichen am Himmel – eine Wolke etwa – der Ort sein, an welchem der Freund und der Geliebte einander begegnen: «Die Wolke zwischen dem Freunde / und seinem Geliebten / wurde erleuchtet von der Liebe.» Und an einer anderen: «Der Freund und sein Geliebter sprachen zueinander/durch die leuchtende Wolke.»

Zwei Dinge wird der Freund niemals loswerden: Zum einen die Erfahrung, dass Gottesfreundschaft und das Lieben eines Wesens, das anders ist, als man es selbst sein kann, ambivalent bleiben: «Der Geliebte gab seinem Freunde den Gewinn/aus Tränen, Seufzern, Sehnsucht, Schmerz/und Liebesgedanken. Und der Freund diente/für diesen Gewinn dem Geliebten.» Aus dieser Gottdienerschaft kommt kein Gottesfreund je heraus. Zum anderen: Dass jede Erfahrung im Umgang mit dem Geliebten, der so anders als der Liebende ist und bleibt, immer eine nachträgliche Denkaufgabe hinterlässt: «Der Freund blickte auf sich selbst,/um wie in einem Spiegel/den Geliebten zu sehen./Und er blickte auf den Geliebten,/um wie in einem Spiegel/sich selbst zu erkennen./Und es erhebt sich die Frage,/welchem der beiden Spiegel sein Verstehen näher war.» Philosophisch scheint die Frage leicht zu beantworten: Haben wir denn überhaupt einen anderen Spiegel als unseren eigenen? Können wir einen anderen haben? Doch aus theologischen und vielleicht sogar aus poetisch-ästhetischen Gründen wollen wir auf den zweiten Spiegel nicht verzichten. Llull war nicht der einzige Philosoph seiner Zeit, der davon überzeugt war, dass es für den Menschen gut ist, nicht nur in den eigenen Spiegel zu blicken, um seiner selbst und der Welt ansichtig zu werden, sondern dass wir so etwas wie einen Gottesspiegel – jedenfalls den Spiegel von Gottes Schöpfung – als Verstehenshilfe für unser Leben brauchen.

Ramon Llull war gerade sechs Jahre alt, als der muslimische Philosoph Ibn al' Arabi im Jahr 1240 starb. Er muss mit dem Gedankengut dieses Weisen in Berührung gekommen sein, zu offensichtlich verwandt sind die Gedankengänge, die wir bei Llull finden und die bereits in den Schriften Ibn al' Arabis auftauchen. Um 1230 verfasste dieser jedem Dogmatismus gegenüber kritische und dem Sufismus zuneigende Denker eine Schrift, die er *Fusus al-hikam* nannte. Meistens wird das Buch bei uns als *Die Weisheit der Propheten* übersetzt oder als das *Buch der Siegelringsteine*. Der erste Titel fasst inhaltlich zusammen, worum es in den 27 Kapiteln geht: den Kern jener Botschaften, welche die 27 Propheten – nach muslimischer Lehre beginnen sie mit Adam und führen über Jesus bis zum letzten und größten der Propheten: Mohammed – uns hinterlassen haben. Der zweite Titel ist genauer: «Fusus» bedeutet im Arabischen jener Zeit offenbar ganz konkret die Fassung, die einen Edelstein – etwa in einem Siegelring – umgibt und einschließt. Was Ibn al' Arabi uns hier bietet, sind die von ihm gefassten und gedeuteten Weisheitsjuwelen der Propheten. Das 5. Kapitel beschäftigt sich mit der Weisheit der begeisternden, ja Verzückung auslösenden Liebe Abrahams. Hier finden wir viele Gedanken vorgeformt, die bei Llull in seinem *Buch vom Freund und vom Geliebten* wieder auftauchen. Bemerkenswert ist, dass Abraham in der muslimischen Tradition den Titel *al-Khalil* hat. Meistens wird dies mit «der Freund» übersetzt. Wörtlich jedoch bedeutet es «der Durchdrungene», der vom andern ganz und gar Geprägte, Gefärbte, Durchwachsene. Es drückt nicht ein Nebeneinander von Liebendem und Geliebtem aus, sondern die Tatsache, dass der Liebende vom Geliebten bis in sein innerstes Wesen hinein geprägt und bestimmt ist. Ist nicht dies eine der einfachsten und zutreffendsten Sichtweisen, um gerade auch das Wesen der Freundschaft zwischen zwei Menschen zu begreifen?

Vielleicht sollte der Großmogul seinen Freundschaftspalast doch eher auf Mallorca bauen, jedenfalls irgendwo an einer Küste des Mittelmeers, wo man vor Jahrhunderten schon ziemlich weit mit der Klärung der Frage gekommen war, ob Gott dem Menschen ein Freund und der Mensch mit Gott befreundet sein könne.

Männerfreundschaft und Frauenfreundschaft

Über eines darf man sich nicht täuschen: Viele Arten menschlicher Beziehung werden mit dem Namen Freundschaft versehen, die es gar nicht sind. Kameradschaft ist noch lange keine Freundschaft, Fach- und Berufsgenossen sind einander verbunden durch Tätigkeiten oder Fähigkeiten, vielleicht sogar durch gemeinsame Ziele und Interessen, aber nicht notwendigerweise auch durch Freundschaft. Kumpanen und Kollegen sind im Leben eines jeden, der nicht als Einsiedler leben will, eine natürliche Gegebenheit, doch der Weg von einer beruflichen Geselligkeit zur Freundschaft verlangt Entscheidungen noch ganz anderer Natur. Auch wer mit jemandem Brüderschaft trinkt, mag umständehalber sich einem Trinkgenossen nahe fühlen, doch wenn die Feststimmung verrauscht und der Alltag wieder für einen nüchternen Kopf sorgt, sind oft alle Gemeinsamkeiten verflogen und die zufällige Nähe verdampft. Man muss einmal in einem Kloster in eine Mönchsgemeinschaft hineingeblickt haben, um zu ermessen, wie weit Mitbrüder voneinander entfernt bleiben können, obwohl sie beinah ein Leben lang zusammen beten und arbeiten. Von verwandtschaftlichen Banden bis zu beruflichen und freizeitlichen Gemeinschaften und zu Vereinen und Klubs mit ideellen und lebenspraktischen Orientierungen, gibt es die vielfältigsten Arten von Zugehörigkeit und Verbundenheit, die alle ihren Sinn und ihre vergesellschaftende Funktion im Leben des Einzelnen haben mögen – und dennoch mit Freundschaft nichts zu tun haben.

Die Alltagssprache ist generös im Umgang mit dem Wort

Freund. «Hören Sie, mein Freund, ...» ist oft genug eine Einleitung, auf die man, ohne den Rest abzuwarten, entgegnen müsste: «Ich bin nicht Ihr Freund!», wenn Konvention und Anstand dies nicht als einen Affront und unfreundlichen Akt deklarieren würden. Psychologisch und soziologisch geschulte Menschen sind übereingekommen, dass sachliche und durch äußere Umstände gegebene Übereinstimmungen niemals hinreichend für eine Freundschaft sein können. Von einer echten Freundschaft zwischen Kollegen, Bekannten, Verwandten, Nachbarn und Kameraden könne man nur reden, wenn eine zusätzliche Art der Anteilnahme am Leben des anderen gegeben sei, welche tief in die Seelenschichten eines Ichs hineinragten. Das «Wurzelgefühl», aus welchem sich die Freundschaft nähre, sei letztlich die Liebe, wenn auch eine andere als die geschlechtliche Liebe zwischen Mann und Frau oder jene zwischen homosexuellen Partnern. Es sei eine Liebe «im Windschatten der Sinnlichkeit», obwohl auch Freundschaft durchaus von sinnlichem Begehren und körperlicher Triebhaftigkeit geprägt und begleitet sei. Im Grunde gebe es nur zwei Formen gegenseitiger Zugehörigkeit, die diese radikale körperlich-geistige Verschmelzung erreichten, und dies seien eben die geschlechtliche Liebe und die Freundschaft. Freundschaft sei eine nicht vom sexuellen Trieb, sondern mehr von seelischen Kräften durchpulste und durchgeistete innige Gefühlsgemeinschaft, der Liebe an Intensität gegenseitigen Wohlwollens zwar durchaus verwandt, doch in mysteriöser Weise dem Rausch der Sinnlichkeit enthoben. Schon bei Jugendfreundschaften sei dieses Sehnen nach etwas Gemeinsamem, diese Bereitschaft zum Mitfühlen und Mitatmen bei einem oder einer Auserwählten angelegt. Sie bleibe auch dem erwachsenen Menschen erhalten, oft in gesteigerten Formen unbedingter Treue und Verlässlichkeit. Begleitet sei die Freundschaft so wie die Liebe von einem Schutzschild der Scham, als gelte es, auch hier das Kostbarste vor der Entweihung und dem Verlust dadurch zu schützen, dass man es nicht mit den vielen, sondern nur mit dem einen Menschen teile. Das Erleben inniger Freundschaft sei darum durchaus der Glückserfahrung körperlicher Vereinigungen vergleichbar, ja dieser womöglich sogar überlegen, weil es weniger vom fluktuierenden Sinnenrausch begleitet und von anhaltender Dauer geprägt sei.

Wir wollen diese klugen Beobachtungen der Seelenforscher hier einmal ohne weiteren Kommentar stehen lassen. Zu erinnern ist aber daran, dass in der Geschichte westlicher Zivilisation das Hohelied der Freundschaft gelegentlich in ganz anderer Tonart gesungen wird, nicht im Ausgang von ihrer Verwandtschaft mit der geschlechtlichen Liebe, sondern geradezu in Absetzung und Abtrennung von dieser. Insbesondere Männer, welche in ihren erotisch-sexuellen Beziehungen, in Ehe und Familie nicht nur die Erfahrung tiefer seelischer Gemeinschaft und bleibender Intensität und Treue gemacht haben, neigen dazu, der gleichgeschlechtlichen Freundschaft einen unvergleichlich höheren Stellenwert zuzuschreiben als ihren gescheiterten Ehen und Affären. Gerade das Ausbleiben eines Lebensfiaskos in Beziehungen, wo sinnlich-erotische Bedürfnisse nicht involviert sind, führt zur Vermutung, Freundschaft müsse denn doch die edlere und gelungenere Form intimer Verbundenheit sein, als es Beziehungen sind, die den Sturmwinden geschlechtlicher Anziehung ausgesetzt sind. Freilich sind es keineswegs nur Männer, welche der vom Geschlechtlichen abgetrennten Freundschaft die höhere Bedeutung und Würde zubilligen als dem Liebesleben in seinen erotisch-sexuellen Ausprägungen. «Surpassing the Love of Men» – die Liebe zu Männern überschreitend – nennt sich eine umfangreiche Studie, welche romantische Freundschaft und Liebe zwischen Frauen von der Renaissance bis zur Gegenwart untersucht und aufgrund der Informationen, die aus Tagebüchern, Korrespondenzen und anderen Lebenszeugnissen zu erhalten sind, zum Ergebnis kommt, dass die Freundschaft mit einer Frau für viele weibliche Seelen das weit größere Lebensglück bedeutete als die Liebeserfahrungen in ihren heterosexuellen Beziehungen. Zu bedenken ist freilich, dass vermutlich kein Mensch das Erlebnis eines wahrhaft das Leben umkrempelnden Liebessturms missen möchte, sodass es klüger sein könnte, die geschlechtliche Liebe nicht in einem Entweder-oder gegen die Freundschaft auszuspielen, sondern beide Formen als potenzielle Glückserfahrungen höchster Art auf der Lebenskurve an unterschiedlichen Orten anzusiedeln. Wie man denn gerade von guten ehelichen Beziehungen zu sagen pflegt, dass sie im Lauf der fortschreitenden Jahre wie von selbst den Charakter einer wunderbaren Freundschaft annähmen. Dazu passt auch die Vermutung, dass Ehen meistens nicht an absterbender Liebe, sondern an fehlender Freundschaft scheitern.

Skeptisch muss man allerdings bleiben, wo Männerfreundschaften in den Himmel gehoben werden, weil sie besser als alles andere gegenseitige Anerkennung und Respekt garantieren sollen. Dies ähnelt dann doch zu sehr jenen Formen von Anhänglichkeit, wie sie mafiösen Clans und Blutsbrüderschaften der verschworenen Art entsprechen. Das Mafiagesetz der «Omertà» – der absoluten Verlässlichkeit und Verschwiegenheit bis zur Bereitschaft, für den «Padrino», den obersten Chef und Boss und das Wohl der «neuen Familie» das eigene Leben zu opfern – hat einen zu gewichtigen Schönheitsfehler an sich, um als eine erhabene Art der Freundschaft gelten zu dürfen. In diesen Beziehungen dominiert nicht die Freiheit, sondern die Unterwürfigkeit, das

Prinzip absoluter Servilität. Nichts ist hier frei und umkehrbar, alles steht unter dem Gesetz des Zwangs und der Gewalt. Der Schutz, den die Mafiafamilie bietet, ist mit dem Verlust der freien Entscheidung erkauft. Der Boss oder derjenige, der gerade dabei ist, sich die Position des Familienchefs zu erobern, indem er den alten Boss aus dem Weg räumt, entscheidet in alleiniger Kompetenz. Die Sprache, die hier Verwendung findet, ist nicht jene des Dialogs, sondern des Befehls. Es herrscht das «Vogel-friss-oder-stirb-Prinzip»: Wo Freiwilligkeit und Gleichgewicht nicht in natürlicher Weise gegeben und garantiert sind, hat man es wohl mit Familien- oder Dienstverhältnissen zu tun, nicht aber mit Freundschaft. Dass die Zugehörigkeit zu einer mafiösen Geheimgesellschaft der höchste Beweis von Freundschaft und Vertrauen sei, ist nichts als romantischer Männerkitsch, der seine Wurzeln in einem dubiosen rassistischen Morast hat. Man braucht über diese Blutsbrüderschaften atavistischer Art kein weiteres Wort zu verlieren.

Nein, Freundschaften sind völlig anderer Natur. Selbst eine Schicksalsgemeinschaft ist dafür nicht die hinreichende Voraussetzung. Die neun Märtyrer von Zysikus und die vierzig von Sebaste mussten miteinander nicht befreundet sein, um gemeinsam ihrer hohen Aufgabe als Bekenner einer neuen Religion gerecht zu werden. Von den sieben Schläfern von Ephesus gibt es keine Zeugnisse darüber, dass sie neben dem ihr Leben gefährdenden Glauben an den neuen Gott noch etwas anderes geeint haben soll. Man kann in Zielen, Überzeugungen und Idealen übereinstimmen, ohne die geringsten Anzeichen von Freundschaft zu entwickeln. Freundschaft ist zusätzlich zum gemeinsamen Willen immer von Zusammengehörigkeit und Verbundenheit in einem ganz bestimmten Lebenswert begleitet und von einer harmonischen Ergänzung im Seelischen oder Charakterlichen umweht, geradezu von etwas, das man als eine natürliche klimatische Entsprechung und Ergänzung im Gefühlsleben bezeichnen könnte. Wo dieses Geschenk gegenseitiger Balance und Stimmigkeit nicht fühlbar wird, können zwar Achtung und Sympathie, ja sogar aufopfernde Liebe und Zuneigung die ausreichende Nahrung und Motivationskraft einer Beziehung sein, nicht aber Freundschaft. Letztere ist von der glückhaften Erfahrung, dass die Welt eines Einzelnen durch einen anderen in wunderbarer Weise ergänzt wird, nicht zu trennen. Wenn also nicht nur vorteilhafte, sondern von Glückserlebnissen beflügelte Lebensumstände Index und Maßstab von Freundschaft sind, muss man sich andere Bilder vergegenwärtigen als solche, wo wir allein durch gemeinsame hohe Ziele mit anderen vereinigt sind.

Es gibt solche Urbilder der Freundschaft. Das wohl schönste, das die Ahnung von Glückseligkeit mit jener von Lebensleichtigkeit wundersam verbindet, ist die «brigata» des Giovanni Boccaccio, jene Gruppe von sieben Frauen und drei Männern, die im Sommer des Jahres 1348, als die schwarze Pest in Florenz wütet, sich in ein toskanisches Landhaus in der Nähe von Fiesole zurückzieht, um drohender Ansteckung und dem sicheren Tod zu entkommen. Der Dichter beschreibt diese kleine Schar von Menschen in seinem um das Jahr 1350 entstandenen *Il Decamerone*. Diese sieben Frauen und drei Männer – letztere auch die Liebhaber drei der anwesenden Frauen – treffen sich in der Kirche Santa Maria Novella in Florenz und vereinbaren dort gemeinsam, mit einer zum schönen Leben gehörenden Dienerschaft die Stadt zu verlassen, um Rettung vor dem Pesttod auf dem Land zu suchen. Die Schar lebensfreudiger junger Leute, denen es weder an Mitteln noch an Tatkraft fehlt, um dem vom Massensterben der Stadtbevölkerung verursachten Chaos in Florenz zu entfliehen, ist in späteren Jahrhunderten häufig von Malern und Miniaturisten in ihrem «hortus conclusus» – einem umfriedeten Garten – dargestellt worden. Während außerhalb der Mauern ihres Landgutes rettende Engel und Pestteufel durch die Luft fliegen, um die sterbenden Guten für den Himmel und die Bösewichte für die Hölle einzusammeln, sitzen unsere zehn Verschonten in einem herrlichen Garten unter Lauben an plätschernden Springbrunnen und erzählen sich heitere Geschichten, während die ebenso große Dienerschaft sie mit allem Notwendigen versorgt und verwöhnt. Anstatt nur zu schlemmen und zu lungern und dem Bild gelangweilter Müßiggänger zu entsprechen, nimmt sich die Zehnerschar vor, einander in den Abendstunden Geschichten zu erzählen. Wir kommen in den Genuss von hundert der merkwürdigsten und vergnüglichsten Novellen, weil es zur Vereinbarung gehört, dass jeder der zehn glücklich Versammelten über zehn Tage hinweg (daher der Titel des Buches: «Das Zehntagewerk») den anderen täglich eine neue Geschichte vorsetzt. Dieses fröhliche Arrangement ist freilich nur der äußere Rahmen für eine Erfahrung von Freundschaft und Zusammengehörigkeit, welche die zehn vom Glück Begünstigten erst im gemeinsamen Erzählen und Zuhören machen. Im Vernehmen der Freuden und Leiden, die den unterschiedlichsten Personen in den hundert Geschichten zustoßen, wird das Schicksal derjenigen, die miteinander befreundet und in gegenseitigem Wohlwollen verbunden sind, als das höchste Geschenk der Freundschaft erfahren. Draußen wüten Krankheit und Tod, im geschlossenen Kreis der Freundschaft aber herrschen Lust und Daseinsfreude in täglich wachsendem Maß.

Es ist hier nicht der Ort, um die hundertfältigen Belustigungen, die unerwarteten Lebensfreuden, die heiteren Überraschungen und die geradezu unverdienten Momente der

Einsicht aufzulisten, welche das freundschaftliche Erzählen den Versammelten beschert. Was aber doch betont werden muss, ist die Tatsache, dass diese «piacevoli ragionamenti», dieses lustvolle einander Berichten in einer Schar von Gleichgesinnten zum untrüglichsten Anzeichen praktizierter Freundschaft wird. Dieses Beisammensein in passender Klausur bringt es sogar mit sich, dass ein neues Zeit- und Lebensgefühl der tristen Gegenwart gegenüber sich formt. Das Unheil, das in der Welt wütet, die Missgeschicke des Daseins, die Bosheit der Übelgesinnten, Neid und Hass und Geiz und Hartherzigkeit, all dies verschwindet zwar nicht aus dem Leben, dennoch scheint allem Übel im Kreis dieser Freunde irgendwie der Stachel gezogen. Es ist zwar da als etwas, das man zu meiden und zu umgehen versteht und dem man etwas Besseres, Glückhafteres, Lebenswertes entgegenzusetzen weiß. Die Plagen und Beschwernisse der Welt, die Betrügereien und Laster, die Untreue und die Missgunst, alle Laster, die das Leben der Menschen in eine Hetzjagd verwandeln, weichen wie ein Nebel, der sich leise verzieht, und an ihre Stelle rücken die Wärme und die lichte Heiterkeit derjenigen, die es gut meinen miteinander und die dem gegenseitigen Glück Tür und Tor zu öffnen vermögen. Was wir in der Reaktion der Freunde auf die erzählten Geschichten erfahren, sind die Wirkungen und Segnungen beglückender Freundschaft.

Boccaccio war zwar selbst ein bedeutender Humanist des 14. Jahrhunderts, doch seine Fabulierlust in der Sprache des Volkes interessierte die Gelehrten seiner Zeit nur wenig. Diese lasen lieber seine Dante-Kommentare und seine lateinisch verfassten Schriften. Es dauerte über hundert Jahre, bis man darauf kam, dass in diesem *Decamerone* ein Kunstwerk ganz eigener Prägung vorlag. Es rückte ganz sachte an die Stelle von Gottes Vorsehung, die in Dantes Werken und selbst bei Petrarca noch die Geschicke der Menschen leitet und ordnet, zwei weltliche Mächte ins Zentrum der Aufmerksamkeit. Wir nennen sie heute Natur und Fortuna, die Triebkräfte des Lebens und die Gunst des Augenblicks. Freilich bleiben auch in Boccaccios frech angelegtem Erzählwerk sowohl die sozialen Rollen wie die Geschlechterrollen relativ fest umschrieben, gerade wenn wir erfahren, dass die Interessen der Frauen zu jenen der Männer keineswegs immer parallel verlaufen. Die Frauen sind beispielsweise wenig begeistert, als Dioneo, der «König» des siebten Tages, verkündet, er wolle unter seiner Regentschaft Geschichten über manchen Schabernack hören, «den die Frauen – entweder aus Liebe oder zur eigenen Rettung – ihren Ehemännern zugefügt haben, gleichviel, ob diese dahinterkamen oder nicht.» Doch wie sollte man sich im Freundeskreis nicht einigen können? So begibt man sich am 7. Tag in die nähere Umgebung des Aufenthaltsortes ins «Tal der Frauen», wo die Gesellschaft an den Ufern eines reizenden kleinen Sees zehn Geschichten darüber hört, wie es die klugen Frauen anstellen, ihre tyrannischen, dummen oder eifersüchtigen Ehemänner mit List und Schlagfertigkeit hinters Licht zu führen, und dabei höchst lustvoll auf ihre eigenen Kosten kommen.

Dass es mit der Gleichheit zwischen Männern und Frauen in diesen und auch noch in den folgenden Zeiten nicht zum Besten bestellt war, ja dass man geradezu als Alternative zu Boccaccios Konzept auf die Idee kam, Frauen seien erst dann von Zwang und Gewalt befreit, wenn sie ihre eigene männerfreie Gemeinschaft gründeten, begreift man rasch, wenn man die Schriften der wunderbaren Christine de Pizan in die Hand nimmt. Diese erstaunliche Frau hat zu Beginn des 15. Jahrhunderts den Plan einer *Cité des Dames* oder einer *Cité de conseurerie* entworfen, das heißt: einer Stadt der Frauen und der Schwesterlichkeit, in welcher Frauen vor männlichen Übergriffen jeglicher Art sicher und geschützt wären. Was diese aus Italien stammende, doch in Frankreich lebende und wirkende frühe Autorin gewiss kannte, war ein anderes Buch des Giovanni Boccaccio, nämlich sein *De claris mulieribus* – eine Schrift, in welcher Boccaccio hier ganz in humanistischer Manier über hundert berühmte Frauengestalten porträtiert, mythische und historische Frauen, verführende und verzweifelnde, herrschende und dienende, Königinnen und Heilige, alles, was damals Rang und Namen in weiblicher Gestalt hatte. So finden wir Lebensbeschreibungen von Helena und Dido, von Cleopatra und Sabina Poppea, von Circe und von der Päpstin Johanna, um nur einige wenige zu nennen. Diese Schrift, an welcher Boccaccio nach seinem *Decamerone* über längere Zeit hinweg arbeitete, galt als eine so belehrende wie vergnügliche Lektüre darüber, was bedeutenden Frauen in ihrem Leben alles zugestoßen ist und wie sie die Herausforderungen des Schicksals in so anmutiger wie erschreckender Art und Weise gemeistert haben. Bei aller Verehrung, die hier den bedeutenden weiblichen Gestalten der Geschichte erwiesen wird, lässt das Werk auch keinen Zweifel darüber, wer im historischen Kontext das Sagen hat, wer der Sieger ist und wem die dienenden Rollen zufallen. Auch bei den Humanisten wirken die mittelalterlichen Vorstellungen von der naturgegebenen Unterlegenheit der Frau noch nach. Auch Boccaccios Buch ist durchsetzt von jener epochalen Frauenfeindlichkeit, die so weit geht, dass man weiblichen Wesen körperliche und seelische Eigenschaften der menschlichen Natur geradewegs absprach. Nicht zuletzt auch jene Eigenschaften, die Menschen zur Freundschaft befähigen. Frauen seien untauglich zu wahrer Freundschaft, weil ihre Natur und Lebensaufgabe diese Art von Seelengröße weder fordere noch gewähre. Wenige nur durchschauten in jener Epoche diesen von Theologen und Philosophen breit gestützten Unsinn. Christine de Pizan gehörte zu diesen Einsichtigen, weil sie die Interessen an den damaligen Herrscherhöfen besser als andere durchschaute. Dieser männlichen Dominanz, die für die Herren der Welt im Schöpfungsplan vorgesehen schien, setzt Christine de Pizan die erstaunliche Vision einer Stadt der Frauen entgegen, in welcher Vernunft, Rechtschaffenheit und Gerechtigkeit dafür sorgen, dass angesichts der Tapferkeit, Klugheit und Liebenswürdigkeit der dort lebenden Frauen keine Diffamierung, Verachtung und Unterdrückung vonseiten der Männer mehr zu gewärtigen sind.

Diese Frauenstadt der Christine de Pizan, die man später als eine «Gynäkotopie» – ein dem Weiblichen zugedachter Ort – bezeichnet hat, kann als eine der ersten Visionen eines dem männlichen Machtstreben entzogenen Freiraums angesehen werden, in welchem Frauen das Bedürfnis der Freundschaft, der Konkurrenzlosigkeit und der gegenseitigen Zuneigung zu leben vermögen. Ein Ort also, an welchem das Machtgesetz der Geschlechter außer Kraft gesetzt ist und wo deshalb neue freie Formen des gegenseitigen Umgangs erprobt werden können. Hier herrschen nicht die Gesetze der Familie und die Sorge um den Nachwuchs, sondern die freien Bedürfnisse freier Menschen. Im Lauf der Geschichte wird es immer wieder Visionen utopischer Räume geben, in welchen der gesellschaftliche Druck aufgelöst und die individuellen Bedürfnisse sich frei entfalten können. Die von Frauen geführten literarischen Salons des 18. und des frühen 19. Jahrhunderts gehören dazu. Dies besagt jedoch keineswegs, dass wahre Freundschaften nur zwischen gleichgeschlechtlichen Partnern möglich sein sollen. Gerade Boccaccios *Decamerone* beweist trotz aller Befangenheit in männlich-weiblichem Rollenspiel, dass es durchaus Freundschaftsformen zwischen Mann und Frau gibt, die von geschlechtlichen Interessen begleitet sind, ohne von ihnen geprägt und dominiert zu sein. Auch das ambivalente Bedürfnis nach Rückzug und Einsamkeit schließt Freundschaft nicht aus. Wie hätte sonst Christine de Pizan in einem ihrer Gedichte schreiben können: «Seulete suy et seulete vueil estre – Allein bin ich und will es auch sein.» Doch erwächst gerade aus den Erfahrungen des Alleinseins ein neu geartetes Bedürfnis nach Mitteilsamkeit, Geselligkeit und Freundschaft:

«Princes, or est ma doulor commenciée:
Seulete suy de tout dueil menaciée,
Seulete suy plus tainte que morée,
Seulete suy sanz ami demourée.»

«Mein Fürst, dies ist der Anfang meiner Leiden:
Allein bin ich, bedroht von jeder Trauer,
Allein bin ich, in tiefster Düsternis,
Allein und ohne Freund geblieben.»

Die Stadt der Frauen wurde nicht gebaut, damit diese dort in Einsamkeit verkümmern. Sie ist der Raum, in welchem Frauen das Privileg haben, ohne Druck und ohne Pflichten zu sich zu kommen. Wie sollte gerade da das Verlangen nach einem Freund nicht spürbar werden?

Die falschen Freunde

Freundschaften beginnen in Schulen und Spitälern, bei der Arbeit und beim Sport, auf Reisen im Zug und bei Spaziergängen im Zoo. Begegnungen der alltäglichsten Art stehen oft am Anfang einer Freundschaft. Ein Wort ergibt das andere, ein Blick sucht den anderen, ein Gefühl weckt ein anderes. Kaum dass man sich versieht, empfindet man Nähe, wo kurz zuvor noch völlige Gleichgültigkeit herrschte und noch gar nichts an besonderer Gegenseitigkeit vorhanden war. Die Ausgangslage verdankt sich oft dem reinen Zufall. Niemand macht sich am frühen Morgen auf den Weg mit dem Gedanken: Heute suche ich mir einen Freund! Man ahnt, dass etwas Schicksalhaftes bei der Freundschaft mitschwingt und mitbestimmt. Der Zufall ebnet zwar den Weg, doch was dann geschieht, sind keineswegs nur eigener freier Entschluss und Planung. Man sagt, Liebe auf den ersten Blick, das gebe es. Freundschaft braucht mehr Blicke und eine andere Zeitachse, auf der sie sich erst zu entfalten vermag.

Doch wie es in der Liebe Täuschungen und Enttäuschungen gibt, so ist auch die Freundschaft nicht notwendigerweise eine ansteigende Kurve, die mit Sicherheit weiter und weiter und in immer höhere Sphären führt. Es ist eine bittere Geschichte, wenn jemand auf einmal entdeckt, dass er mit einem falschen Freund oder einer falschen Freundin verbunden ist. Während der erotischen Liebe ein flatterhaftes und unbeständiges Verhalten von Natur beigemischt scheint, geht man doch davon aus, dass Freundschaft verlässlich und gegenüber Gefühlsschwankungen beinah immun sei. Umso herber die Enttäuschung, wenn der falsche Freund enttarnt wird. Dafür gibt es eine ganz untrügliche Empfindung: Man fühlt sich belogen, verraten, missbraucht. Dazu schämt man sich und sagt sich: Ich hätte es doch spüren müssen! Wenn eine Freundschaft sich als Lug und Trug erweist, haben beide Seiten etwas falsch gemacht.

Die berühmteste und berüchtigtste Verratsgeschichte einer Freundschaft steht im Neuen Testament. «Freund, warum bist du gekommen?», fragt Jesus seinen Jünger Judas Ischariot, als dieser ihn im Ölgarten von Gethsemane mit einem Kuss begrüßt, um ihn damit den Kohorten der Hohepriester kenntlich zu machen und zu übergeben. Der Satz wird oft auch so übersetzt: «Freund, dafür bist du gekommen?» – im Sinn: Bist du gekommen, um mich zu verraten? Oder aber: Bist du gekommen, um mich zu küssen? – Die Verratsgeschichte des Judas Ischariot ist ein überaus seltsames Ereignis zu Beginn der christlichen Zeit, das den Bibelforschern und Spezialisten des frühen Christentums viele Rätsel aufgibt. Sie ist in den frühesten Quellen in sehr unterschiedlichen und sich widersprechenden Details überliefert. Heute – nachdem im Jahr 2004 auch noch ein sogenanntes *Judasevangelium* aufgetaucht ist, welches die Reihe der gnostischen Schriften aus dem 2. und 3. Jahrhundert nicht unwesentlich bereichert – fordern die Experten des frühen Christentums dringlich eine Revision des traditionellen Judasbildes. Dieser sogenannte Verrat des Judas, der womöglich nichts anderes war, als eine gut gemeinte Tat eines der treuesten Anhänger Jesu, erscheint in wesentlich anderem Licht, wenn man die nicht kanonischen Schriften des frühen Christentums liest. Vielleicht war Judas sogar einer der treuesten und mutigsten unter den zwölfen. Er war nur heillos darüber enttäuscht, dass der von Jesus vorausgesagte Menschensohn, der für eine neue Zeit und ein neues Königtum im damaligen Palästina sorgen sollte, auf sich warten ließ. Ja dass derjenige, welcher der neue König auf Davids Thron werden sollte, auf einmal Gefahr lief, gefangen und hingerichtet zu werden. Es gibt Bibelforscher, die davon überzeugt sind, dass Judas nichts anderes wollte, als Jesus in die Obhut der Tempeldiener und Hohepriester zu übergeben, damit die Visionen eines neuen Reiches und jüdischen Königtums, wie sie dieser Jesus gepredigt hatte, nicht zum Anlass für die Besatzungsmacht der Römer würden, diesen gefährlichen Aufwiegler und Revolutionär auszuschalten und zu töten. Jesus war für Judas dieser visionäre Prophet, der das Ende der gottlosen Zeit und den Beginn eines neuen Gottesreiches für Jerusalem und die jüdischen Gebiete predigte. Die Jünger sahen sich wohl selbst als die künftigen Herrscher über die zwölf Stämme Israels und verstanden genau, dass ihre ganze Hoffnung auf bessere Zeiten Trug und Wahn war, wenn ihr Anführer sterben sollte und nicht der von den Propheten vorausgesagte und erwartete Messias war. Vielleicht tat Judas Ischariot nur das, wozu die anderen der zwölf nicht den Mut hatten! Und erst als die Katastrophe passierte, die Tempelautoritäten Jesus den Römern übergaben und diese ihn ans Kreuz brachten, weil er während des Prozesses öffentlich bekannte, er sei der neue König der Juden, da merkte dieser eifrige Judas, dass seine Aktion ganz schiefgelaufen war, und verzweifelte so sehr an sich und seiner Zukunft, dass er nicht mehr leben wollte und sich umbrachte. Was jedenfalls festzustehen scheint, ist die Tatsache, dass die Dämonisierung des Jüngers Judas parallel zur Umdeutung des künftigen Gottesreiches stattgefunden hat. Der tote und auferstandene Jesus – so die spätere Interpretation – hatte gar keine diesseitige Herrschaft im Auge, sondern ein ganz und gar jenseitiges Reich Gottes, ein geistiges und himmlisches Königtum, kein jüdisches und irdisches. Judas wurde nun zum Verräter gestempelt, weil er (und nicht nur er!) offenbar diese Botschaft vollkommen missverstanden hatte. Man sah ihn jetzt im Bund mit den bösen Mächten, er war sozusagen der Handlanger des Teufels und tat alles nur um des schnöden Geldes willen. Da war ihm auch das Heiligste nicht mehr heilig: das Gesetz der Treue zwischen Freunden. Judas wurde zum Urbild aller Verräter, in Legenden und christlichen Schriften bekam er immer groteskere und infernalischere Züge. Noch im 17. Jahrhundert war Abraham a Santa Clara, der berühmte Hofprediger in Wien, vollkommen davon besessen, die Schandtaten dieses Judas von der Kanzel herunter zu besprechen, lustvoll breitete er sie in seinen Fastenpredigten aus, indem er sogar die unförmigen anatomischen Details dieses Verräters in grotesken Formen ausmalte. Es gibt kein überliefertes Jesuswort, das über Judas Ischariot etwas Böses oder Unfreundliches sagt. Der Verratsgeschichte des Judas, wie wir sie aus den Evangelien und der Apostelgeschichte kennen, ist also nicht zu trauen! Vermutlich war historisch alles ganz anders, als es die Sieger in den Richtungskämpfen der frühen Christen haben wollten und durchsetzen konnten. Judas Ischariot war einer der zwölf, die Jesus am nächsten standen. So viel ist aus den frühesten Schriften über die Ereignisse um den historischen Jesus gewiss. Dass es für den Tod Jesu einen Verräter brauchte, passt erst zur späteren Geschichte des Christentums, könnte darum auch nichts als eine Erfindung in der Nachfolge Christi sein. Wir lassen diesen Judas nicht als Prototyp falscher Freundschaft gelten.

Doch Verrat unter Freunden, jedenfalls unter vermeintlichen Freunden: das gab es, und das gibt es! So muss man nach anderen Quellen suchen. Ich werde mich zu diesem Thema auf ein einziges Beispiel beschränken, eines allerdings, das mich jedes Mal wieder erschaudern lässt, wenn ich das Buch in die Hand nehme und in den minuziös berichteten Details dieser Verratsgeschichte blättere. Ich meine

Fjodor Dostojewskijs *Böse Geister*, manchmal auch als *Die Dämonen* oder *Die Besessenen* übersetzt. Über die komplizierte Entstehungsgeschichte des Romans nur so viel: Dostojewskij lebte um 1869 in Dresden, schrieb an einer Geschichte, die er als *Das Leben eines großen Sünders* bezeichnete, verfolgte allerdings mit größter Aufmerksamkeit die politischen Ereignisse in Russland, denn er wusste, dass er bald wieder nach Sankt Petersburg zurückwollte, um seine Stimme im Erneuerungsprozess Russlands hörbar einzubringen, sobald er in der Lage war, seine Schulden zu bezahlen und von den Justizbehörden in Ruhe gelassen würde. Im November des erwähnten Jahres geschah im Park der Petrow-Akademie in Sankt Petersburg ein Mord an einem jungen Mann namens Iwan Iwanow. Von einer Gruppe von Anarchisten unter der Führung von Sergej Netschajew wurde dieser Iwanow in einen Hinterhalt gelockt, dort von den anwesenden Revolutionären getreten, geschlagen und gewürgt, schließlich von Netschajew mit einem Kopfschuss getötet. Die Leiche wurde darauf von den Mördern mit Steingewichten versehen durch ein Eisloch im Wasser versenkt. Der Grund für diesen Mord war, dass Iwanow gegen die diktatorische Art Netschajews in der Führung dieser Anarchistenschar protestiert hatte. Netschajew verbreitete danach unter den Seinigen das Gerücht, Iwanow sei dabei, die Pläne der Anarchisten der Polizei zu verraten und müsse als ein Spion, der für die Behörden arbeite, aus dem Weg geschafft werden. Dostojewskij war schockiert von dieser jüngsten Entwicklung der revolutionären Bewegung in Russland und beschloss, den ideologischen Richtungskämpfen unter Liberalen und Anarchisten in einem Buch auf den Grund zu gehen. Er besorgte sich alle verfügbaren Materialien über die bürgerlich-idealistische Welt der westlich orientierten Liberalen, um die Entstehung radikal nihilistischer und anarchistischer Haltungen im Kampf um ein neues und freies Russland klären zu können. Als *Böse Geister* im Jahr 1873 als Buch erschien, war Dostojewskij wieder aus dem Exil in Russland zurück. Das neue Buch verband nicht nur den Fall Netschajew geschickt mit den ideologischen Debatten der unmittelbaren Gegenwart, auch die Figur des großen Sünders hatte in *Böse Geister* erstaunlicherweise Eingang gefunden, wenn auch in anderer Gestalt, als der Autor sie ursprünglich geplant hatte. Dostojewskij bemühte sich, die Ereignisse der Zeit gerade anhand realer Figuren und vorgefallener Fakten zu durchleuchten. Doch was ihm in unnachahmlicher Weise hier darüber hinaus gelang, war die Durchleuchtung der widersprüchlichen Gedanken, Gefühle, Ängste und Handlungsmotive jener Liberalen und Anarchisten, die dabei waren, die für Dostojewskij heiligsten Güter des russischen Volkes und des russischen Glaubens zu verspielen und zu verraten. So war dieser Fall Netschajew für ihn nichts als der historische Anlass, um das Drama seiner Zeit aus der Sicht von erfundenen Ideenträgern aller politischen Richtungen bis in die kleinsten Verästelungen zu schildern. Zu den Höhepunkten von *Böse Geister* gehört Dostojewskijs Fähigkeit, in die abgrundtiefe Finsternis jener Motive hineinzuleuchten, welche eine Gruppe «falscher Freunde» verbindet.

Drahtzieher in dieser unheiligen Allianz zwischen Intellektuellen, die vor allem deshalb miteinander befreundet sind, weil sie die russische Gesellschaft umkrempeln wollen, ist Nikolaj Stawrogin, der nach ausschweifenden Abenteuern im Ausland nach Russland zurückkehrt und mit der Kaltblütigkeit eines jeder Moral spottenden zynischen Nihilisten eine «Fünfergruppe» von politisch motivierten Anarchisten in seinen Bann zieht. Zu diesen die Zerstörung all dessen, was sie selbst verachten, anstrebenden Gesellen gehört Pjotr Werchowenskij, der offen bekennt, dass er Chaos schaffen und alle herrschenden Autoritäten vernichten will, damit ein anderes Russland entstehen kann. Er intrigiert nach allen Regeln der Kunst, spielt die einen gegen die anderen aus, um Verwirrung und Unsicherheit zu schaffen, er setzt falsche Nachrichten und Lügen in Umlauf und ist bereit, mithilfe von zwielichtigen Figuren und Verbrechern unliebsame Menschen für immer zu eliminieren. Dostojewskij hat vor allem diesem Pjotr Werchowenskij Züge des erwähnten historischen Anarchisten Netschajew verliehen. Zum Kreis dieser geheimen Aktionszelle gehören andere Unzufriedene, etwa Liputin, ein vom Ressentiment gejagter Beamter, der immer zu kurz und zu spät kommt mit seinen eigenen Ideen und Lösungen, weil er die stärkeren und rücksichtslosen Mitglieder der Gruppe zu sehr bewundert. Dann ist Schigaljow da, ein kaltblütiger politischer Intellektueller, der einer neuen Diktatur das Wort redet, die künftig aus einer kleinen Herrenklasse und riesigen Massen von arbeitenden Sklaven bestehen soll. Grandios gezeichnet ist auch der vielleicht rätselhafteste unter diesen Revolutionären, der Ingenieur Kirillow, der unentwegt von der Freiheit redet, sich das Leben zu nehmen, und in diesem Akt die höchste Leistung eines selbstbewussten Individuums sehen will. Eine Weile gehört auch Iwan Pawlowitsch Schatow zu diesem Kreis. Dostojewskij gibt diesem Schatow nicht nur die Rolle des ermordeten historischen Iwanow, sondern aus seinem Mund kommen immer mehr auch slawophile dostojewskijsche Ansichten über die Rolle des russischen Volkes in der Geschichte der Menschheit. In diesem neunhundertseitigen Roman blüht geradezu alles auf, was an Träumen, Visionen und Hirngespinsten über eine bessere Zukunft für das absolutistisch regierte zaristische Russland der Sechziger- und Siebzigerjahre in Umlauf ist. Wir hören diese Unzufriedenen jammern, klagen, toben, geifern, hetzen, anschwärzen, anlügen, ihre Zeitgenossen beleidigen und verleumden. Wir werden aber ebenso mit den hilflosen Träumen, dem falschen Optimismus und der naiven Gutgläubigkeit der Liberalen konfrontiert. Auch die Verzweiflung der Erniedrigten, Geschundenen, Ausgebeuteten findet hier ihre Stimme, zumal jene von Frauen, und da und dort leuchtet sogar die utopische Erwartung eines Russlands auf, das von den christlichen Ideen und den moralischen Grundwerten der einfachen Leute, das heißt des russischen Volkes, geprägt sein könnte. *Böse Geister* ist ein Zeitbild von hoher Genauigkeit bezüglich all jener Kräfte, die im Kampf mit- und gegeneinander um die Zukunft dieses Landes ringen. Die Intellektuellen, deren Eitelkeit, Blindheit und Fanatismus Dostojewskij schildert, sind nur die eine und vielleicht die tragischste Ausformung russischer Selbstzerstörung, die beim Patrioten Dostojewskij zu jener Zeit so viel Unbehagen auslöste.

Was Dostojewskij in diesem Roman jedoch klarer als alle anderen Gesellschaftsanalytiker seiner Zeit und danach gesehen und geschildert hat, ist die Tatsache, dass utopische Visionen und politische Träume, der Glaube an die Revolution für eine bessere Zukunft der Gesellschaft, aber auch ein gemeinsamer Hass auf die herrschenden Mächte und Verhältnisse niemals die Basis für gegenseitige Freundschaft und gegenseitiges Vertrauen sein können. Man kann gemeinsame Überzeugungen und Ziele teilen, man kann in Verachtung und Ablehnung der gegenwärtigen Gesellschaft geeint sein, man kann die Taktik von anderen willkommen heißen, dass zuerst die alte Welt kurz und klein geschlagen werden muss, damit eine neue entstehen kann: Aus all diesen Voraussetzungen kann niemals Freundschaft und eine auf Achtung und Liebe fundierte Beziehung unter Menschen erwachsen. Diese Revolutionäre lieben vielleicht ihre eigenen Ideen, sie lieben es auch zu sehen, wie die Welt ihrer Zeitgenossen mit Bomben in Schutt und Asche gelegt wird.

Aber sie lieben nur ihre eigenen Visionen, ihre eigenen Einfälle, sie sind fasziniert von einer zerstörerischen Kraft, mit der sie unbarmherzig alles bisher Geltende ausmerzen möchten. Schigaljow fasst einmal im Gespräch mit Pjotr Werchowenskij das Aktionsprogramm dieser revolutionären Zellen zusammen: «Jede der aktiven Gruppen habe die Aufgabe, durch Proselytenmacherei sich ins Unendliche zu verzweigen, durch systematische Demaskierung und Propaganda das Ansehen der regionalen Behörden fortlaufend zu untergraben, Unsicherheit in den Wohnorten zu schüren, Zynismus und Skandale zu verbreiten, allgemeinen Unglauben zu säen, die Sehnsucht nach Besserem zu wecken und schließlich durch das vornehmlich volkstümliche Mittel der Brandstiftungen das Land im vorgeschriebenen Augenblick nach Bedarf in Verzweiflung zu stürzen.» Mit einem solchen Programm zettelt man vielleicht eine Revolution an, bindet die Menschen aber nicht aneinander. Und Pjotr sagt an einer anderen Stelle auf die Frage, wozu denn so viele Morde, Skandale und Gemeinheiten dienen sollten: «Zum Zweck der systematischen Erschütterung der Fundamente, der systematischen Zersetzung der Gesellschaft und ihrer sämtlichen Prinzipien; zum Zweck der allgemeinen Entmutigung, der Verwirrung aller Begriffe, um auf diese Weise die zermürbte und erschlaffte, die zynische und ungläubige, aber nach einer leitenden Idee und Selbsterhaltung unstillbar dürstende Gesellschaft plötzlich in die Gewalt zu bekommen und das Banner der Revolte zu hissen, mit der Unterstützung eines ganzen Netzes von Fünfergruppen, die inzwischen agiert, geworben und praktisch sämtliche schwache Stellen als Ansatzpunkte aufgespürt haben.» Von einer Brandstiftungsaktion kommt Schatow kurz vor seiner Ermordung zu seiner Frau zurück und sagt in wilder Verzweiflung: «Das ist es nicht, das ist es nicht, das ist ganz und gar nicht das Richtige!»

Am Schluss des Romans sind die führenden Köpfe dieser tollen Intellektuellentruppe entweder tot, im Gefängnis oder machen sich aus dem Staub: Stawrogin erhängt sich, Kirillow erschießt sich, Schatow wird von den eigenen Gesinnungsgenossen ermordet, Schigaljow wird verhaftet, Pjotr setzt sich nach Sankt Petersburg ab. Die weiteren Mitglieder der Gruppe landen ebenfalls im Gefängnis, nachdem Ljamschin, ein ängstlicher Beamter, ihre Mitgliedschaft in einer konspirativen Zelle der Polizei verrät. Auffallend ist: Keiner dieser deklarierten Menschheitsbeglücker setzt sich für den anderen ein, und die Frage, wer für die zahlreichen begangenen Verbrechen eigentlich die Verantwortung trage, wird zwischen den führenden Köpfen hin und her geschoben und bleibt seltsam offen. Es gab hier nicht einen bösen Geist am Werk, es gab mehrere davon. Sie alle predigten die bessere Welt und kümmerten sich um nichts als um ihre Idee, wie jene schnellstens zu erreichen sei. Aber böse Geister lieben sich nicht, sondern benützen einander. Gerät einer von ihnen in Schwierigkeiten, werden sie einander gleichgültig. Unter widrigen Umständen hassen sie einander sogar, in Notlagen liefern sie ihre Gesinnungsgenossen rücksichtslos ihren Feinden aus oder bringen sie selbst um. So sieht für Dostojewskij die Ideen-Freundschaft unter Intellektuellen aus!

Ich kenne kein anderes Werk, in welchem radikaler zum Ausdruck kommt, dass es Freundschaft nur gibt, wo man den einzelnen Menschen mehr liebt als alle Ideen der Welt, so edel und heroisch diese immer sein mögen. Eine Idee lieben kann auch ein Zyniker, ein Egoist und ein Verbrecher. In der fanatischen Verfolgung von Ideen finden Gleichgesinnte leicht zusammen, aber es sind falsche Freunde. Wahre Freunde lieben einen Menschen, sogar trotz der Gedanken und der Träume, welche diesen beherrschen.

Die Fallen der Freundschaft

Liest man, was Philosophen und Menschenkenner über Freundschaft zu sagen hatten, entdeckt man bald einmal, dass im Grunde alle dasselbe tun: Alle stimmen sie einen großen Lobgesang über die Segnungen der Freundschaft an. Über gelingende Freundschaft lässt sich vernünftigerweise nichts Negatives und Abträgliches sagen. Denn sie macht die Beteiligten nur glücklich und zufrieden. Was man bedauern kann, ist allein ein Leben, das ohne die Erfahrung der Freundschaft unerfüllt vor sich hin fließt. Der Mangel an Freunden wird oft als schweres, gar unverdientes Schicksal beklagt. Doch über erlebte Freundschaft sauertöpfisch zu mäkeln und Trauerlieder anzustimmen, vermöchte nur ein unverbesserlicher Menschenhasser.

Dass es eine Sprache der Liebe gibt, eine Grammatik der Sehnsucht, eine Semantik des Begehrens, einen von Verliebten abrufbaren Bildervorrat und ein ziemlich fixes Vorstellungsrepertoire aller von Amors Pfeilen Getroffenen: das haben uns Linguisten, Metaphernforscher, Psychologen und sogar Theologen alter und neuer Zeit immer wieder vor Augen geführt. Aber gibt es eine ebenso klar abgrenzbare und spezifisch erkennbare Sprache der Freundschaft? Gewiss: die Wirkungen und Wohltaten der Freundschaft kann man sprachlich erfassen. Man kann das Hymnische, das Freunde oft gerade Dritten gegenüber zum Beweis ihrer Freundschaft verlauten lassen, womöglich auch als eine Art Sprach-Code der Freundschaft begreifen. Man kann ebenso die wohltätigen Wirkungen der Freundschaft sprachlich auseinanderfalten. Wie sollte das Glück der Freundschaft seinen

Ausdruck nicht in Lobpreisungen und Herzensergießungen, in Überzeugungen und Erwartungen der seelenstärkenden Art finden? Wovon das Herz voll ist, geht der Mund über – gerade auch wenn das Herz voller Freundschaftsgefühle ist! Gab es nicht Zeiten, in welchen man sogar die Gottesfrömmigkeit als eine Seelenfreundschaft zwischen einem Menschen und einem himmlischen Wesen betrachtete? Für manchen Barockdichter war die Menschenseele nichts anderes als die Gottesfreundin – es klang dies trotz auch so noch erkennbarer erotischer Anspielung für die Prüden etwas weniger anrüchig, als wenn man die Seele direkt als Gottes Bettgespielin und Lagergenossin bezeichnete. Bereits daran erkennt man, dass die Sprache der Freundschaft eine stark aus dem Liebesrepertoire geborgte und entlehnte Sprache ist. Freundschaftslyrik kann pathetisch bekennend oder schüchtern verschwiegen sein – wie die Liebeslyrik. Sie blättert manchmal eine reiche Gefühlspalette vor unseren Augen aus, oft aber tut sie das Gegenteil und verschließt, verschränkt, verdrängt und versteckt die Gefühle, als müsste sie von diesen das Licht des Tages und jenes der Vernunft ablenken. Freundschaft ist ein kostbares und für manche gar ein heiliges Gut. Man gibt sie nicht arglos und billig auf dem Markt der Gefühle preis, denn man kennt auch unbefugten und verräterischen Umgang mit Freundschaft. Darum sinnt ein wahrer Freund auf Wege und Mittel, seine Freundschaft vor Profanierung, vor Verniedlichung und vor Einebnung zu etwas Alltäglichem und Banalem zu schützen.

Doch man ahnt auch, dass es «Fallen der Freundschaft» geben könnte. Darunter kann man jene Situationen verstehen, in welchen jemand etwas für Freundschaft hält, obwohl es sich im Grunde gar nicht um Freundschaft handelt. Wir haben es allenfalls mit einem Wunschtraum, einer Illusion, einer Maske von Freundschaft zu tun. Hier möchte ich einige solcher Freundschaftsfallen zur Sprache bringen.

Die erste Falle nenne ich die «Freundlichkeitsfalle». Freundlichkeit ist noch keine Freundschaft, wenn vielleicht auch eine Vorstufe dazu. Für die Menschheit ist Freundlichkeit ein Segen, für das Lebensgefühl das tägliche Glückserlebnis. Nicht ertragbar wäre eine Welt, in welcher man am Morgen erwachen und weit und breit keiner Freundlichkeit begegnen würde. Freundlichkeit hat viele Namen. Wohlwollende Aufmerksamkeit, Sympathie, Entgegenkommen, Zuvorkommenheit. Man kann ihr auch als Mitgefühl, als Liebenswürdigkeit, als Höflichkeit und als Takt begegnen. Freundlichkeit vergewissert jeden von uns, nicht von übelwollenden Bösewichtern umzingelt zu sein. Wenn ich morgens auf dem Weg zu meiner Arbeit von lauter missgünstigen Neidern, rachedurstigen Konkurrenten und hinterlistigen Egoisten umzingelt wäre, würde ich doch besser zu Hause bleiben. Freundlichkeit muss nicht in übertriebener Herzlichkeit daherkommen oder gar in beflissenem Mitgefühl. Es genügt, wenn man spürt, dass man sich in einer von Anstand und Respekt geprägten Welt bewegt. Meine Lieblingsvorstellung von Freundlichkeit ist Takt. Takt heißt Wohlwollen, verbunden mit Diskretion. Er lässt keine Überrumpelungen durch Mitmenschlichkeit zu, er erfordert schonenden Umgang mit Befindlichkeiten und Eigentümlichkeiten eines jeden. Ein taktvoller Mensch ist das Beste, was einem begegnen kann: als Nachbarin, als Verwandte, sogar als Freundin und vermutlich sogar als Ehefrau. Takt ist Wahrnehmungssensibilität für Grenzen, die man nicht überschreiten möchte. Er ist ein Vorgefühl für Verletzungen, die dem anderen erspart bleiben sollen. Takt hat viel mit diskreter Zärtlichkeit zu tun, die nur atmosphärisch greifbar ist, jedoch die heilsamsten Wirkungen verbreitet. Im Englischen heißt Freundlichkeit auch «kindness» – was ursprünglich die Bedeutung von «verwandt» hatte, im Lauf der Zeit aber immer weniger für die Verwandtschaft Verwendung fand, sondern für Menschen, denen man in großzügiger Gesinnung, mit Sympathie und Wohlwollen begegnen wollte. Wer mit dem anderen taktvoll umgeht, verströmt für ihn ein Glücksgefühl gleichsam unter der Schwelle des Bewusstseins. Das ist Diskretion in höchster Vollendung!

Aber man täusche sich nicht: Es gibt Tausende von eingefleischten Egoisten, die sich im Mantel der Freundlichkeit durch die Welt bewegen. Freundlichkeit kann die schonendste und ökonomischste Art sein, die Eigeninteressen zu verteidigen, ohne dabei in anstrengende Abwehrhaltungen zu geraten. Freundlichkeit ist die Tarnkappe der Individualisten, ihre wirksamste Waffe, oft gerade von egozentrischen Heuchlern meisterhaft gehandhabt. Warum soll man sich mit der Welt anlegen? Zeig ihr dein freundliches Gesicht, und die Welt lächelt ebenso freundlich zurück! Ich kenne Freundlichkeitspraktiker der hohen Schule, die sich für eine Freundschaft als vollkommen untauglich entpuppten. Denn Freundschaft ohne wirklich gewollte und gesuchte Gegenseitigkeit, ohne das Wagnis und das Risiko im Umgang mit dem anderen gibt es nicht. Freundlichkeit jedoch verträgt sich wunderbar mit Egozentrik und Eigennutz. Darum kann sie eine Falle sein. Alle Zeichen deuten auf Wohlwollen und Sympathie. Und man täuscht sich nicht einmal – es ist weder Verstellung noch Lüge im Spiel. Dennoch sehe man sich vor. Egoisten strömen über von Freundlichkeit, damit sie sich umso ungehinderter um sich selbst kümmern können.

Die zweite Freundschafsfalle ist das, was man die «Kultfalle» nennen könnte. Weit aus der Antike wehte im 18. Jahrhundert ein starker Geist der Utopie «Freundschaft» durch die europäischen Länder. Was ursprünglich eine Ethik und

Klugheitslehre war, wird nun – beflügelt vom Geist der Aufklärung und getragen von einer kosmoplitischen Idee – zur Vision einer neuen Gesellschaft. Nicht schöner kann man es fassen, als es Friedrich Schiller in seiner Ode *An die Freude* tat. Wie lauten die Freundschaftsformeln für die jetzt anbrechenden Zeiten? «Alle Menschen werden Brüder» oder «Seid umschlungen, Millionen» oder gar «Wem der große Wurf gelungen, eines Freundes Freund zu sein!». Unter Menschenfreunden schmelzen die sozialen Unterschiede, die Herkommensdifferenzen, die konfessionellen Trennungen und die geschlechtlichen Barrieren allesamt wie junger Schnee an der Frühlingssonne dahin. Man baut Freundschaftstempel, legt Freundschaftsgärten an und gibt sich der schönen Hoffnung hin, dass in einer von Tugend und Bürgersinn geprägten Gesellschaft alle gehässigen, neidischen, kriegerischen und bösartigen Töne aus der Welt verschwinden werden. In der moralischen Wochenschrift *Der Menschenfreund*, die zwischen 1737 und 1739 in Hamburg erscheint, sagt einer dieser Freundschaftsapostel im Brustton voller Überzeugung: «Ein Menschenfreund hat ein redliches Herz, einen vernünftigen Endzweck und eine ungeschminkte Zuneigung zu seinen Mitbürgern. Er ist ein Freund der Tugend, deren Glückseligkeit er auszubreiten sucht. Er ist gerecht, leutselig, bescheiden, und all seine Unternehmungen zeugen von einem Triebe, der die Menschlichkeit angenehm macht.» Mit geradezu religiöser Inbrunst wird öffentlich-bürgerliche Gefühlsseligkeit und «moralische Zärtlichkeit» voneinander verlangt. Dieser inflatorische Umgang mit dem Wort Freund führt dazu, dass man in jedem Zeitgenossen nur noch ein «Genie der Tugend» vermutet. Den Freund im Mitmenschen zu erkennen soll eine Garantie dafür abgeben, dass man «dienstfertig, uneigennützig, brauchbar, großmütig, sorgfältig, behutsam, kurz: recht menschlich» miteinander umgeht. Diese weltweit um sich greifende Freundschaft soll uns bewahren vor Zwietracht, zänkischer Streitlust und allen anderen schlechten Eigenschaften, die tief in jedem Einzelnen verborgen liegen und auf einen Ausbruch lauern.

Die kritischen Philosophen haben bald einmal erkannt, wie leicht man mit dem Freundschaftsgedanken Unfug treiben und in Gefühlsduselei verfallen kann. Der große Königsberger zumal erkannte, dass Menschen nicht nur freundschaftliche Neigungen zueinander haben, sondern vor allem gegenseitige Pflichten, die auch in der besten aller möglichen Welten gebraucht werden. Kant grenzte in seiner *Metaphysik der Sitten* die moralische Zuständigkeit von Freundschaft, zumal wenn diese die Glückseligkeit als Ziel anpeile, vorsichtig ein und formulierte dies in seiner umständlich glasklaren Art wie folgt: «Die Freundschaft kann also nicht eine auf wechselseitigen Vorteil abgezweckte Verbindung, sondern diese muss rein moralisch sein, und der Beistand, auf den jeder von beiden von dem anderen im Falle der Not rechnen darf, muss nicht als Zweck und Bestimmungsgrund zu derselben – dadurch würde er die Achtung des anderen Teils verlieren –, sondern kann nur als äußere Bezeichnung des inneren herzlich gemeinten Wohlwollens, ohne es doch auf die Probe, die immer gefährlich ist, ankommen zu lassen, gemeint sein ...» Der Philosoph wollte also nicht die Freundschaft zum entscheidenden Drehpunkt der Moral hochstilisieren, sondern die Pflichten auch Freunden gegenüber in nichts anderem als im moralischen Gewissen des freien Individuums verankern. Schiller, der von Freundschaft viel verstand und den Widerspruch zwischen Pflichten und Neigungen so nicht stehen lassen wollte, spottete über diesen kantischen Rigorismus in seinen mit Goethe verfassten *Xenien* und schrieb unter dem Titel «Gewissensskrupel»: «Gerne dien ich den Freunden, doch tu ich es leider mit Neigung, / Und so wurmt es mir oft, dass ich nicht tugendhaft bin.» Und im kurz darauf folgenden «Decisum» schreibt er: «Da ist kein anderer Rat, du musst suchen, sie zu verachten, / Und mit Abscheu alsdann tun, wie die Pflicht dir gebeut.» Schiller wusste, dass die feinsäuberliche Trennung von Pflicht und Neigung gerade im Zeichen der Freundschaft eine künstliche und spitzfindige Begriffstäuschung ist.

Was uns an jener Epoche verwundert, in welcher der Freundschaftsgedanke so hohe Wellen schlug, ist die blauäugige, gefühlsselige Irrlehre, man könne die Welt befrieden, wenn man in jedem Menschen nichts als seinen Freund erkenne. Die schärfsten Kritiker dieser Freundschaftseuphorie hatten einen Einwand bereit, der im Leben jedes Einzelnen überprüfbar war. Er lautete: Wer alle Menschen sich zum Freund macht, missachtet am meisten seine wirklichen Freunde. Wenn jeder Mensch dein Freund sein soll, wirst du bald keinen mehr haben! So schien es den Nachdenklichen wieder notwendig und vernünftig, vom Wort Freund künftighin wieder weit sparsameren Gebrauch zu machen.

Meine dritte Freundschaftsfalle nenne ich die «Seilschaftsfalle». Man sollte nicht so tun, als interessierten uns nur Freunde. Die Konkurrenten beispielsweise beschäftigen uns oft weit mehr als unsere Freunde. Vielleicht ist es meistens sogar leichter und erfrischender, sich mit Gegnern zu messen als mit Freunden. Wir spüren häufig das Bedürfnis, unsere Tauglichkeit auf die Probe zu stellen, und so lassen wir uns auf allerlei Beziehungen und Lockungen ein. Bin ich der Stärkere, Gewinnendere, zu Bevorzugende, oder ist es noch der andere? Aus solchem beruflichen und auch nur freizeitlichen Messverhalten entsteht oft eine ganz seltsame Art von Verbundenheit, die bald einmal auch unter dem Namen der Freundschaft einhersegelt, im Grunde aber nichts als eine Seilschaft von Kollegen, Kumpanen, Vereinsmitgliedern oder anderen Arten von «Spezis» ist. Ich bin weit davon entfernt, gemeinsame Berufsinteressen und Solidaritätsgefühle für Kameraden, Kollegen und Klubgenossen grundsätzlich gering zu schätzen. Es gibt mehr Männer, als man vermutet, die solche Kerle, wie sie es selbst zu sein glauben, als ihr Umfeld brauchen, um sich in der Welt wohlzufühlen. Wenn jemand aber dafür gleich die Freundschaft als Einigungsband aufbietet, missversteht er sich und die anderen gewaltig. Das Tragische solcher Seilschafts- und Bandensolidarität zeigt sich immer dann, wenn jemand aus einem solchen Gruppenzwang heraus bereit ist, einem bisher nahestehenden Menschen gegenüber die Treue zu brechen und diesen fallen zu lassen, nur weil sich jemand vor einem Kollektiv zur «Persona non grata» gemacht hat. Aufgrund von vermeintlichen Verpflichtungen, mangelnder Courage, kollektivem Druck, kurzum: wegen schlechten Seilschaften, zerbrechen oft gerade enge und vertraute menschliche Beziehungen. Höchst selten aber erwächst eine wirkliche Freundschaft aus einer Seilschaft. Man kann nur den Kopf darüber schütteln, wie Feigheit aufzublühen beginnt im Augenblick, wo jemand gegen einen solchen Gruppendruck für eine in Misskredit geratene Person einstehen sollte. Seilschaften des Schweigens sind dabei oft noch schlimmer als solche gemeinsamen Einstehens und Verurteilens. Eine Seilschaft tritt zwar ans Tageslicht in der Maske der Freundschaft, aber es ist die Fratze der Feigheit, die sich darunter verbirgt. Aus Kameraderie und Geselligkeit der fröhlichen Art, diesen Feuchtgebieten der Brüderlichkeit, entsteigen oft die giftigsten Attacken auf Menschen, die einem bisher alles andere als gleichgültig waren. Seilschaften sind in moralischer Betrachtung bodenlose Sümpfe, in welche man versinkt, ehe man sich der eigenen Lage bewusst geworden ist.

Bevor ich einen sogenannten Herrenklub betrete, verrichte ich sicherheitshalber immer ein Stoßgebet: Herr, bewahre mich vor anstehenden Seilschaften!

Wir verlassen damit dieses moralisch eher ungemütliche Gelände und kommen zu einer vierten Freundschaftsfalle, die weit weniger anrüchig ist und die ich als die «Montaigne-Falle» bezeichne. Es wird sich herumgesprochen haben, dass Michel de Montaigne einer der wunderbarsten Freundschaftsdenker in der Geschichte der Menschheit gewesen ist. Montaigne ist der Entdecker jener Freundschaft, die anders ist als alle anderen menschlichen Bindungen und Beziehungen und die deshalb für Montaigne nur zu einem einzigen anderen Menschen möglich ist. Eine solche außerordentliche, priviligierte, unvergleichliche Freundschaft, die weit mehr ist als das angeborene freundschaftliche Verhalten, wie es sich etwa zwischen Kindern und Eltern, zwischen Ehepartnern, zwischen gleich gesinnten Berufskollegen, zwischen Jagdfreunden und Reisegenossen einstellen mag, gibt es nur im Singular. Solche Freundschaft ist exklusiv und schicksalhaft, ein unverdienter Glücksfall in der Lebensgeschichte eines Menschen. Sie ist für Montaigne die absolute Vollendung dessen, was Menschen einander sein und miteinander unternehmen können. Diese perfekte Freundschaft umgreift Kopf und Herz, ja sie reicht bis in die Eingeweide hinein und sorgt für eine tägliche Freude und Lebenszuversicht, wie sie nicht einmal eine Ehe – für Montaigne ohnehin nichts als ein Vertrag und ein Handel zur Sicherstellung von Nachkommenschaft – zu bieten vermag. Was liegt dieser Verklärung einer einzigen, alle anderen Beziehungen überstrahlenden Freundschaft zugrunde?

Montaigne lernt 1558 als junger Mann Etienne de la Boétie kennen, einen Gelehrten, der ihn ins Vertrauen schließt und ihm seine innersten Gedanken, Beweggründe, Seelenregungen offenbart. Dieser Freund stirbt leider fünf Jahre später, Montaigne fühlt sich verpflichtet, die Werke seines einzigartigen Freundes der Öffentlichkeit bekannt zu machen. Er setzt sich für ihn ein, nimmt bestimmte Schriften von la Boétie sogar in die Publikation eigener Werke auf und wird später, in seinen *Essais* und in verschiedenen Briefen, immer wieder auf diese Freundschaft zurückkommen. Aus der Entfernung heraus wird Montaigne bis in seine Altersjahre hinein, wenn er sich von öffentlichen Ämtern zurückgezogen hat und in seiner Bibliothek im Turm seines Schlosses Ruhe und Muße sucht, immer wieder über diese Freundschaft schreiben. Es ist der Versuch, die Willensimpulse eines Verstorbenen weit über das Grab hinaus fortzusetzen. Montaigne redet von einer Seele in zwei Körpern, von vollständiger Verschmelzung der Lebensabsichten, von «meinem anderen Ich». Montaigne glaubt, durch seinen Einsatz für die Schriften des Freundes diesem selbst das Leben unter seinen Zeitgenossen in anderer Weise zurückzuerstatten. «Unsere Seelen sind so einstimmig miteinander am Joche gegangen, haben sich mit so warmer Zuneigung betrachtet, sich einander diese gegenseitige gleiche Zuneigung bis auf den tiefsten Grund ihres Innern schauen lassen – sodass ich nicht nur seine kenne wie meine eigene, sondern ich hätte mich, in Ansehung meiner, gewiss lieber ihm vertraut als mir selbst.» Hier werden zwei Menschen im innersten Dialog miteinander beschrieben. «Er sah für mich, ich sah für ihn.» Wenn Montaigne über sich nachdenkt, denkt er gleichzeitig über seinen Freund nach, er kann gar nicht anders. La Boétie hatte dafür die lateinische Formel geprägt: «Experiamur uterque – Erleben wir es beide!» Dieses miteinander Denken und ineinander Hineinblicken zweier Freunde, von denen nur noch der eine lebt, wurde oft als Phänomen innigster Freundschaft beschrieben, am schönsten wohl von Jean Starobinski in seiner Monografie über Montaigne. Wir brauchen es hier nicht weniger gut zu wiederholen.

Worin aber besteht die Montaigne-Falle? Man hat nicht zu Unrecht bemerkt, dass diese Hypostasierung der einen, zwar immer beschworenen, aber ebenso sicher verlorenen Freundschaft, bei Montaigne nicht nur zu einer seltsam melancholischen Lebenshaltung führe, sondern ebenso sicher den geraden Weg in die Einsamkeit vorspure. Wo ein Toter derartig verehrt und über alles gepriesen wird, ist kein Platz mehr frei für einen lebenden Menschen. Die absolute Verehrung eines verstorbenen Freundes verhindert das Erscheinen und Sichtbarwerden eines neuen. Montaigne zieht sich, nicht schmollend und enttäuscht, aber doch vereinsamt und traurig über den ihm fehlenden Gesprächs- und Austauschpartner in seinen Bücherturm zurück und vergräbt sich in die Schriften der alten Römer. Ist dies ein Schutzverhalten des Individuums, das genug hat von der Welt? Ist es Altersweisheit, die müde geworden ist vom ewigen Werben um Gunst und Anerkennung? Wir brauchen es nicht zu entscheiden. Wer aber einen toten Freund zum einzig wahren Freund kürt, sitzt in der Montaigne-Falle und umhüllt sich mit dem Mantel der Einsamkeit.

Und damit genug der Fallen, obwohl ein subtiler Seelenforscher leicht eine weit größere Anzahl solcher Tappfallen entdecken könnte, wo immer jemand allzu freundschaftsbeflügelt durchs Leben streift. Einmal fragte ich einen alten Mönch, ob nicht auch ein Kloster eine Freundschaftsfalle sein könne. Er erklärte es für mich so: «Mitbrüder sind keine Freunde. Sie sind Berufs- oder vielleicht genauer: Berufungskollegen. Ins Kloster geht man, um die Einsamkeit Gottes kennenzulernen, nicht um Freundschaften mit Menschen zu schließen. Die Regeln eines Klosters wollen nicht in erster Linie Menschen aneinanderrücken, die es leicht miteinander haben sollen. Man lernt sein Kreuz zu tragen im Angesicht der Mitbrüder! Es kann ja sein, dass jemand, den du nicht ausstehen kannst, dein unmittelbarer Nachbar ist, im Chorgebet und am Tisch im Refektorium. Da kommt dir das Schweigegebot beim Essen als eine Wohltat Gottes vor. Im Kloster rückt man nach, und so korrigiert ab und zu eine Wahl zum Vorgesetzten oder der Tod eines Mitbruders die unerwünschte Nachbarschaft. Greift Gottes Vorsehung nicht ein, bleibst du jahrelang an der Seite von jemandem, den du am liebsten weder sehen noch hören möchtest. Manchmal kommt es mir so vor, als seien wir Mönche verpflichtet, mit ungeliebten Verwandten zusammenzuleben. Vielleicht will Gott dich ja auch prüfen, wenn er dich neben jemanden setzt, der dir nicht passt. Doch es gibt auch andere Erfahrungen. Mitbrüder können ein Geschenk und eine Wohltat sein. Wir Mönche sind ja nicht als Eremiten geboren, sonst sollten wir nicht in eine Klostergemeinschaft eintreten. Die Mitbrüder sind mir manchmal ein Wärmespender gegen die kalten Zumutungen der Gelübde. Es geht im Kloster oft heiter und warmherzig zu. Man hat auch hier Freude an Gottes Geschöpfen, und die Mitbrüder zählen auch zu diesen. – Nein, eine Freundschaftsfalle ist ein Kloster nicht. Es wäre erst dann eine, wenn ich einen Mitbruder mehr als Gott lieben würde. Doch dafür ist ein Kloster nicht der geeignete Ort! Merke dir also: Das Klosterleben ist kein Exerzierplatz für Freundschaft. Ein frommer Mönch kennt andere Fallen, aber keine Freundschaftsfallen!»

Die Freundschaft und die Musik

Was Freundschaft ist, kann man nicht nur überprüfend erfahren, indem man große Texte über Freundschaft liest. Der Wunschvorstellung gelingender Freundschaft kommt vielleicht am nächsten, wer gar nicht liest, sondern Musik hört. Ja, es gibt Musik, die man geradezu als den Echoraum von Freundschaft bezeichnen könnte. Ich meine damit gewiss nicht, dass jedes Duett, in welchem zwei Stimmen sich harmonisch zueinander verhalten, immer Freundschaft oder gar Liebe abbildet. Vielleicht ist Freundschaft musikalisch nicht einmal dort am direktesten realisiert, wo sie explizit besungen wird: etwa in Mozarts *Zauberflöte* oder in Verdis *Don Carlos.* Nein, ich denke, dass es für das äußere und das innere aufeinander Ein- und Ausgerichtetsein, für die Disposition und Bereitschaft, ja für den Urwillen zur Freundschaft keine direktere Erfahrung gibt, als wenn zwei oder auch mehrere unterschiedliche Instrumente oder Stimmen miteinander in einen musikalischen Dialog treten. Von Goethe ist zum Wesen des Streichquartetts das Wort überliefert, dieses käme ihm vor, als höre er «vier vernünftige Leute sich miteinander unterhalten». Es gibt Musik, in welcher man nicht nur der Vernunft der Unterhaltung, sondern dem echtesten gegenseitigen Wohlwollen der Beteiligten beiwohnen darf.

Sogar über die Entstehungsgeschichte von Meisterwerken weiß man oft sehr wenig. Bei Johann Sebastian Bachs *Konzert in d-Moll für zwei Violinen und Orchester (BWV 1043)* setzt man aufgrund des überlieferten Notenmaterials die Entstehungszeit meistens um 1730 an, in der Zeit, als Bach die Leitung des sogenannten «Collegium musicum» in Leipzig übernahm. Es gibt Experten, welche – die Werkstruktur betrachtend – zur Ansicht kamen, dass wir es ursprünglich mit einer nicht erhaltenen Triosonate bei diesem als Doppelkonzert für zwei Violinen bezeichneten Werk zu tun haben könnten, wie sie Bach in seiner Köthener-Zeit um 1719 komponierte. Später hat Bach auch dieses Werk noch einmal umgearbeitet zu einem Konzert für zwei Cembali und Orchester (BWV 1062). Was ihm besonders gut gefiel, hat er oft umgeschrieben und wieder verwendet. Heute ist das Werk in der Fassung für zwei Violinen und Streichorchester eines der bekanntesten und berührendsten Konzerte, in welchem das Prinzip harmonischer Gegenseitigkeit vielleicht seinen reinsten Ausdruck findet.

Er fängt beherzt an, mutig ein Thema vorgebend, bei dem man gleich spürt, dass es nach einer zweiten Stimme ruft. Diese setzt dann auch gleich im Orchester ein, das Thema wird später auch noch in der Continuostimme aufgegriffen. Dann ist die erste Solostimme da. Sie scheint zu rufen: Komm, mach dich mit mir auf den Weg, wir haben etwas Mutiges vor, lass es uns gemeinsam anpacken. Die erste Stimme macht sich aber nicht auf und davon, sondern scheint zurückzublicken und der zweiten zuzurufen: Nur Mut, lass dich ein auf das Spiel, ich mach es dir vor, mach es mir nach! Und die zweite Stimme tut es, nicht ängstlich kopierend, sondern aus anderer Lage, einmal höher, einmal tiefer. Bald holen sich die beiden Stimmen ein, laufen fröhlich parallel nebeneinander, einmal im Terzenabstand, einmal im Sextenabstand. Da schnellt eine wieder zur Seite, nimmt einen Nebenweg, und die andere findet gleich die Schleife, um zu bedeuten: So kommst du mir nicht davon! Ich hole dich gleich wieder ein. Manchmal gar scheint eine der anderen zu sagen: Das kann ich besser als du! Ich will höher hinaus, frecher sein, mehr wagen. Die andere aber antwortet: Warte nur, ich hab da noch etwas versteckt, lass es mich einmal in den Raum werfen! Wie schön das ist, scheint die erste zu sagen, ich probiere es auch. Man probt und wagt, lockt einander und flirtet miteinander, wetteifert und misst sich aneinander. Die eine Stimme sagt der anderen: Turne du ruhig, mach deine Sprünge und Kapriolen, ich bleibe am Boden und breite die Harmonien so aus, dass du nicht ins Leere fällst. Und so erhebt man sich im Wechselspiel übereinander, ohne sich dabei voneinander zu entfernen, und die zwei Stimmen finden sich am Ende des Satzes auch genau dort ein, wo beide hinwollten. – Im folgenden «Largo ma non tanto» mit einem Schaukelrhythmus alla siciliana im Zwölfachteltakt erleben wir so etwas wie Einvernehmen pur! Man könnte sagen, dass die eine Stimme der anderen aus einem Gefühl der absoluten Ähnlichkeit heraus sekundiert. Dabei kommt es zu Wirkungen seliger Übereinstimmung und nie geahnten Gleichmuts. Doch nicht als ein gegenseitiger Kopiervorgang, sondern als eine Art gemeinsamen Paktes und Vorhabens. Jede Stimme gibt der anderen immer wieder eine Vorlage, gleichsam um ihr zu sagen: Ich weiß, du spielst dies noch anders als ich, schöner, inniger, unwiderstehlicher, als ich es dir gerade vormache. Das Orchester bildet dabei so etwas wie den Erwartungshorizont für diese Entfaltung von Fähigkeiten, die für eine einzige Stimme zu viel wäre und die man nur zu zweit zustande bringt. So geht es zu: Ruf mich, ich antworte. Eile mir davon und warte wieder auf mich. Lass mich vorausgehen, lass mich nachhinken, ich spüre: Du weißt dich so zu benehmen, dass wir uns nie trennen, nie verlieren, immer aufeinander angewiesen bleiben und zueinander finden. Es gibt in diesem Satz die schmeichelnd verführerischen Passagen, aber ebenso die besinnlichen, die zum Sinnieren verleiten und ein Gefühl dankbarer Zufriedenheit hervorrufen. Muss

Bach nicht ein glücklicher Mensch gewesen sein, als er diesen Satz für zwei Soloinstrumente schrieb, die man sich enger miteinander verwandt und vertrauter nicht denken kann? Es ist, als sei man, solange der Satz dauert, geradezu in einem Paradies des Gleichgewichts und des gegenseitigen Zueinanderwollens. So rücksichtsvoll sich entfernen, so zart sich wieder annähern, könnte man dies im Leben doch so vollkommen wie in dieser Musik! – Dann der Schlusssatz. Ein Rennen anscheinend, als eng geführter Kanon, eine Verfolgungsjagd als heiteres Spiel. Du erwischst mich nicht! Ich versteck mich, bitte such mich! Ha, jetzt hast du mich überholt, jetzt aber bin ich dir auf der Spur und hole dich ein. Ein Laufen und Springen, ein sich Überschlagen und Drehen, ein Wirbeln mit hochpräzisen Landungen, und auf einmal so etwas wie die Aufforderung: Spanne am Boden ein Netz für mich auf, damit ich durch den Äther tanzen kann! Danke, jetzt machen wir es umgekehrt, du wagst dich jetzt in die Höhe, und ich halte unten die harmonischen Seile so gespannt, dass du sicher landen kannst. Was für eine Freude, was für eine Kunst gegenseitiger Spiegelung, wie mutig man doch sein darf, wenn man zu zweit ist! – Man erzählt sich, dass Bach nicht nur ein großartiger Organist und Cembalist gewesen sei, wobei er auf diesen Instrumenten ganz allein die kompliziertesten und vielstimmigsten Fugen und Doppelfugen zu spielen imstande war. Er habe es auch sehr geliebt, immer wieder die Geige in die Hand zu nehmen. Sollte er dieses Konzert je mit einer schönen mit ihm befreundeten Geigerin gespielt haben, dann kann man sich diese Komposition nur als eine der schönsten Erklärungen seiner Freundschaft und Zuneigung vorstellen!

Auch von Mozart weiß man, wie sehr er das Musizieren im Duett liebte. Beim Vierhändigspielen am Klavier soll er sich den Spaß gemacht haben, die Hände so über die Tasten zu führen, dass gelegentliche Berührungen der Finger seiner Mitspielerinnen unvermeidlich waren. Doch das war ja nur der kleine Schabernack, den er beim Musizieren im Dialog treiben wollte. Viele seiner Werke lassen sich geradezu als Bekenntnisse von Freundschaftserfahrungen deuten. Er führt uns das Prinzip gegenseitiger Anziehung zwar oft als offenes erotisches Spiel vor Augen. Doch auf der Gefühlswaage seiner Musik balanciert er für uns auch freundschaftliche Nähe aus als ein Bedürfnis nach spannungsvollem Gleichgewicht. Am schönsten wohl in seiner *Sinfonia concertante* (KV 364), die er vermutlich um 1779 schrieb, nach jener Reise, die ihn nach Mannheim und Paris führte und auf welcher er Orchestermusikern begegnete, welche um einiges virtuoser und vollendeter mit ihren Instrumenten umzugehen verstanden, als er es von seinen Salzburger Musikern gewohnt war. Auch hier kennt man beinah nichts über die Umstände der Entstehung und über die ersten Aufführungen. Heute gilt dieses Werk für Solovioline, Solobratsche und Orchester, bei welchem neben den Streichern auch zwei Oboen und zwei Hörner zum Einsatz kommen, als das Meisterstück unter seinen Konzerten für Solostreicher. Im Grunde aber ist diese Musik die schönste Verkörperung dessen, was man als die Zwiesprache zweier Gleichgesinnter bezeichnen könnte. Sie ist die doppelte Hörbarkeit dessen, was zwei eng verbundene Wesen einander sagen und wie sie dies sagen. Das reine Glück des Miteinander wird in diesem Mozartstück zelebriert.

Zwiesprache halten ist nichts Einfaches und Banales. Ein Austausch von Meinungen kann es sein, eine gegenseitige Beratung, eine Unterhaltung, eine Verhandlung, sogar ein wechselseitiges Sich-miteinander-vertraut-Machen oder gar eine Beichte. Wer eine Zwiesprache hält, kann den anderen bestärken, ermutigen, ihm Zuversicht geben. Er kann ihm oder ihr auch Geheimnisse anvertrauen, etwas zuflüstern, was die Seele erheitert, belebt, in Schwung bringt. Mozart – so viel wissen wir aus seinen Briefen, falls wir es in seiner Musik nicht zu hören vermöchten – war ein ziemliches Genie der Freundschaft. Er brauchte Geselligkeit und Austausch, er musste Zuwendung und Bestärkung in seinen Plänen und Absichten finden, er wollte in seiner Nähe Leute, die einfühlsam, hilfsbereit und aufmerksam waren. Es ist, als habe er nichts für sich behalten wollen, als habe er seine Freuden und Nöte immer gleich mit jemandem teilen wollen, in jungen Jahren mit seiner Familie, später mit seiner Konstanze, dann immer mehr auch mit seinen Spielgefährten, Logenbrüdern, mit all jenen, die spürten, was für einen gottbegnadeten Musikanten sie vor sich hatten. Er war kein Geheimniskrämer und misstrauischer Kollege, lieber plauderte er alles aus, frech und ohne Scheuklappen. Er verstand es hervorragend, sogar für peinliche Dinge, für die beschämenden Zwangslagen, in welche ihn seine Freigebigkeit, seine Lebenslust und Sorglosigkeit brachten, ihm wohlgesinnte Gesprächspartner und Freunde zu finden, Michael Puchberg etwa, den er in jeder Not anbetteln durfte, ohne sein Gesicht und seine Würde zu verlieren.

Was Mozart freilich für ein ganz und gar ungewöhnlicher Gegenseitigkeitsvirtuose war, begreifen wir erst, wenn wir uns in seine Musik vertiefen. Die *Sinfonia concertante*, von welcher hier die Rede ist, kann als das vollkommenste musikalische Zwiegespräch verstanden werden, das wir je zu Gehör bekommen haben. Es ist nicht verboten, sich die Violine in weiblicher, die Viola in männlicher Gestalt zu denken. Wir können aber ebenso gut mit umgedrehten Rollen die Probe aufs Exempel machen: Das Spiel der Gegenseitigkeit wird auch dann aufgehen. Da es eine Sünde ist, sich Mozarts Leben ohne eine erotische Komponente zu denken, stellen wir uns dieses Zwiegespräch der Instrumente als eines zwischen einem Mann und einer Frau vor.

Schon das Orchesterspiel des ersten Satzes ist auf Zweiheit angelegt. Ich bin da – ich bin auch da: So etwas hören wir gleich zu Beginn, als würden durch die Einsätze der Streicher zwei Wesen ihren Auftritt kundtun. Die doppelten, Terzen spielenden Bläser sekundieren diese Zweiheit wunderbar. Das ganze Vorspiel bis zum Einsatz der Soloinstrumente präfiguriert bereits die zentrale Botschaft des Stücks, die da heißt: Schöner ist es zu zweit! Sobald die Soloinstrumente einsetzen, wird der Dialog zum Frage- und Antwortspiel, oder zur Einwurf- und Retournierlust. Die Violine geht voran. Schau, was ich kann! Die Viola sekundiert: Und ich erst! Bald merkt man: Die eine Stimme sagt der anderen: Du bist schön. Und die andere antwortet: Und du noch schöner. Wie wird es erst, wenn wir es zusammen probieren! Sie tun es sogleich – und das Schaulaufen wird zum gegenseitigen betroffenen Staunen. Gibt es so etwas überhaupt? Man wird besinnlich, ernst sogar, und beginnt, sich einander in einer anderen Dimension zu offenbaren. Das geht tief und schließt heikle, vertrauliche Dinge ein. Man sagt es sich im Ton der zögerlichen Zurückhaltung, beinah im Flüsterton, aber der Mut wächst. Nun spürt man, die beiden sind auf gutem Gelände, sie ermuntern sich gegenseitig, werden mutig, frei, wagen auf einmal Unglaubliches, und wenn die Reprise beginnt, hat man den Eindruck: Jetzt ist es kein Tasten und Versuchen mehr, jetzt ist es bereits offene Zuneigung. Man traut einander, man rechnet miteinander, hier sind zwei, die es hervorragend miteinander können. Galant machen sie einander Platz, lassen den anderen vortreten, sekundieren ihm beglückt. In der Kadenz nehmen sich beide ein bisschen beiseite: Das ist nur für uns beide! Lass uns ein bisschen spinnen! Lass mich dich nachäffen, dich verdrehen, aber nur so, dass es dir auch gefällt. Niemand kann uns mehr trennen, wir gehören zueinander. Wenn das Orchester einsetzt, spüren wir: Nichts ist ausgeplaudert, alle Geheimnisse bleiben bestens aufgehoben, der einen Botschaft ist tief verankert im Herzen des anderen.

Freunde sind jedoch auch dazu da, einander durch Trauer und Leid zu begleiten. Sie müssen miteinander klagen können. Einer trägt des anderen Last. Sobald beide beieinander sind, fühlt sich das Leben schon weit weniger als Beschwerlichkeit an. Der zweite c-Moll-Satz ist so etwas wie der Weg aus der Kälte in die Wärme, aus der Düsternis ins Helle. Es gibt darin Passagen, die man als einen Gang unter einem gemeinsamen Joch begreifen kann. Wie einfallsreich sind doch Freunde! Sie wissen, wann man vorauseilt, wann man sich miteinander bewegt, wann man etwas abwartet und hinterhergeht, so als würde man dem anderen sagen: Geh nur weiter, du bist nicht allein, ich folge dir, wo immer du hingehst. Man weiß nie so genau, ob man den anderen stützt und trägt, oder ob man sich gerade so stark fühlt, weil dies der andere für einen tut. Der Gang ist nur zusammen möglich, und abgerechnet, falls abgerechnet werden muss, wird erst im Jenseits. Dieser zweite Satz ist eine Hörschule, in der man lernt, wie Freunde mit Stärke und Schwäche, mit Schuld und Sühne, mit Annehmen und Zurückerstatten umgehen: Nur im Bewusstsein, man tue das Beste auch für sich, wenn man das Schönste für den anderen tut, kommt man weiter und erreicht das Ziel. Das Ziel ist hier die Einsicht, man hätte es nie ohne den anderen geschafft.

Dann der Schlusssatz: Frisch drauflos! Lass uns etwas wagen, das noch niemand gewagt hat. Etwas Tollkühnes, Verrücktes, das die Schläfrigen aufweckt und verwirrt! Wir müssen doch irgendwann begreifen, was für ein Zusatzglück es ist, Dinge miteinander tun zu können! Wer sollte uns aufhalten, wenn wir es wollen? Lass uns losrennen, Sprünge wagen, Volten drehen, lass uns eine sprudelnde Quelle von Enthusiasmus und Vitalität sein, an Zuversicht darüber, dass das Leben ein Fest, ein Glück, ein Geschenk ist. Diese zwei Instrumente wollen die ganze Welt mit ihrer Energie durchfahren. Sie scheinen sich zuzurufen: Dasein ist herrlich! Ich wage jetzt etwas Unerhörtes. Mach es mir nach! Und die Bratsche folgt der Violine, zunächst nachbildend, dann abdrehend, um die Führung zu übernehmen und eine neue Richtung einzuschlagen. Doch die Kleine, frech und munter wie nie zuvor, wagt sich ins schwindelnd Hohe hinein, ist aber flugtauglich und landet präzis so auf der Schaukel der Gegenseitigkeit, dass die Bratsche dem staunenden Hörer in geringerer Höhenlage das Erlebnis des Freiflugs noch einmal beschert. Ja, herrlich ist es zu leben, wenn man es gemeinsam mit dem oder der Richtigen tun darf. – Wer wäre nicht gern Mozarts Freund gewesen, während er, dieses Werk dirigierend und sekundiert von zwei Virtuosen an der Geige und an der Bratsche, uns das Geheimnis gegenseitiger Wesensnähe so grandios hörbar machte?

Und noch von einem dritten Fall von Freundschaftsmusik soll hier die Rede sein. Beim *Doppelkonzert* von Johannes Brahms (p. 102) ist sogar die Entstehungsgeschichte vom Thema Freundschaft geprägt. Sein langjähriger Freund Joseph Joachim, Berater in allem, was für Brahms mit der Kunst des Geigenspiels zu tun hatte – Brahms hatte für ihn sein Violinkonzert geschrieben –, schied im Zorn von seinem Freund, als vor Gericht ein Brief von Brahms als Beweismittel für die Treue von Joachims Ehefrau Verwendung fand. Brahms litt unter diesem Freundschaftsbruch mehr, als er zu sagen vermochte. Da ersuchte der Cellist Robert Hausmann ihn um die Komposition eines Cellowerks. Brahms, der nach einem guten Augenblick spähte, um die verlorene

Beziehung zu Joachim wieder herzustellen, kam im Sommer 1887, den er am Thuner See verbrachte, auf die Idee, nicht einfach ein Cellokonzert zu schreiben, sondern ein Doppelkonzert für Violine und Cello. Wer weiß, vielleicht könnte es ihm gelingen, durch eine Widmung an die beiden Solisten den Kontakt mit Joachim wieder herzustellen. Und so kam es tatsächlich denn auch. Clara Schumann notierte in ihrem Tagebuch aus Anlass der Uraufführung: «Es ist dies gewissermaßen ein Versöhnungswerk – Joachim und Brahms haben sich seit Jahren zum ersten Mal wieder gesprochen.» Sieben Jahre hatte die Entfremdung zwischen den beiden Freunden gedauert – nun wollte man einander wieder gut sein. Brahms dirigierte die Uraufführung im Oktober 1887 in Köln selbst, Joachim und Hausmann waren die Solisten. Das Notenmaterial, das überliefert ist und für den Druck dieses ungewöhnlichen Konzerts Verwendung fand, belegt, dass Joachim für den Geigenpart wieder von großer Wichtigkeit war. Brahms machte einen Vorschlag, Joachim verbesserte, die gedruckte Fassung erscheint an gewissen Stellen wie der Kompromiss, den zwei Freunde miteinander gefunden haben.

Das Werk selbst ist geradezu ein Abbild eigensinnigen Suchens und gemeinsamen Findens zwischen zwei Solostimmen und dem Orchester. Brahms lässt die Solisten geradezu improvisierend aufeinander zugehen. Man wohnt einem Annäherungs- und Umgarnungsspiel bei, manchmal scheinen die beiden einen Streit miteinander auszufechten, dann werfen sie einander Einladungen, Aufforderungen, Komplimente zu, schließlich gibt es Stellen, in denen die beiden ineinander zu verschmelzen scheinen. Was für ein grandioses Wechselspiel, zunächst jeder für sich, ein bisschen angeberisch und scheinbar unabhängig, dann wieder lockend herausfordernd, gleichsam eine Replik erzwingend. Brahms schleust zitierend und doch abwandelnd ein Thema aus dem a-Moll-Violinkonzert von Viotti ein, das zu den Paradewerken Joachims gehörte. Geradezu eine Hommage an den Künstler ist dies, von dem er wusste, dass er dieses Konzert liebte. Nie erstickt er in seinem Doppelkonzert aber die Botschaft des einen mit der Antwort des anderen, manche Passagen laufen parallel, andere wechseln von der hohen Lage der Geige zum Cello in die Tiefe. Das Cello darf meistens zuerst seine Einfälle präsentieren, die Geige greift die Themen auf, sie geschickt verändernd, ins weniger Affirmative, manchmal gleichsam in eine Bitte verwandelnd. Im langsamen Satz bewegen sich die beiden Instrumente in Oktaven einer sanften Melodie entlang, so friedlich, als würden zwei Freunde in einem leicht dahinströmenden Fluss friedlich nebeneinander herschwimmen, ohne Konkurrenz und stolze Selbstbehauptung, dankbar, mit dem anderen so unaufgeregt harmonisch verbunden zu sein. Im Rondo-Schlusssatz scheinen die beiden Solisten einander ihre eigene Geschichte erzählen zu wollen. War es nicht schön? Hatten wir es nicht gut? Ist es nicht ein Glück, dass wir so verschieden und doch so innig verbunden sind? Das Thema klingt bei jeder Wiederkehr ironischer, weniger auftrumpfend und freundlicher. Ist es nicht lächerlich, dass wir je auseinandergeraten konnten? Sind wir nicht wesensverwandt, aufeinander angewiesen und einander dankbar? Man spürt, dass sie nur gemeinsam ihr Glück haben und machen können. Wahre Freunde missverstehen sich vielleicht einmal, doch sie verlieren sich nicht. Sie brauchen ja einander. Missverständnisse sind da, um ausgespielt zu werden. Sie sorgen für Spannung und Drama. Doch der Dissens muss besprochen, ausgetragen, ja ausgesungen werden. Wie schön sind die Wege, auf welchen man wieder zurückfindet zueinander! – Wer je mit einem Freund in Streit gerät, sollte diese Musik hören. Sie zeigt den Weg aus entstandener Ferne zurück in die vertraute Nähe gemeinsamen Empfindens. Man behauptet, Brahms sei oft einsam, eigenbrötlerisch, sperrig und schwierig gewesen. Ein verstockter alter Junggeselle, der nicht nach oberflächlicher Eintracht gierte. Seine Musik – und dieses Doppelkonzert zumal – erzählt eine ganz andere Geschichte: Die Geschichte einer spannungsvollen, aber unverlierbaren, einer letztlich selig machenden Freundschaft.

Wenn ich mit der Aufgabe in eine Sackgasse gerate, Freundschaft zu erfassen anhand von Lebenszeugnissen der weiten Vergangenheit oder anhand von denkerischer Schwerarbeit alter und neuer Philosophen, dann lehne ich mich zurück, vergesse alle Mühe und lege jene CD in mein Abspielgerät, auf welcher die drei hier genannten Werke allesamt vereinigt sind. Immer ist der Geiger Jascha Heifetz mit von der Partie, als Initiant, Impulsgeber und Partner. Das bachsche *Doppelkonzert* spielt er mit seinem Kollegen Erik Friedman, die *Sinfonia concertante* von Mozart mit dem Bratschisten William Primrose, das *Doppelkonzert* von Brahms mit seinem Cellistenfreund Gregor Piatigorsky. Jedes Mal ein Einvernehmen in anderer Klangfarbe, doch in allen drei Werken unvergleichlich intensives, virtuoses, in Leib und Seele fahrendes Spiel. Man kann vielleicht nachdenkend niemals restlos klären, was Freundschaft ist. Hören kann man es aber, und in diesen drei Werken so, wie man es sich schöner und eindringlicher gar nicht wünschen kann.

Florestan und Eusebius

Unter den verschiedenen Eigenschaften, die Menschen auszeichnen, welche eine Begabung zur Freundschaft haben, gibt es eine, die merkwürdig scheinen mag, weil sie das Eingeständnis ist, dass man als Einzelner immer mangelhaft bleibt, es sei denn, man findet Ergänzung und Erfüllung durch einen Freund oder eine Freundin. Sich klar zu werden, was am eigenen Wesen alles unzulänglich ist, kann eine doppelte Reaktion auslösen. Es kann jemand versuchen, diesen Mangel zu beheben durch Ersatz oder Verzicht. Man leitet alle Aufmerksamkeit auf seine Stärken und blendet die schwachen Seiten als unwesentliche und beiläufige aus. Die eigenen Ausfallzonen werden dadurch abgewertet, man kann sie bald einmal guten Gewissens als irrelevant und deshalb vernachlässigbar abschreiben. Die Folge davon kennen wir: Viele solche «Halbmenschen» bevölkern unseren Planeten!

Es gibt aber auch Menschen, die hündisch leiden am eigenen Ungenügen und für die es keine Lösung und kein Trost sein kann, sich nur der eigenen Vorzüge und Stärken zu erfreuen. Es öffnet sich da vor ihren Augen eine gähnende Leere, die schmerzt und dringlich Ergänzung fordert, sodass sie gar nicht anders können, als Ausschau zu halten nach verwandten Geistern, die bereit sind einzuspringen, um den leeren Raum zu füllen und das Gefühl der Ganzheit und einer lebensgerechten Balance zu vermitteln. Solche Menschen beruhigen sich schnell und zuverlässig, wenn sie erfahren, dass das, was ihnen selbst fehlt, bei einer nahestehenden Person spürbar angelegt und vorhanden ist. Freundschaft dieser Art ist ein oft praktiziertes Leihverfahren, bei welchem man sicher ist, dass das Begehrte einem auch dann nicht fehlt, wenn es bei einem Freund angelegt und ihm anvertraut ist.

Für diese Ergänzungsökonomie der Freundschaft gibt es kaum ein schöneres Modell als jenes der beiden *Davidsbündler* Florestan und Eusebius, welches Robert Schumann uns hinterlassen hat. Ausgangspunkt dieser Davidsbündler ist eine kleine Gruppe real existierender Künstler, Musiker zumal, die sich in den Jahren nach 1833 in Leipzig im Lokal «Zum arabischen Coffee-Baum» trafen. Das einigende Band war die Überzeugung, man habe gegen das grassierende Philistertum der herrschenden Spießbürger in Davidsgestalt anzutreten, um mit der Keule der neuen Kunst die grässlichen Goliaths der Restaurationszeit allesamt zu erlegen. Weil das Spitzelwesen in der Metternich-Zeit berüchtigt war, legte man sich – wie andere Geheimbünde, die damals florierten – ablenkende und dennoch deutende Fantasienamen zu. Schumann selbst nannte sich gern «Jeanquirit» oder auch «Julius». Und er scheute sich nicht, verwandte Seelen, die nie an den Klubveranstaltungen der Leipziger Davidsbündler teilnahmen, als Mitglieder in seinen Bund aufzunehmen. So taucht unter dem Namen «Meritis» der Komponist Felix Mendelssohn-Bartholdy auf. Auch seine Braut Clara und deren Vater Friedrich Wieck erscheinen in den Davidsbündler-Schriften unter den Namen «Zilia» oder «Chiarina», beziehungsweise als «Meister Raro», ebenso wie Schumanns erste Verlobte Ernestine von Fricken («Estrella»). Später begann Schumann auch verstorbene Komponisten wie Beethoven oder Schubert zu den Davidsbündlern zu zählen. Man könnte sagen: Jeder wurde geistig zu einem Davidsbündler, der durch seine Leistungen bewies, dass er fähig war, erstarrte Konventionen, dumme

Nachbeterei und modische Servilität aufzubrechen und hinter sich zu lassen.

Bereits im Jahr 1831 führte Schumann in einem Beitrag für die Zeitschrift *Allgemeine musikalische Zeitung* zwei Namen ein, die als Davidsbündler von nun an sein Schreiben und Komponieren über Jahre begleiten sollten. Es sind dies «Florestan» und «Eusebius» – zwei Figuren, mit denen er unterschiedliche Anlagen und Aspekte seiner eigenen Person bezeichnete. In dieser Kritik eines frühen Werks von Chopin tritt Eusebius in Erscheinung und legt die Noten eines Klavierstücks auf mit den Worten: «Hut ab, ihr Herren, ein Genie.» Schumann – unter dem Namen Julius – sitzt mit Florestan am Klavier, von dem er sagt, dieser Florestan sei «einer von jenen seltenen Musikmenschen, die alles Zukünftige, Neue, Außerordentliche wie vorausahnen». Später, in der von Schumann entscheidend geprägten *Neuen Zeitschrift für Musik,* werden diese drei Figuren häufig unter dem Titel «Aus den kritischen Büchern der Davidsbündler» Rezensionen und Urteile über Neues in der Welt der Musik vorlegen. Schumann nimmt sich die spielerische Freiheit, unter verschiedenen Pseudonymen Stellung zum damaligen Musikbetrieb zu beziehen. Er liebt das Auftreten in unterschiedlichen Masken, weil dieses ihm erlaubt, die Widersprüche der eigenen Empfindungen zu klären und zu gestalten. Es ist vor allem das «Schelmenpaar» Florestan und Eusebius, das den Leser dieser Rezensionen zu allem, was in der Musikwelt Aufmerksamkeit verdient, am tiefsten in Schumanns Seele hineinblicken lässt. Florestan ist voller Lust auf Angriff, Polemik, Herausforderung. Er nimmt kein Blatt vor den Mund, provoziert, stachelt und stichelt, wagt sich in kühne Behauptungen hinein, will Aufrichtigkeit, Klarheit und Schärfe. Eusebius dagegen ist die lyrische Kraft, ihm sind Innigkeit und Kontemplation ein Anliegen. Es heißt an einer ihn betreffenden Stelle: «Eusebius hingegen, so schwärmerisch als gelassen, zieht Blüte nach Blüte aus; er faßt schwerer, aber sicherer an, genießt seltener, aber langsamer und länger; dann ist auch sein Studium strenger und sein Vortrag im Klavierspiele besonnener, aber auch zarter und mechanisch vollendeter als der Florestans.» Man ahnt es längst: In diesen beiden Gestalten bündelt Schumann seine künstlerischen Anliegen und Ansprüche so geschickt wie verspielt, nicht nur jene des Kritikers, sondern mehr noch die des Komponisten. Im Jahr 1837 wird er eine Reihe von 18 Klavierstücken in einer ersten Fassung komponieren, welche er als *Davidsbündlertänze* bezeichnet. Am Ende jedes Stücks setzt Schumann ein F. oder ein E., bei einigen sogar F. u. E., um anzudeuten, dass bei diesen Stücken Florestan und Eusebius am Werke waren. Auch in seinem *Carnaval* genannten Werk, entstanden 1834 und 1835, tauchen als Satzüberschriften Namen von Davidsbündlern auf, so neben Florestan und Eusebius auch Schumanns erwähnte Verlobte Ernestine als «Estrella», die aus dem böhmischen Asch stammte, wobei Schumann mit den Tönen A.S.C.H – S.C.H.A. ein Presto komponiert, das er als «Lettres dansantes» bezeichnet. Und am Ende dieses *Carnavals* treten in einem Marsch gar die vereinigten Davidsbündler gegen die Philister an. Keine Möglichkeit hat Schumann ausgelassen, um dem Freiheitsdrang seiner Davidsbündler in Kunst- und Liebesbotschaften Gehör zu verschaffen.

Hier wollen wir uns beschränken auf das freundschaftliche Wechsel- und Ergänzungsspiel, wie es zwischen Florestan und Eusebius in den *Davidsbündlertänzen* Gestalt findet. Es könnte hier jemand einwenden, dies alles habe mit Freundschaft wenig zu tun, weil es ja nichts als die Sondierung einer einzelnen Künstlerseele bezüglich ihrer eigenen widersprüchlichen Anlagen sei. Dies will ich jedoch als Einwand keineswegs gelten lassen, denn vermutlich ist die Fähigkeit zu klärender Durchforstung der eigenen Seele erst die Voraussetzung, damit jemand den Freundschaftsdrang innerlich überhaupt zu erfahren vermag. Nur wer sich selbst gründlich durchforstet hat, wird entdecken, in wie viel reicherem Maß bestimmte Freunde über das verfügen, was man bei sich nur in verkümmerter und unterentwickelter Form vorfindet. In einer solchen Optik des Begehrens nach Ergänzung wird die Freundschaft erst zur existenziellen Notwendigkeit. Wer mit dem, was er ist und hat, rundum zufrieden ist, wird nicht aufbrechen, sondern bei sich ausruhen – und in absehbarer Zeit auch bei sich einschlafen.

Zurück also zu Florestan und Eusebius in Schumanns *Davidsbündlertänzen*. Etwas muss vorausgeschickt werden, das Schumann in seiner kritischen Analyse von Berlioz' *Symphonie fantastique* vermerkte: «Es besitzt der Mensch eine eigene Scheu vor der Arbeitsstätte des Genius: Er will gar nichts von den Ursachen, Werkzeugen und Geheimnissen des Schaffens wissen, wie ja auch die Natur eine gewisse Zartheit bekundet, indem sie ihre Wurzeln mit Erde überdeckt. Verschließe sich also der Künstler mit seinen Wehen; wir würden schreckliche Dinge erfahren, wenn wir bei allen Werken bis auf den Grund ihrer Entstehung sehen könnten.» Wir wollen weder Wurzeln ausgraben noch intime Geburtsvorgänge ausspähen, zumal die Zeit, in welcher Schumann diese Tänze schrieb, für ihn eine schwierige und vom Kampf um die Liebe seiner künftigen Frau Clara äußerst aufgewühlte war. Es geht vielmehr um das Wechselspiel der beiden Figuren, die das musikalische Geschehen dieses jugendlichen Meisterwerks prägen. Es geht vor allem um die «Gefühlsdeutlichkeit», mit welcher Schumann hier seine widersprüchlich angelegte Innenwelt offenlegt.

Die *Davidsbündlertänze* sind eine poetische Wanderung

durch unterschiedliche Empfindungsregionen, wobei kontrastierende Gegensätze genauso wie Verflechtungen und Verschmelzungen gesucht und gestaltet werden. Harsches Vortreten und Markieren einerseits, Rückzug und Versteck andererseits. Manches wird mit Nachdruck, stolz und selbstbewusst vorgetragen, anderes versinkt in träumerische Tiefen. Florestan tritt virtuos, mit perlender Brillanz und atemberaubendem Mut in Erscheinung. Eusebius nimmt zur Einfachheit und scheinbaren Naivität Zuflucht, umhüllt die Dinge schonend und schützend, und anstatt aufzutrumpfen und anzugeben, zieht er das beiläufige Einflüstern vor, und wir fühlen uns in seiner Obhut bald einmal ins Reich der dunklen Nacht und eines leise vor sich hinfließenden Traums versetzt. Florestan nimmt uns bei der Hand und ertrotzt sich mit Eigensinn und prahlerischer Eitelkeit Zugang zu geradezu blendenden Lichtzonen. Eusebius geleitet uns in einer Art, als befänden wir uns in einem Sinkflug endlos weit ins Bodenlose. Während Florestan drängt und voranstürmt, will Eusebius innehalten und horchen. Der eine kennt keine größere Lust, als sich bemerkbar zu machen. Der andere ist vorsichtig, kundschaftet das Unbekannte umsichtig aus, besteht auf nichts, lässt sich aber locken und gewinnen. Florestan ist Jäger, Verfolger, Nachsteller und will mit seiner Energie alle verblüffen. Eusebius setzt auf die unmerklichen Verwandlungen, besteht anscheinend auf nichts und betritt auf diese Art und Weise ganz unerwartet die wirklich geheimnisumwitterten Zonen. Florestan scherzt und witzelt, Eusebius lächelt und staunt. Der eine reißt krachend Türen auf, der andere öffnet sie unmerklich leise. Es soll niemand erschrecken, wenn Eusebius sich nähert. Florestan ist frisch, frech, frei, erzählt uns Heldengeschichten, trägt Balladen vor, in denen mutige Ritter sich mit Feuer speienden Drachen anlegen. Was er zu sagen hat, ist in seiner Art atemberaubend spannend, sodass man sich gern von ihm auch was vormachen lässt. Eusebius dagegen erzählt von ganz ruhigen Dingen, oft mit Wiederholungen, bei welchen sich leichte Verschiebungen und Verrückungen ereignen, sodass man sich danach hintersinnen muss, wie man unbewusst so weit ins Abseits geraten konnte. Wo es Florestan und Eusebius gemeinsam versuchen, beginnt es jeweils keck und kühn, wild und lustig, um bald einmal in eine ganz andere Tonlage hinüberzuwechseln. Dem Springinsfeld antwortet der ruhige Freund mit einem choralartigen Gesang, eine Eroberungsfahrt Florestans endet in einer Waldlandschaft des Eusebius, welche nun nicht mehr zur Jagd, sondern jetzt zur Meditation einlädt. Gelegentlich leuchtet dann spukartig doch diese gefundene Gemeinsamkeit auf, eine Melodie, zart und singend, doch unterspült von abgründig unruhigen Tonwellen. Oder ein prahlerisches «Schaut her, was ich kann!» im Virtuosenkleid Florestans verwandelt sich nach und nach in eine Träumerei, begleitet von einem Glockenschlag mit Echowirkungen, als wolle etwas Ungeahntes und Unheimliches an unser Ohr klopfen. Man weiß dann ob der vielen verspielten Abklänge nicht mehr, ob man in der Gegenwart weilt oder in einer Welt längst vergangener Erinnerungen. Und vor dem letzten Stück setzt Schumann die Worte: «Ganz zum Überfluss meinte Eusebius noch Folgendes: Dabei sprach viel Seligkeit aus seinen Augen.» Was nun folgt, ist eine der zärtlichsten Formen des Tanzes, die je ein Komponist sich ausdenken konnte. Zwei Wesen bewegen sich miteinander durch einen schleierhaften Raum, beinah gewichtslos, immer mehr zu Schatten ihrer selbst werdend. Es ist, als würden die beiden sich verabschieden und uns, kaum mehr sichtbar, zuwinken: Aus der Traum der Gegensätze! Wir schleichen vereint davon!

Schöner werden Differenzen zwischen zwei Freunden nirgends ausgetragen. Mit Witz und Wohlwollen sind die Unterschiede vorgeführt, mit ergriffenem Staunen die Gemeinsamkeiten. Was für ein Glück es doch ist zu erfahren, wie anders der andere ist und wie arm man ohne seine Andersheit wäre. Es muss Schumann in schwierigen Lebenslagen im Kreise seiner Davidsbündler eine große Dankbarkeit dem Leben gegenüber ergriffen haben, von welcher seine Musik in diesen Tänzen ein unvergleichliches Zeugnis gibt.

In den «Büchern der Davidsbündler» findet sich auch die Geschichte über einen alten Hauptmann, der Musik über alles liebte, ein wunderbar verständiger Hörer war, selbst aber furchtbar Klavier spielte, weil er vollkommen falsch übte. Anstatt sich eine anständige Technik des Klavierspiels anzueignen, mühte er sich zehn Jahre lang mit Beethovens *Hammerklaviersonate* ab, ein vollkommen zweckloses Unterfangen, bei welchem gewiss nur er den Eindruck gewann, dass ihm allmählich «die Sonate gehorchen lernte». Dennoch spielte Florestan nach eigenem Bericht keinem anderen Menschen lieber vor als diesem ehemaligen Hauptmann, weil er der denkbar beste Zuhörer war. «Sein Zuhören erhöhte; ich herrschte über ihn, führte ihn, wohin ich wollte, und dennoch kam es mir vor, als empfing ich erst alles von ihm.» Eines Tages erscheint der Hauptmann nicht mehr bei den Davidsbündlern, wenig später finden diese seine Todesanzeige in der Zeitung. Eusebius verfasst für den alten Hauptmann eine Grabschrift: «Unter diesen Bäumen träum ich, ein stilles Saitenspiel; selbst nicht spielend, werde ich unter den Händen derer, die mich verstehen, zum redenden Freund. Wanderer, eh du von mir gehst, versuche mich. Je mehr Mühe du mit mir nimmst, je schönere Klänge ich dir zurückgeben will.»

Florestan und Eusebius haben wahrhaft verstanden, was eine Freundschaft ist.

Spaziergang mit Lukian

Hier beginnt die Galerie jener Menschen, mit denen ich gern selbst befreundet gewesen wäre. In einem Freundschaftspalast meiner Vorstellung müsste jeder von ihnen einen eigenen Raum erhalten. Zumindest müsste dieser Palast wie in einem blühenden Kloster für jeden und jede eine Zelle haben, in welcher man lesen, verweilen, vielleicht sogar schlafen kann, um sich entlang der Gedankenwelt des betreffenden Freundes bewegen zu können. Alle diese nach Freundschaft strebenden Menschen haben über das Phänomen dieser besonderen gegenseitigen Beziehung nachgedacht und darüber berichtet. In meiner Galerie erscheint allerdings längst nicht die Gesamtheit jener, die Wesentliches über das Lebensgeschenk der Freundschaft zu sagen hatten. Doch sind es jene, die mir als Erkunder dieses besonderen Glücks gegenwärtig am meisten bedeuten.

Unermesslich viel verdanken wir den alten Griechen. Und wenn es um das Verständnis von Freundschaft geht, beinah alles. Von Kampfesgenossen, Waffenbrüdern, Sippschaft und Verwandtschaft hören wir zwar bereits bei früheren Völkern. Doch über den inneren Kern der Freundschaft wusste niemand richtig Bescheid, bevor nicht die Griechen sich vornahmen, das genauer zu ergründen, was den Menschen antreibt zu seinem Verlangen nach lebensfreundlicher Umgebung.

Die frühen Philosophen nannten die kosmische Kraft, welche alle Elemente zusammenhält «Philia» – die Freundschaft, die alles bindet und ordnet im All. «Immer schiebt ein Gott Ähnliches zu Ähnlichem», lesen wir in der *Odyssee*.

Bei den Tragikern taucht das Wort erst in Texten des Euripides auf, obwohl auch Sophokles von den Eigenschaften der Freundschaft wusste, wenn er etwa von seiner Antigone behauptet, sie sei geboren, um «den Freunden eine Freundin zu sein», und dafür das Wort «symphilein» einsetzt. Wir müssten diesen schönen Ausdruck heute vielleicht übersetzen mit «Wohlwollen zeigen den Nahestehenden gegenüber». Zwei Freunde in unserer engeren Bedeutung des Wortes tauchen jedoch erst in der Tragödie *Orest* des Euripides auf, also um das Jahr 408 vorchristlicher Zeit. Seither nennen wir Orest und Pylades das vorbildlichste Freundespaar der Antike, obwohl wir schon in der *Odyssee* auf bemerkenswerte Freundesbeziehungen stoßen. «Kann ich dir nicht jetzt am besten meine Freundschaft beweisen, wo es dir so schlecht geht?», fragt Pylades an einer Stelle. Und Orest antwortet darauf: «Das ist es, was ich meinte. – Freunde sind besser als Verwandte. Ein Mann, dessen Geist den eigenen Geist widerspiegelt, ganz ohne Blutsbande, ist mehr Wert als eine Armee von Verwandten.» – Wenn wir uns an die *Orestie* des Aischylos erinnern, wird uns rasch bewusst, wie es in Mykene und Sparta in den berühmtesten Familien zuging. Wer im Familienverband am Leben bleiben wollte, ergriff am besten die Flucht! Gegen diese unabwendbar scheinenden schicksalhaften Kämpfe im Familienkreis musste den Entkommenen die Freundschaft mit einem vertrauten Menschen als unverdientes Gottesgeschenk erscheinen.

Doch nun kam die Zeit der großen Philosophen, und von da an war Freundschaft ein nicht mehr aus dem Blick geratendes Thema. Dass Sokrates gern Gesprächsfreunde um sich versammelte, wissen alle Leser von Platons Schriften. In einem frühen Dialog mit dem Titel *Lysis* hat Platon sich in besonderer Weise mit dem Thema der Freundschaft befasst. Dieser Text ist noch ganz von der sophistisch-sokratischen

Lust geprägt, die Diskutierenden mit ihren Ansichten und Überzeugungen in Widersprüche zu verwickeln. Da behauptet einer der Gesprächspartner, dass Freunden alles gemeinsam gehöre. Aber ist dies wirklich so? Oder wir lesen: «Ich bin leidenschaftlich auf den Besitz von Freunden aus und möchte lieber einen guten Freund haben als die beste Wachtel oder den besten Hahn von der ganzen Welt, ja, beim Zeus, sogar lieber als ein Pferd oder einen Hund. Ja, beim Hund, ich möchte viel lieber einen Freund gewinnen als das Gold des Dareios – so sehr bin ich auf Freundschaft versessen.» Was für seltsame Verhandlungen und Vergleiche, den Freund auf die Waage zu setzen mit einer Wachtel, einem Hund oder den Besitztümern eines steinreichen Mannes! Am Ende des Gesprächs öffnet sich eine Aporie, eine Ausweglosigkeit: Wir haben uns mit unseren Meinungen verrannt, sind auf Abwege geraten und müssen morgen erneut versuchen, nachdenkend weiterzukommen! Platon wird in seinen folgenden Schriften immer wieder auf die Beziehung zwischen «Philia» und «Eros» zurückkommen und die vielleicht schönsten Überlegungen dazu in seinem *Symposion* und seinem *Phaidros* entwickeln. Er spielt dabei immer auch mit Gedanken der Vorsokratiker über die gegenseitige Anziehungskraft von Gleichen und die ebenso notwendige Abstoßung von Ungleichen. Noch in späten Schriften wird er das Argument aufgreifen, sozial unterschiedlich Gestellte könnten miteinander nie in inniger Art befreundet sein, weil die gesellschaftliche Verschiedenheit dies verhindere. So könne ein Freier nie der Freund eines Sklaven sein, der Reiche nicht der Freund eines Armen, der Vornehme nicht der Freund eines Rüpels. Diese Diskussion wird sich bis in die Neuzeit hinein weiterverfolgen lassen, ob ein Adliger mit einem Nichtadligen letztlich harmonieren könne und ein mächtiger Herrscher mit einem dienenden Untertan mehr als nur respektvollen, am gegenseitigen Nutzen orientierten Umgang haben könne. Es wird gewiss bis zum heutigen Tag zur Freundschaft unbegabte Menschen geben, welche stur daran festhalten, dass nur «ihresgleichen» für tiefer gehende Beziehungen taugen. Nur von wirklichen Freunden ist der Beweis zu erwarten, dass gerade die Freundschaft und vielleicht nur die Freundschaft soziale Unterschiede ebenso wie andere Arten von tief greifenden Verschiedenheiten aufzuheben vermag.

Die wichtigste Entdeckung Platons ist freilich die komplizierte Verquickung von Liebe und Freundschaft im Phänomen des Eros. Auf die einfachste Formel gebracht: Freundschaft ohne Eros gibt es nicht, und dennoch ist Freundschaft nicht nur gegenseitige erotische Anziehung. Es kommt diese wichtige ethische Komponente des andauernden Wohlwollens hinzu, die den erotischen Schwung der Beziehung geradezu stabilisiert, prägt und festigt. Es war dann Aristoteles, der diesen Tugendcharakter der Freundschaft in seiner *Nikomachischen Ethik* entfaltet und erläutert hat. Aus gegenseitiger privater Freundschaft hat er geradezu eine Voraussetzung für ein vernünftiges und prosperierendes Sozialleben im öffentlichen Raum gemacht. Man könnte überspitzt sagen: Nur wer Freunde hat und Freundschaft in seinen privaten Kreisen praktiziert, ist letztlich auch ein verlässlicher und verantwortungsbewusster Staatsbürger. Diese Haltung hat den politisch denkenden Römern außerordentlich imponiert, und so haben Cicero und später Seneca in ihren moralischen Traktaten und Briefen diese aristotelischen Gedanken über Freundschaft weiterentwickelt und für die Debatten ihrer eigenen Zeit fruchtbar gemacht. Das Thema «Freundschaft in der Antike» ist in unzähligen Darstellungen und Analysen ausgebreitet worden – es gibt so umfangreiche wie detailreiche Schilderungen der unterschiedlichen Aspekte von Freundschaft im Altertum, dass einer, der es hier weiter bringen möchte, eigentlich immer nur Eulen nach Athen trägt. Man schafft es gar nicht, alles zu lesen, was in den Bibliotheken der Welt zu diesem Thema bereits gehortet ist. Darum will ich denn diese Darstellung der Freundschaft in der klassischen Antike hier auch sein lassen und nur zu einem einzigen Freundschafts-Schriftsteller dieser Epoche etwas nachschieben, weil seine Gedanken so schräg und so frech sind, dass nur ein Schelm und ein Witzbold auf sie gekommen sein kann. In der Bibliothek des Palastes der Freundschaft soll freilich eine umfangreiche Abteilung eingerichtet werden, wo die leuchtenden Schriften der Griechen und Römer zum Thema mit allen Kommentaren und Deutungen versammelt sind, sodass die Wissensdurstigen jederzeit aus den ursprünglichsten Quellen der Reflexion über Freundschaft trinken können.

Hier werden wir nur einen kleinen Spaziergang mit Lukian von Samosata unternehmen. Er hat im zweiten Jahrhundert unserer Zeitrechnung gelebt, über sein Leben weiß man wenig Sicheres, eigentlich nur, was aus den etwa achtzig Schriften aus der Zeit der Spätantike zu erfahren ist, die Lukians Autorennamen tragen. Nicht alle davon gelten unter Experten als authentisch, doch es brauchen uns diese philologischen Zweifel und Debatten hier nicht weiter zu kümmern. Lukians Geburtsort war eben dieses Samosata, eine Stadt am Oberlauf des Euphrat, die damals zur römischen Provinz Syrien gehörte. Man glaubt, dass Lukians Muttersprache eine Variante des Aramäischen gewesen ist, er hatte jedoch die Chance, perfekt Griechisch zu lernen, die eigentliche Sprache der Gebildeten der Spätantike, sodass seine Schriften in einem äußerst gepflegten, geradezu klassisch anmutenden Griechisch daherkommen. Latein muss er auch gekannt und gesprochen haben, denn wir erfahren, dass er bis zu seinem vierzigsten Lebensjahr in verschiedenen römischen Provinzen und griechischen Kolonien wohl als Sprachlehrer und Rhetor tätig war, unter anderem in Südfrankreich, nämlich in Marseille und Lyon. Längere Zeit hat er sicher in Athen gelebt, Karriere hat er offenbar auch als Anwalt gemacht, wenn seine Liebe auch weniger der Sprache vor Gericht als jener der Schriftsteller, der klassischen Historiker und der Meister der Redekunst galt. Offenbar ist er in seinen späteren Jahren im ägyptischen Alexandria als höherer Beamter in Gerichtsangelegenheiten tätig gewesen, in der damaligen Hochburg hellenistischer Kultur. Sein Beruf ließ ihm anscheinend genügend Zeit, um sich ausgiebig dem Schreiben zu widmen. Er verfasste vor allem unterhaltsame Dialoge über gesellschaftlich brisante Themen, doch seine eigentliche Spezialität wurde im Lauf der Jahre immer mehr die Satire, die boshaft komische Darstellung menschlicher Schwächen. So gibt es wunderbare Lukian-Schriften über die Dummheit, über die Lust am Geschwätz, die Verleumdung, den Größenwahn, die Eitelkeit und andere zwischenmenschlich gut verbreitete Eigenschaften. Er machte sich gern lustig über pompöse Philosophen, über Menschenhasser und Eremiten. Nichts war ihm eigentlich heilig, mit Ausnahme der Kunst, witzig und unterhaltsam schreiben zu können. Selbst die Götter schonte er nicht und verwickelte sie zu gern in Gespräche mit Menschen, bei denen nicht nur Letztere blamable Figur machten. Verständlicherweise fühlen sich die Honorigen jener Zeit oft von ihm auf die Füße getreten und bekundeten alles andere als eine gute Meinung über seine Begabung und seine Kunst. Man warf ihm vor, die heiligsten Dinge der Spottlust auszusetzen, ja er reiße allen Wesen die Maske der Ernsthaftigkeit herunter und setze ihnen die Fratze der Lächerlichkeit auf. Die hohe Kunst des platonischen Dialogs werde bei Lukian zur Manie der satirischen Herabsetzung und Trivialisierung. Verständlicherweise erhoben vor allem die rauschbärtigen Finsterlinge unter den Theologen und Philosophen ihre Fistelstimme gegen den respektlosen Kritiker. Im Verlauf der Geschichte gab es jedoch immer wieder jene, die Lukian über alle Kritik der Oberflächlichkeit und des Unernstes hinweg mit Überzeugung verteidigten, ja ihn schwärmerisch lobten, wie etwa Erasmus von Rotterdam, dessen *Lob der Dummheit* Lukian einiges verdankt, ebenso wie sein Freund Thomas Morus. Doch auch Wieland und Goethe fanden gute Worte für den so vergnüglichen wie boshaften Zeitkritiker, und Chamberlain hat ihn zu Beginn des 20. Jahrhunderts sogar den «Heinrich Heine des zweiten Jahrhunderts» genannt. Wenn dem so ist, wie sollte man sich nicht gerade heute mit ihm befassen?

Denn er hat eben nicht nur ein Werk mit dem Titel *Timon, der Misanthrop* geschrieben, sondern auch eines, welches *Toxaris (oder die Freundschaft)* heißt. Lukian hat viel zu sagen über Menschenhasser, aber ebenso viel über solche, die zu einem glücklichen Leben Menschen der besonders passenden Art brauchen. Der Misanthrop ist ja der zur Freundschaft unbegabteste und unfähigste Mensch. Er ist der Antifreund par excellence, und wenn jemand sagen würde, er sei auch der Antiliebhaber, sollten wir auch dies gelten lassen. Der lukiansche Misanthrop interessiert uns deshalb, weil er zu einem Menschenhasser wurde, da er von Leuten umgeben war, die vorgaben, seine Freunde zu sein, aber im Grunde waren sie alle Schmeichler und Profiteure. «Parasiten» also, wie das unschöne Wort heißt. Aus Enttäuschung über Habgier, verbunden mit Angeberei und Hinterlist, kann man ja bis zum heutigen Tag leicht zum Menschenhasser werden.

Deshalb wusste Lukian auch so genau, was die andere Möglichkeit des Lebens war: eben das Glück der Freundschaft. Doch wäre es unvernünftig, von ihm eine tiefsinnige philosophische Auseinandersetzung über freundschaftliche Ethik zu erwarten. Dazu hatte ihn sein eigener Schalk zu sehr im Griff. So lässt er einen skythischen Wanderarzt namens Toxaris mit seinem griechischen Begleiter Mnesippos ins dialogische Streitgespräch kommen. Die beiden lassen sich auf einen gegenseitigen Wettkampf und Wettbewerb ein, einander die bestmöglichen Freundschaftsgeschichten zu erzählen. Die Ausgangsfrage ist dabei, ob die provinziellen, ja in ihren Sitten geradezu barbarisch anmutenden Skythen oder aber die gebildeten städtischen Griechen von Freundschaft mehr verstehen. Die Vermutung ist, dass die Griechen vielleicht über Freundschaft wortreicher schwafeln können, die Skythen dagegen durch selbstlose Taten und mutige Handlungen beweisen, dass bei ihnen Freundschaft in noch höherem Kurs steht als bei den Griechen. So erzählt jeder fünf Freundschaftsgeschichten, um darzutun, dass bei seinem Volk nichts über den Wert der Freundschaft geht.

Bald jedoch spüren wir, dass da zwei ziemliche Prahler und Angeber, jedenfalls zwei spielerische Übertreiber sich miteinander im Erzählen prächtiger Heldengeschichten messen. Wir hören von den unermesslichen Leistungen, die man für seinen Freund bei den Gebildeten und erst recht bei den Barbaren erbringt. Man setzt für ihn alles aufs Spiel: das eigene Vermögen, die eigene Familie, das eigene Leben. Für den Freund geht man ins Gefängnis; um ihn zu retten, springt man ins stürmische Meer und legt sich mit wilden Bestien an. Man pflegt den kranken und verletzten Freund bis an die Schwelle des Grabes, und wenn dieser stirbt, kehrt man nicht zu den Seinen zurück, sondern hält an seinem Grab Wache, bis der Tod den Getreuen zu seinem Freund ins Jenseits bringt. Für die Kinder und Angehörigen des Freundes richtet man Erbschaften ein, man zahlt Lösegeld für seine Befreiung, man nimmt für ihn Armut, Ehrverlust und öffentliche Schande in Kauf. Aus dem Feuer rettet man nicht zuerst die eigene Frau und die eigenen Kinder, sondern – wer hat da je einen Zweifel! – zuallererst muss selbstverständlich der eigene Freund in Sicherheit gebracht werden. Weil man es nicht ertragen kann, dass der eigene Freund blind geworden ist, sticht man sich selbst die Augen aus, um ihm gleich zu werden und es im Leben nicht besser und anders zu haben als er! Spätestens da wird jedem vernünftigen Leser klar, dass sich unsere lukianschen Freunde in Angeber- und Protzgeschichten hineinsteigern, ja dass sie sich ein Vergnügen daraus machen, den Edelmut von Freunden in die größten Absurditäten und Unwahrscheinlichkeiten hineinzutreiben. Wir nehmen es ihnen aber nicht übel, wenn sie in die Welt hinausposaunen, ein Freund sei wichtiger als «alle Macht der Bosporaner», ein Freund sei teurer und wertvoller «als Weib und Kind», ohne einen Freund sei das Leben nutz- und sinnlos! Was wir hier erleben, sind rhetorische Bravourstücke, welche uns moralische Höchstleistungen der Selbstvergessenheit und Selbstentäußerung auftischen. Wir wohnen theatralischen Rührszenen bei, in denen nur die größten Wagnisse, die aussichtslosesten Einsätze und die absolute Ergebenheit des einen für den anderen ins Spiel kommen.

Am Ende wird kein Sieger ausgerufen, und die beiden Männer beschließen, auch künftig miteinander befreundet sein zu wollen, allerdings ohne sich dafür gegenseitig die Adern aufzuschlitzen und aus dem Blutsbecher gemeinsam Freundschaft zu trinken. Mnesippos meint: «Wir werden weder Blut noch ein Schwert benötigen, mein Toxaris, um unsere Freundschaft zu festigen. Das gegenwärtige Gespräch und unser gemeinsames Streben ist etwas weit Zuverlässigeres als jener Becher, aus dem ihr trinkt, denn in solchen Dingen scheint mir nicht Zwang, sondern Einsicht nötig zu sein.» Zu dieser Einsicht gehört insbesondere, dass die beiden einander künftig Gastfreunde sein wollen, wenn immer Mnesippos bei den Skythen oder Toxaris bei den Griechen auftauchen sollte. Die Freundschaftserwartung ist auf jenes natürliche Maß zurückgeschraubt, das den beiden erlaubt, in Freundschaft verbunden zu sein, ohne dabei unentwegt Heldentaten vollbringen zu müssen.

Lukian war vielleicht kein großer Philosoph. Er war aber einer, der gern mit interessanten Gedanken und Einfällen anderer Leute spielte, diese in seinen Vorstellungsraum warf, um zu beobachten, welche Figur sie machen. War die Figur schön, war er begeistert und drehte rhetorisch eine Ehrenrunde nach der anderen, um sie zu würdigen. Gefiel ihm das, was er sah, aber nicht, zwickte ihn der Teufel. Kein Pardon für eingebildete Pfauen, eitle Windbeutel und hässliche Pfuscher! – Lukian war ein Künstler, ein Schelm und ein wunderbarer Fabulierer von unterhaltsamen Lügengeschichten. Unvorstellbar, dass einem in seiner Gesellschaft je langweilig werden konnte. Ich wäre gern sein Freund gewesen.

Die Freunde der Villa Careggi

Sucht man in der Geschichte nach einem Vorbild für das, was in Samarkand nach dem Willen des Großmoguls in absehbarer Zukunft entstehen soll, fallen einem zuerst die Weisheitsschulen der Antike und des Hellenismus ein mit ihren Akademien, ihren Ambulatorien und den Geist beflügelnden Einrichtungen, in welchen zum hohen Vergnügen der Teilnehmer Denkspiele, Debattierwettbewerbe, festliche Gastmähler, Trinkorgien und dergleichen Körper und Seele stimulierende Unternehmungen stattgefunden haben sollen. Zu Beginn der Neuzeit drängt sich eine andere Einrichtung auf, von der man weiß, dass sie nicht nur eine Brutstätte der Freundschaft, sondern ein über alle moralischen Zweifel erhabener Spielplatz schöner und erhabener Dinge gewesen sein muss: die Akademie der Neuplatoniker in der Villa Careggi in der Nähe von Florenz. Entstanden ist sie auf Anregung von Cosimo il Vecchio, dem ersten wirklich mächtigen Herrscher aus der Medici-Familie. Ja man könnte sagen, diese Akademie sei die Frucht der Freundschaft zwischen einem reichen Geschäftsmann, der europaweit seine Handelsbeziehungen zu festigen vermochte und seine Bank zu einer beherrschenden Kreditbeschafferin im Mittelmeerraum und sogar weit darüber hinaus machte, und einem hochbegabten Philosophen, dem Sohn eines Arztes aus Florenz, welcher die alten Sprachen liebte und für die frühe Renaissancezeit somit zu einem der wichtigsten Vermittler antiken Wissens wurde. Cosimo il Vecchio wollte seinen Platon lesen können – und der Florentiner Bürger Marsilio Ficino übersetzte diesen für ihn. Als Cosimo 1464 starb, waren zehn platonische Dialoge fertig übersetzt. Und nicht nur das: Inzwischen hatte Cosimo den unbegüterten Philosophen reich beschenkt. Zuerst 1462 – Ficino war neunundzwanzig Jahre alt – mit einem Stadthaus: Es lag in der Nähe des Hospitals Santa Maria Nuova, wo Marsilios Vater Dietifeci als Arzt wirkte. In Vespasiano da Bisticcis Biografie über Cosimo heißt es, dieser habe das Haus für den «studens in filosofia» und seine Mutter gekauft, «a fine non avessi andare a quello ultimo extremo della povertà» – damit der eifrige Philosoph nicht an den äußersten Rand der Armut gerate. Es war keine billige Stadtwohnung, sondern des reichen Donators würdig, und das heißt «cum curia, puteo, volta, alis et cameris et saliis suis habituris» – mit Hof, Brunnen, Keller und Seitenflügeln mit bewohnbaren Zimmern und Sälen. Höchst wahrscheinlich ist es, dass Ficino zuerst hier seine Freunde und Kollegen zu Gesprächen traf. Hier hat er vor allem geschrieben und geforscht – jedenfalls deutet der Briefwechsel Ficinos darauf hin, dass der größere Teil der Schreibarbeit in der Stadt geschah. Ficino hatte sich als Philosoph einen Namen gemacht mit Schriften, die aufhorchen ließen: *De voluptate – Über die Wollust* oder: *De divino furore – Über göttliche Raserei* und in immer wiederkehrenden Neufassungen: *De amore – Über die Liebe*. Im Jahr 1463 geschah dann das Unerwartete: Cosimo vermachte ihm ein zweites Haus, diesmal mit erheblichem landwirtschaftlichem Umschwung ganz in der Nähe jener Villa, die er für sich und seine Familie durch den Architekten Michelozzo hatte umbauen lassen. Careggi liegt zwischen Florenz und Fiesole nahe der toskanischen Hauptstadt. Die Medici hatten bereits mehrere etwas weiter entfernte Villen in der ländlichen Umgebung von Florenz. Die Villa von Careggi war am schnellsten erreichbar, und Cosimo liebte es, sich dort immer wieder von den Tagesgeschäften zurückzuziehen. Kurz vor seinem Tod schrieb

Cosimo in einem Brief an seinen Freund Ficino: «Gestern begab ich mich auf mein Landgut zu Careggi, nicht um das Land, sondern um meinen Geist zu bestellen. Bringe das Buch unseres Platon über das höchste Gut mit, das, wie ich glaube, Du nunmehr Deinem Versprechen gemäß aus dem Griechischen ins Lateinische übertragen hast. Ich wünsche nichts sehnlicher als zu erkennen, welcher Weg am bequemsten zur Glückseligkeit führt. Sei gegrüßt und komme nicht ohne die orphische Leier!» Man geht heute davon aus, dass sich die Mitglieder der neuplatonischen Akademie in der Villa der Medici selbst zu ihren festlichen Begegnungen trafen. In späteren Zeiten sollen die Arbeitstreffen der Akademiker in der gegenüberliegenden Villa des Ficino stattgefunden haben. Ficino spricht in seinen Briefen immer wieder enthusiastisch von den Careggi-Begegnungen. Er deutet den Namen des Ortes als «Charitum ager» – als ein «Tummelfeld der Grazien». In der Tat waren da nicht nur trockene Philosophen und pedantische Übersetzer mit von der Partie. Unter den Mitgliedern der Akademie befanden sich Dichter, Musiker, Theologen, aber auch Juristen und Politiker. Leute also, die von Regierungsaufgaben, Staatsverwaltung und Geldgeschäften etwas verstanden und dennoch die Lehren Platons über die Liebe, die Natur, die Gesetze, aber auch die Seele, die Unsterblichkeit und das höchste Gut verstehen und beherzigen wollten. Wer heute die Villa von Careggi besucht, erkennt kaum mehr die Anmut und Schönheit der Umgebung, wie sie vor gut fünfhundert Jahren wohl gegeben war. Die Villa gehört inzwischen zu einem Hospital, ist umgeben und umstellt von Dienstgebäuden, Baracken, heulenden Autosirenen und wimmelnden Menschenscharen.

Wer die Briefe des Ficino an seine Freunde liest, kann sich ein Bild von den glücklichen Tagen dieser Villa und dieser Akademie machen. Hier wurde übersetzt, geforscht, im kleinen Rahmen gelehrt, bei großem Publikumsandrang zog Ficino in eine der Kirchen von Florenz, um seine neuesten Erkenntnisse kundzutun. Ältere und jüngere Männer waren unter den Freunden der Akademie, solche, die bereits einen Namen hatten, und solche, die sich erst einen zu machen wünschten. Es wurde hier aber nicht nur übersetzt, exzerpiert und kommentiert, an bestimmten Tagen wurde auch gedichtet und musiziert, es gab Lesungen und Feierstunden vor Platons Büste. Die Philosophen bemühten sich vor allem um eins: die platonischen Schriften mit den Lehren des Christentums, der Bibel und der Kirchenväter zu harmonisieren. Man beschäftigte sich aber auch mit Physik und Astronomie, und wie es in jener Zeit üblich war, gehörten dazu auch die Astrologie, die antiken Geheimlehren, ja sogar kabbalistische Schriften zählten bald einmal zum Forschungsbereich einiger Akademiker. Nach Cosimos Tod herrschte für kurze Zeit Piero il Gottoso – der Gichtige – über das Imperium der Medici, dann aber folgte die grandiose Zeit von Lorenzo il Magnifico, dem Prächtigen, der besonders gern in der Medici-Villa von Fiesole weilte, oft aber auch in jener von Careggi einkehrte, zumal wenn sich dort die Dichter trafen. Denn Lorenzos Lieblingsbeschäftigung war mehr noch als das Regieren das Schreiben von Gedichten. In den Briefen des Ficino an Lorenzo spüren wir, wie sehr dem Philosophen daran lag, dass der Herrscher seine schützende Hand über die Akademie halte: «quae per te floret» – die durch Lorenzos Gunst allein blühe, wie Ficino an einer Stelle schrieb. Wenn die Wiederbelebung der Antike das eine Ziel der Akademiker war, so war die Versöhnung von Antike und Christentum das andere. Aus der Bibel und den christlichen Schriften kannte man Gottes Güte, doch durch die Werke der alten Griechen sollte man endlich auch Gottes Schönheit neu entdecken. Man spekulierte immer wieder über die Vorzüge des handelnden und des beschaulichen Lebens – der «vita activa» und der «vita contemplativa». Man debattierte Tag und Nacht über antike Theorien der Freundschaft und der Liebe, man schrieb dicke Kommentare über den platonischen Eros – damit dieser sich irgendwie mit der christlichen Caritas vereinigen ließe. Die Dichter steuerten ihre eigenen Lieblingsquellen aus der Antike dazu bei: orphische Schriften etwa. Als Lorenzos Kanzler amtete eine Weile sogar der Humanist und Dichter Angelo Poliziano, der die Versammelten mit seiner Version des *Orfeo* beglückte. Auch Cristoforo Landino, der Verfasser der *Camaldolensischen Gespräche* war manchmal mit von der Partie. In der erwähnten Schrift lässt er historische Figuren miteinander ins Gespräch kommen: etwa den Architekten Leon Battista Alberti mit Lorenzo de Medici und mit Marsilio Ficino selbst. Gerade beim Lesen solcher Werke entdecken wir noch heute, wie sehr es diesen Gelehrten immer auch darum ging, die Werte des Diesseits mit dem christlichen Glauben an ein Jenseits und an ein kommendes Reich zu versöhnen, das noch glänzender als das der reichen Medici werden sollte.

Ficino selbst erwies sich über die Jahrzehnte hinweg als ein wahres Genie der Freundschaft. Er brauchte seine Freunde mit den vielen unterschiedlichen Begabungen, um erfolgreich arbeiten zu können. Man berichtet, wenn man Ficino rennend durch die Straßen von Florenz angetroffen hätte, da habe man sogleich gewusst: Er ist so unruhig nur, weil seine Freunde gerade abwesend sind! Unter den Ficino-Briefen gibt es Dutzende, die sich im weitesten Sinn mit der Freundschaft befassen: «Quantum potest desiderium amicorum» – Zum Beispiel klärt er in einem dieser Briefe, was die Sehnsucht nach Freunden zu bewerkstelligen vermag. Oder in einem anderen – «Salus amici ab amico» – wird das Prinzip der absoluten Gegenseitigkeit in der Freundschaft erläutert. Einmal deutet er die Freundschaft als ein Spiegelbild des Enthusiasmus, den man für das Göttliche haben müsse. Dann argumentiert er, Sorge zu tragen für die Freunde sei so wichtig wie Sorge zu tragen fürs Vaterland oder für die eigene Familie. Im Schatten der Pinien von Montevecchio, wo die Careggi-Villa lag, ließ es sich trefflich über eine nur von Liebe und Freundschaft geprägte Welt philosophieren, über die «Ersprießlichkeit des Eros», «Die Arten, den Eros darzustellen», «Über den Ursprung der Neigung zu den Männern und der Liebe zu den Frauen» – um nur einige Kapitelüberschriften von Ficinos bedeutendem Traktat *Über die Liebe oder Platons Gastmahl* zu erwähnen.

Von besonderer Bedeutung für das Thema Freundschaft ist die Beziehung zwischen Ficino und seinem genialen Schüler Pico della Mirandola geworden. Pico, ein so heller wie unruhiger Kopf aus einem vornehmen Geschlecht der Emilia-Romagna, war dreißig Jahre jünger als Ficino, und doch wurde er in den späten Jahren der Akademie sein wichtigster Mitdenker und Mitstreiter – und auch jener, der das Denken Ficinos am gewagtesten weiterentwickelte. Mit dreiundzwanzig Jahren schrieb Pico 1486 die *Oratio de hominis dignitate*, eine Abhandlung über die Menschenwürde, ein epochemachendes Werk, in welchem Pico die philosophischen Begriffe «Autonomie» und «Menschenwürde» auf revolutionäre Art und Weise miteinander verband. Zur gleichen Zeit begann Pico sich aber auch mit jüdischer Mystik, antiker und arabischer Astrologie, mit der Sprache der Chaldäer und mit spekulativer Theologie zu befassen. Aufgrund dieser Entwicklung entfernte er sich immer mehr vom Neoplatonismus seines Lehrers Ficino und ging theologisch ganz eigene Wege – nicht ungefährliche, wie sich herausstellen sollte, denn er geriet bald in den Einflussbereich des Dominikanermönches Savonarola, der das weltoffene, der Antike und den Künsten nicht weniger als dem Christentum verpflichtete Florenz in einen rigiden Gottesstaat verwandeln wollte. Der Untergang der platonischen Akademie in Florenz hat direkt mit dem Aufblühen von Savonarolas terroristischer Gottesherrschaft in der Stadt zu tun. Für diesen radikalen Mönch war ein Nebeneinander von Antike und Christentum undenkbar, für ihn gab es keine «docta religio», keine von der Philosophie getragene und genährte Theologie, wie sie Ficino im Ausgang von Platons Schriften entwickelte. Für Savonarola galt nur der in den christlichen Schriften geoffenbarte Gott, und das Reich dieses Gottes musste mit Feuer und Schwert gegen die mondänen Irrlehren der Philosophen verteidigt werden. Anstelle einer Theologie, welche die heidnischen Künste in hoher Verehrung halten wollte, musste jetzt eine gepredigt werden, die nicht solche Irrlehren duldet, sondern zur Umkehr und Buße, zu Armut und mönchisch tugendhaftem Leben ermuntert. Alles andere war gefährliches Denken, blanke Häresie, und musste mit Stumpf und Stiel ausgerottet werden. Nach den politischen Turbulenzen in Florenz, dem Aufstand der Gegenpartei der Pazzi gegen die Medici Ende der Siebzigerjahre, gab es immer mehr Leute, die in einer Abkehr vom weltlichen Glanz und Reichtum der Medici die eigentliche Aufgabe der Christen sahen. Die Lehren Savonarolas fanden viele Anhänger, selbst in den Kreisen des Ficino. Sogar Pico, der einen Bruder hatte, welcher Savonarola geradezu als neuen Heilsbringer verehrte, war nicht immun gegen die Entweder-oder-Falle der neuen radikalen Christen. Ficino zog sich in der Folge immer mehr aus dem öffentlichen Leben zurück. Er hatte allerdings das Glück, nicht nur seinen Schüler Pico zu überleben, der bereits 1494 nach einem abenteuerlichen Leben starb, sondern auch noch seinen

Gegner Savonarola, welcher 1498 zusammen mit zwei anderen Mönchen seines Ordens von den Florentinern, die vom Terrorregime eines religiösen Eiferers genug hatten, öffentlich auf dem Scheiterhaufen als Ketzer verbrannt wurde. Ficino hatte zusehen müssen, wie die Ideale seiner Akademie von jenen, die in Staat und Kirche kurzfristig das Sagen hatten, mit Füßen getreten wurden. Nun war zwar die Akademie verloren, doch er konnte friedlich am 1. Oktober 1499 in seinem Haus in Careggi sterben. Eine Grabstätte erhielt Ficino im Dom von Florenz, wie es für einen solchen Mann auch passend war, schließlich war er ja bereits zwölf Jahre zuvor ehrenvoll Kanonikus dieses schönen Gotteshauses geworden.

Erstaunlicherweise hat der Dissens zwischen dem Lehrer Ficino und seinem genialen Schüler Pico gerade auch mit ihrem Verständnis von Freundschaft zu tun. Pico hatte wohl vor, einen neuen Kommentar zu Platons *Symposion* zu schreiben, mit einigen von seinem Meister abweichenden Ansichten. Man nimmt an, dass Picos *Commento alla Canzone d'Amore* aus dem Jahr 1486 – es handelt sich um Picos Deutung eines Liebesliedes von Girolamo Benivieni – eine Art Vorspiel zum Angriff auf Ficino sein sollte. Aus dem Jahr 1514, also zwanzig Jahre nach Picos Tod, ist ein Brief erhalten, in welchem dieser Girolamo Benivieni sich an den Prediger von Santa Maria del Fiore mit der Absicht wendet, das Andenken an Pico della Mirandola, aber auch an Ficino vor Verdrehungen der Theologen rein zu halten. «Alcuni huomini dabbene» – gewisse einflussreiche Herren würden behaupten, die beiden Philosophen hätten damals in Careggi und andernorts magische und kabbalistische Praktiken ausgeübt, um ihren Geist mit Gott zu vereinen, um Wunder zu wirken sowie Dinge vorherzusagen. Es seien dies nichts als rufschädigende Verleumdungen. Der Brief zeigt, dass die Liebesspekulationen der Neuplatoniker der etablierten Kirche von Florenz auch nach dem Tod der beiden Philosophen noch lange nicht geheuer waren!

Ficino war immer ein vermittelnder Geist gewesen, Pico aber war ein Feuerkopf, der es seinem Lehrer zeigen musste, dass er kein Nachbeter von Lehrer-Ideen sein wollte. Einer der Streitpunkte bestand darin, wie Freundschaft unter Menschen im Gegensatz zur Liebe zu Gott gedacht werden müsse. Ficino harmonisierte: Er fand, dass die Liebe zu Gott geradezu eine Art Garant für die Qualität einer Freundschaft sein müsse, welche zwischen Menschen bestehe. Für Pico war das nicht radikal genug gedacht. Ficino werfe völlig unterschiedliche Dinge durcheinander («confundendo in tutto» wie er schrieb!). Gottes Liebe könne mit Menschenliebe und Freundschaft nichts zu tun haben. Gottes Liebe sei «summa felicitas», unvorstellbar höchstes Glück, Menschenfreundschaft könne nur «naturalis felicitas» – natürlich gegebenes Glück sein. Menschenliebe sei immer nur eine Art Schatten dessen, was Gottes Liebe bedeute. Völlig unvergleichbar also! Dass dies der Lehrer nicht einsehen wollte! – Stritt man um Worte? Für Ficino bedeutete das Göttliche eine Garantie, dass Menschen nicht in die Irre gingen, in ihren Tugenden und mit ihren Lastern. Für Pico war Gott das ganz andere, von welchem nichts Menschliches ein Abglanz sein konnte und durfte. Der Gottesgedanke, radikal gedacht, «verbrannte» geradezu die Möglichkeit, ihn sich adäquat vorzustellen. Vereinigung mit Gott war für Pico eine Art Selbstauslöschung menschlicher Vernunft. Sein Lehrer Ficino dachte falsch, wenn er im Menschen Funken des Göttlichen aufzuspüren gedachte! Gottesliebe und Menschenliebe konnte man nicht in verwandten Seinsstufen denken. Kompromisslos musste das Göttliche als das gesehen werden, wovon wir als Menschen ewig getrennt sein mussten. Im Göttlichen konnte man allenfalls verdampfend aufgehen, nicht aber als Mensch daran teilhaben wollen.

Man spürt die Radikalisierung, die hier in Philosophie, Theologie und Mystik des ungestümen Pico hereinbrach. Und es gibt noch weitere Beweisfelder, in denen man den Dissens zwischen Ficino und Pico feststellen kann: So etwa in ihrem von einander weit abweichenden Verständnis von «voluptas» – dem wollüstigen Begehren, das zu den natürlichen Gaben der Menschen gehört, oder in ihrer unterschiedlichen Deutung der «acedia» – der Todsünde der Trägheit. Ficino sah immer eine Verwandtschaft und Nähe zwischen den Kräften der Sinnlichkeit und jenen des Geistes. «Voluptas» – das war sinnlicher Eros, jene Grundkraft, die den Menschen verlässlich zu höheren geistigen Reichen emportrieb. Sie gehörte zum Gesamtverständnis menschlicher Fähigkeiten, war weder böse noch des Teufels, weder Sünde noch zu vermeiden. War nicht eine der drei Grazien die Verkörperung gerade dieser Lust? Wie konnte daran etwas ungut sein? Doch für Pico war dies zu irdisch gedacht. Er machte aus der «voluptas» eine «voluntas», die Willenskraft, die zum Göttlichen strebt ohne Reste von Sinnenlust und irdischem Begehren. Und ähnlich, fand Ficino, brauche man die Trägheit des Herzens nicht als etwas grundsätzlich Verdorbenes anzusehen. Ließ sie sich nicht auch als jene wunderbare Anlage zur Melancholie deuten, in welcher dem grübelnden Geist doch allerlei herrliche gottgewollte Eingebungen zufielen? Auch hier begehrten die Eiferer gegen diese Genehmigung «animalischer Leidenschaft» auf, hielten sie für eine Versuchung und eine verkappte List des Teufels, dem es gelang, die Herzen der Frommen teilnahmslos und träge zu machen und sie von Gott abzukehren. Melancholie war für sie so wenig eine gottgewollte menschliche Anlage wie die Wollust! – Wir können es drehen, wie wir wollen: In den

Kreis der Freunde von Careggi zog unter Einfluss von Savonarola und seiner Miteiferer ein Geist der Scharfmacherei ein, der radikalen Trennung von Materie und Geist, des überhitzten Eifers, der Unduldsamkeit und des Widerspruchs zu jenen, die alles, was den Menschen bewegte, für gottgegeben und gottgewollt hielten. Ficino suchte, weiter Brücken zu bauen, wo er es nur konnte. Keine scharfen Worte der Verurteilung, nicht einmal gegen Savonarola. Geduldig zuhören und weitsichtig mit der Kraft philosophischer Autorität dagegen argumentieren: Darin erkannte Ficino das Gebot der Stunde. Doch unter seinen Freunden brach auf einmal Uneinigkeit aus über die zentralsten Dinge, in welchen in Careggi bisher Einvernehmen und Eintracht geherrscht hatte. So kam der Augenblick, in welchem die Akademie ihre Pforten schließen musste. Die Medici wurden vertrieben, und die Freunde gingen auseinander, erstaunt darüber, wie es so weit kommen konnte, ja wie man unter Freunden so weit auseinandergeraten konnte ...

Ich habe die Villen der Medici immer wieder besucht, wenn ich in der Toskana war, die von Fiesole, von Poggio a Caiano, von Cafaggiolo, auch die von Careggi. Dem Geist von Cosimo il Vecchio begegnet man heute nur noch im Kloster San Marco in Florenz, in der für ihn bei den Mönchen reservierten Zelle, mit den Bildern Fra Angelicos in der Nähe. Und Lorenzos Geist – mitsamt jenem seiner Künstlerfreunde und ihrer Begabung für weitherzige Freundschaft – scheint sich in den weltlichen Bildern von Sandro Botticelli aus jener Zeit zurückgezogen zu haben. Es muss eine großartige Lebensspanne gewesen sein, die der Akademie zu Careggi, bevor die Eiferer dazwischenfuhren und der Freundlichkeit unter Gleichgesinnten den Garaus machten. Oft frage ich mich, warum es so kommen musste, warum sogar diese wunderbare Einrichtung zur Pflege der Wissenschaft in

Freundschaft und gegenseitigem Austausch weder eine Überlebenschance noch die Gelegenheit zu einer Wiedergeburt hatte. Hat es vielleicht an einem eingeborenen Daseinsfehler gelegen? Mitunter kommt mir der Verdacht, dieser Fehler sei darin zu suchen, dass hier eine zu einseitige Männergesellschaft beieinander war. Wo waren die Frauen damals? Es gab sie doch, die lesenden, dichtenden, musizierenden, Augen und Ohren beglückenden Frauen der frühen Renaissance! Warum wurden sie nicht in den Kreis der erlauchten Denker von Careggi einbezogen? Oder wollten sie etwa nicht? Haben diese Frauen es vielleicht schlicht vorgezogen, sich nur mit Malern, Musikern und Dichtern abzugeben, mit jenen also, die die Welt verschönerten? Und überließen es gerne den Philosophen, Theologen und den anderen Weltverbesserern, ihre seltsamen Geschäfte in aller Freundschaft und Gegnerschaft ganz allein zu betreiben?

Kleine Galerie der Freunde bei Shakespeare

Wollte man all das zusammentragen und bedenken, was Shakespeare zu den Formen und Arten der Freundschaft in seinen Stücken festgehalten hat, wäre damit leicht ein Buch zu füllen. Also wähle ich aus. Schauen wir zunächst eines der Stücke an, wo jemand aus Mangel an wirklichen Freunden ins Unglück kommt. Wir sind in Rom, im Umfeld eines Diktators namens Julius Caesar. Kann der mächtigste Mann im Staat Freunde haben? Er wird umgeben sein von Leuten, die sich durch ihre Nähe zur Macht Vorteile errechnen. Es wird Schmeichler haben in der Umgebung, noch und noch, solche, die nur das sagen, was der Herrscher hören will. Vermutlich wird Caesar auch Menschen in seinem Umfeld haben, die loyal und anständig sind und den ehemaligen Feldherrn und jetzigen Imperator über das Schicksal des Römischen Reiches achten und bewundern. Doch Freunde? «For who so firm that cannot be seduc'd?» – Wer ist so stark, dass ihn nichts zu verführen vermöchte? Wir sind in Shakespeares *Julius Caesar* vor allem umgeben von machtbesessenen Konkurrenten, Verschwörern und Neidern, die sich allesamt ausgiebig des Wortes «Freund» bedienen. Und die Vertreter des Volkes stehen dabei, gaffen, applaudieren dem, was sie gerade hören, und lassen sich in ihrem Wankelmut und ihrer Bewunderung von Größe geradewegs von den um die Herrschaft ringenden «Freunden» in die Monarchie und Diktatur treiben.

Shakespeare, der das Stück in einer Zeit schrieb, als eine Frau um die Alleinherrschaft in England rang, wird um die Einsamkeit der Mächtigen inmitten der Höflinge gewusst haben. «Freunde, lasst uns ein Glas Wein zusammen trinken, dann machen wir uns miteinander auf den Weg.» Caesar sagt es, bevor er zu seiner Ermordung aufbricht. Und Caesar stirbt mit den Worten: «Et tu, Brute? – Dann falle Caesar!» – Wenn der engste Vertraute dem Herrscher den Dolch in den Rücken stößt, will der Herrscher nicht mehr leben! Hier wurde der vermeintliche Freund zum Verräter, der den Mord an dem Tyrannen vor allen Anwesenden auch noch rechtfertigen wird, bevor er entdecken muss, dass nicht er, sondern Marc Anton der Sieger dieser Verschwörung sein wird. Er weiß nichts Besseres, als sich selbst zu töten. Das Drama, das Shakespeare uns hier vor Augen führt, ist aber dennoch nicht das einer verratenen Freundschaft. Vielmehr ist es ein Vorführstück jenes Machttriebs, bei dem jedes Mittel der Verführung und Verfälschung, der List und der Lüge eingesetzt wird, um am Ende als Gewinner die Macht an sich reißen zu können. Freundschaft wird allenfalls als jenes wundersame Heilmittel geschildert, mit welchem man den Gegner beruhigen und irreführen kann, um im entscheidenden Augenblick doch nur dem eigenen Machttrieb zu gehorchen.

Dennoch wird das, was man eine entwickelte Psychologie der Freundschaft nennen könnte, in diesem Stück von Shakespeare wundersam entfaltet. Wir haben es ja nicht nur mit der Freundschaft zwischen Caesar und Brutus zu tun, sondern mehr noch mit der Beziehung zwischen Brutus und Cassius. Dieser Cassius ist der eigentliche Motor der Verschwörung. Er benützt in raffinierter Art und Weise die freundschaftlichen Gefühle von Brutus, um ihn zum Tyrannenmord zu überreden. Hier nun entfaltet sich eine subtile Kenntnis dessen, was Freunde aneinander haben und voneinander erhalten müssen. Freunde spüren zuerst, wenn etwas in einer Beziehung nicht stimmt. Was ist mit dem anderen passiert? Wo ist sein Wohlwollen hin? Cassius zu Brutus: «Aus deinen Augen sprechen nicht mehr die Freundlichkeit und der Ausdruck von Liebe, wie ich sie gewohnt war. Warum führst du mich so kurz am Zügel, wo ich doch dein Freund bin und dich lieb habe?» Hier sagt ein Freund zum anderen: Du warst mir schon näher und offener, ja du warst schon ehrlicher zu mir. Was ist jetzt auf einmal mit dir los? «Du übst eine zu straffe und zu seltsame Herrschaft aus über deinen Freund, der dich liebt.» Brutus weiß es selbst: Wer mit sich nicht im Reinen ist, kann auch dem Freund gegenüber nicht offen sein und vergisst «liebenswürdig mit anderen zu sein». Freunde sind füreinander ein Spiegel, in welchem sie sich erst selbst entdecken. Ich, dein Spiegel, werde dir erst offenbaren, was du an dir nicht kennst. Gibt es einen besseren Freundesdienst?

Was für Einsichten doch Shakespeare über das hat, was in der Freundschaft geschieht! Über Cassius sagt Caesar einmal, er denke zu viel, solche Männer seien gefährlich, er sei zu hager, zu asketisch. Er liebe kein Theater, höre keine Musik. Caesar will andere Männer um sich haben, solche die dick und fett sind, eine Glatze haben und gut schlafen! «Such men as he be never at heart's ease/Whiles they behold a greater than themselves.» Solche Leute wie dieser Cassius kämen nie zur Ruh, solange es jemanden gebe, der größer sei als sie. Es gebe einen alle Freundlichkeit auffressenden Ehrgeiz. Wo der am Werk sei, höre die Freundschaft auf. Nun führt uns Shakespeare die falsche Rhetorik der Freundschaft vor: So behaupten etwa die Verschwörer: «Wir – seine Mörder – sind Caesars Freunde. Denn wir haben ihm die Zeit der Todesfurcht gekürzt. Ich liebte Caesar, als ich ihn niederschlug!» Diese «interessierte Freundschaft» ist nichts als Verlogenheit. Doch die Sprache verrät die Gesinnung: Man spürt, wie warm das Herz in der Brust schlägt, wenn einer über seinen wirklichen Freund spricht. Es gibt zwei Reden in diesem Stück, an welchen man die «Freundschaftstemperatur» messen kann. Brutus spricht zuerst über die Verdienste des toten Caesar. «Romans, countrymen and lovers» – Römer, Mitbürger, Freunde – so beginnt Brutus seine Rede vor dem Volk. Er möchte sich denen, die jetzt um die Herrschaft kämpfen, als Anhänger republikanischer Tugenden empfehlen. Darum sagt er angesichts von Caesars Leiche: «Tränen für seine Liebe, Freude für sein Glück, Ehre für seine Tapferkeit und Tod für seine Machtgier.»

Ihm antwortet Marc Anton: «Friends, Romans, countrymen» so beginnt er. Und spart nicht mit einschmeichelnden Worten: «Gentle friends, good friends, sweet friends!» Und bringt es fertig, mit einer Rhetorik der Verschlagenheit die Stimmung zu kehren: «Er war mein Freund, war mir gerecht und treu. Doch Brutus sagt uns, er war machtbesessen. Und Brutus ist ein ehrenwerter Mann.» Er schildert nun wort- und tränenreich die Tat der Verschwörer. Und wie Brutus – «Caesars Engel» – als Letzter diesem den Dolch in den Rücken stößt. Diesen Verrat des Brutus nennt Marc Anton «the most unkindest cut of all – den herzlosesten Stich von allen». Und die Gefühle seiner Zuhörer aufputschend, bringt er es fertig, aus seinen «Freunden» Feinde des Staates zu machen und die Meinung der Plebejer vollkommen umzudrehen. Am Ende verteilt er noch Geld – jeder römische Bürger soll laut Caesars Testament 75 Drachmen erhalten. Nun wollen diese nur noch Rache an den Verschwörern, die den edlen großherzigen Caesar schändlich ermordet haben. Sie rennen davon, um die Häuser der Verschwörer in Brand zu stecken. Und Marc Anton weiß: «Unheil, du bist unterwegs! Nimm deinen Lauf, wohin du willst.» Der Volkszorn wird zu seinen Gunsten ausschlagen. Die befreundeten Konkurrenten sind bereits auf der Flucht.

Es gibt in diesem Stück noch andere Hinweise darauf, was es mit Freundschaft auf sich hat. Etwa wenn Lucilius, ein dem Brutus nahestehender Mann, berichtet, wie er von Cassius empfangen worden sei. Da erfahren wir von ihm, dass die Zeichen für echte Freundschaft nicht allein Höflichkeit und Achtung seien. Es gehöre noch etwas Weiteres dazu, was er «familiar instances» nennt. Wir würden vielleicht sagen: Zustände der Vertrautheit. Und ein Weiteres: «Free and friendly conference – ein offenes, herzliches Gespräch.» So habe ihn Cassius zwar höflich und respektvoll behandelt, aber ohne jene zusätzlichen Merkmale, die doch wesentlich zu einer Freundschaft gehörten. Worauf Brutus ihm entgegnet, was er da beschreibe, sei, wie heiße Freundschaft kalt werde: «Thou hast describ'd / A hot friend cooling.» Wenn die wahre Freundschaft krank werde und zu zerfallen beginne, verwende sie «enforced ceremony – erzwungene Zeremonien». Wo Freundschaft und Vertrauen herrschen, da brauche es keine übertriebene Höflichkeit: «There are no tricks in plain and simple faith.» Brutus ahnt, dass nicht nur seine Freundschaft zu Caesar eine falsche war, sondern dass auch jene zu Cassius inzwischen vergiftet ist. Im nun folgenden Streitgespräch erweist es sich, dass die ehemaligen Freunde einander bereits entfremdet sind. Cassius zu Brutus: «Du brichst mir das Herz, ein Freund soll Schwächen seines Freunds mittragen. – A friend should bear his friend's infirmities.» – Doch Brutus mache seine Schwächen nur größer, als sie seien. Brutus entgegnet, er liebe seines Freundes Fehler nicht. Cassius darauf: «Das Auge eines Freundes würde solche Fehler gar nicht sehen.» Cassius erkennt, dass im Jähzorn und in der Rechthaberei Freundschaft sich zersetzt und auflöst. Er beginnt, um diese erneut zu buhlen. Ein Dichter tritt hinzu und ermahnt die beiden: «Love, and be friends, as two such men should be. – Liebt euch, seid

Freunde, so, wie es sich für zwei Männer wie Euch gehört.» Sie halten ihn für einen Narren und jagen ihn davon. Doch der Zorn und die Empörung legen sich allmählich beim Bericht, dass inzwischen auch Brutus' Frau Portia tot sei. Sie hat sich aus Verzweiflung über die Abwesenheit und die Taten ihres Mannes das Leben genommen. Die beiden Männer versöhnen sich: «Gib mir eine Schale Wein. Darin begrabe ich alle Unfreundlichkeit, Cassius.» Brutus zu Cassius: «Es gibt Gezeiten in den Lebensdingen.» Auch unter Freunden stürmt es manchmal. Darauf Cassius zu Brutus: «Ein schlimmer Anfang war's für diese Nacht./Nie mehr trenn solche Zwietracht unsre Herzen.»

Am Ende des folgenden Akts werden beide Freunde tot sein. Cassius bringt sich nach verlorener Schlacht mit jenem Schwert um, mit welchem er Caesar ermordete. Brutus führt zuerst noch mit seinem alten Schulfreund Volumnius ein Gespräch darüber, ob es eines Freundes würdig sei, das Schwert zu halten, auf welches er sich zu stürzen gedenke. Volumnius weiß es: «Das ist kein Freundesdienst, mein Herr!» Brutus, der Verräter an Caesar und derjenige, welcher dem Rat seines Freundes Cassius nie getraut und immer anders gehandelt hat, als dieser es ihm vorschlug, bekennt am Ende seines Lebens seinen ihn umgebenden Landsleuten: «Mein Herz/Ist froh, dass ich in meinem ganzen Leben/Nicht einen traf, der mir die Treue brach.» – Der größte Verräter unter seinen eigenen Freunden ist nie jemandem begegnet, der ihn verraten hätte. Was nur heißen kann, dass zwar alle anderen, nicht aber er die Berechtigung hatte, sich als ein Freund zu bezeichnen.

Ein weiteres Stück, in welchem Freundschaft eine besondere Rolle spielt, ist *Hamlet*. Doch auch hier ist nicht die Freundschaft das eigentliche Rätsel im Leben dieses dänischen Prinzen, sondern ein dunkler Trieb, der ihm keine Ruhe lässt und ihn allmählich seiner Familie, seiner Braut Ophelia und seinen Freunden entfremdet. Eine seltsame Besessenheit, den verborgenen Geschehnissen um den Tod seines Vaters und die zweite Heirat seiner Mutter auf den Grund zu gehen, versetzt diesen jungen Mann allmählich in eine wahnhafte Melancholie, in Verzweiflung und Todeslust. Dass er zunächst Freunde hat, ist nicht verwunderlich. Wer möchte nicht mit einem solchen Prinzen näheren Umgang haben? Dass er seine engsten Freunde so behandelt, ist freilich mehr als seltsam. Als ob eine böse Macht ihn dazu anstiften würde, seine engsten Vertrauten mutwillig vor den Kopf und von ihm wegzustoßen.

Das Wort Freund wird auch in diesem Stück viel eingesetzt. «Folgt ihm, Freunde» oder: «Hör zu, alter Freund», sagt Hamlet zu den Schauspielern. Auch König Claudius, Hamlets Stiefvater, benützt das Wort häufig. Einmal will er «unsere klügsten Freunde wecken», dann möchte er dem Laertes, dem Bruder der Ophelia und Sohn des Polonius als Freund gelten – «and you must put me in your heart for friend – setzt mich in euer Herz als Freund ein!». Das Freund-Feind-Schema hat auch hier Geltung: Dem einen öffnet man sein Herz und opfert sein Blut wie der Pelikan für die eigene Brut. Den anderen verfolgt man bis ins Grab, schlachtet ihn ab oder vergiftet ihn. Manchmal freilich stoßen wir auf rätselhafte Passagen. Etwa wo Hamlet von der Liebe zwischen zwei Königen und Völkern spricht und dann sagt: «And stand a comma 'tween their amities» – etwas stehe wie ein Komma zwischen ihrer Freundschaft. Heißt es, dieses Komma verbinde die beiden Könige und ihre Reiche? Oder aber, ein Komma sei als unüberbrückbarer Trennstrich zu verstehen? Was soll gemeint sein? Die Gelehrten streiten sich.

Im Reich, wo etwas faul ist, wundert es niemanden, wenn

es neben den echten auch falsche Freunde gibt. Zu den ersten gehört Horatio, Hamlets Studienfreund. Er ist der einzige, dem der Prinz traut. «Mein guter Freund» – diesen Namen will Hamlet mit Horatio tauschen. Hamlet bezeichnet sich als «he that thou knowest thine» – als denjenigen also, «von dem du weißt, dass er der Deinige ist». Dürfen solche Freunde ausweichend zueinander reden? – Hamlet fragt Horatio, was ihn von Wittenberg hierher nach Dänemark bringe. Horatio darauf: «A truant disposition» – ein Hang zum Bummeln und Faulenzen. Eine kleine Notlüge. Mach keine Scherze, sagt Hamlet darauf, du bist kein Faulenzer – und Horatio gibt gleich zu, er sei zum Begräbnis von Hamlets Vater gekommen. Dass die Freundschaft aber nicht das stärkste Band unter Menschen ist, bemerken wir spätestens dort, wo Hamlet nicht auf den Freund Horatio hört im Augenblick, in dem der Geist seines toten Vaters ihn ruft. Andersherum gilt aber auch: In Gegenwart von Horatio kann Hamlet sich öffnen. Da ist keine Verstellung notwendig, kein falsches Spiel. In Horatios Begleitung erholt sich Hamlet, atmet neu durch, ein Lächeln zieht über sein Gesicht. Und doch, eines ist notwendig im Umgang mit diesem besonderen Freund namens Hamlet: Verschwiegenheit. Ja nichts ausplaudern! Weder aus Unverständnis noch aus Angst. Es gibt Gedanken, die weit über der Fassungskraft der Seele liegen. Es sind «the secrets of my prison-house» – die Geheimnisse meines Kerkerhauses. Ein Schwur zur Verschwiegenheit wird verlangt. Dafür will Hamlet alles tun, «t'express his love and friending to you» – um jene seine Liebe und seine Freundschaft spüren zu lassen, die diese verdienen.

Freundschaft hat viel mit Rechtschaffenheit zu tun. Horatio ist der Fairste und Gerechteste, dem wir in *Hamlet* begegnen. Bevor er sich mit ihm auf die Reise nach England begibt, hält Hamlet eine regelrechte Laudatio auf seinen

Freund Horatio. Er lobt diesen Freund, ganz ohne ihm zu schmeicheln. Was sind die Qualitäten eines Freundes? Keine verzuckerte Zunge, keine Speichelleckereien, keine falschen Kniefälle, kein hündisches Wedeln mit dem Schwanz. Warum hat Hamlet Horatio zum Freund gewählt? Hamlets Seele hat, sobald sie unterscheiden und wählen konnte, der Seele Horatios gleichsam ein Siegel aufgedrückt: Nun bist du für mich bestimmt! Hamlet kennt Gründe dafür: Horatio sei jemand, der gleichmütig, ausgewogen, gerecht sei. Einer, der des Schicksals Schläge wie dessen Belohnungen mit gleichem Dank entgegennehme. Leidenschaft und Urteilskraft seien bei ihm so gut gemischt, dass Fortuna aus ihm keine Pfeife zu machen vermöge, auf der sie jede Note spielen könne, die ihr beliebe. Sein Freund Horatio sei nicht der Sklave der Leidenschaften, sondern jener Mann, den er – Hamlet – tragen wolle in seines Herzens Mitte, «in my heart's core, in my heart of heart». Was für ein Lobpreis der Freundschaft! Hamlet spürt, dass er damit im direkten Offenbaren seines Innern beinah schon zu weit gegangen ist. «Something too much of this» – bereits etwas zu viel habe er in seinen Worten preisgegeben. Was bleibt einem solchen Freund noch zu tun? «Gebe von mir und meiner Sache jenen Bericht, die nicht fassen können, was in mir vorgeht!» Horatio möchte Hamlet in den Tod folgen. Hamlet beschwört ihn, für eine Weile noch am Leben zu bleiben, um der Welt den wahren Sachverhalt kundzutun – «to tell my story». Der Freund als Zeuge der Wahrheit!

Aber es gibt auch falsche Freunde. Sie heißen Rosenkranz und Güldenstern, Freunde, die sich missbrauchen lassen und zu Spionen werden. «My excellent good friends», nennt sie Hamlet zur Begrüßung, und «good lads», was so viel besagt wie: «Ihr guten Kumpel». Wie geht es euch?, will Hamlet wissen. Wie's halt so geht, sagt der eine. Wir sind nicht gerade der Knopf an Fortunas Mütze, meint Güldenstern. Seid ihr dann die Sohlen ihres Schuhs?, fragt Hamlet. Auch nicht, antwortet Rosenkranz. Dann lebt ihr also in der Gegend ihrer Taille, mitten in ihrem Gunstbezirk? Wahrhaftig, meint Güldenstern, wir sind mit ihr intim! Hamlet, das zweideutige Spiel fortsetzend, hakt nach: In der Schamgegend Fortunas? Sehr wahr, sie ist eine Hure! – Und was gibt es Neues? Nichts, als dass die Welt ehrlich geworden ist, sagt Rosenkranz. Dann naht der Jüngste Tag, schließt Hamlet. – Hier wäre etwas nachzutragen, das in vielen Stücken Shakespeares Bedeutung hat. Im Gespräch unter Freunden ist Freizügigkeit und Zweideutigkeit im Sexuellen geradezu eine Pflicht. Unter Befreundeten ist die Schamgrenze stark nach unten verschoben. «Erotisch witziger und obszöner», wird es Ophelia nennen. Über Shakespeares Freude an sexuellen Anspielungen ist viel geschrieben worden. Man hat alle Arten und Abarten solcher Anstandsverletzungen gesammelt und es als «Filthy Shakespeare» bezeichnet – als den «schmutzigen» Shakespeare, als Shakespeares Ferkeleien. Wir lassen es hier mit der Bemerkung bewenden, dass Freundschaft auch Verständnis für das Bedürfnis umfasst, gelegentlich unter die Gürtellinie zu gehen.

Doch zurück zu den falschen Freunden. Hamlet unterhält sich mit ihnen über die Welt als ein Gefängnis, über die Bedeutung schlechter Träume, über die Vermutung, dass auch ein Königssohn ein Bettler ist in dieser Welt. Zum Teil sind es rhetorische Absurditäten und Gedankenspiele, die er als Provokation ausstreut. Fast immer sind sie auch Anspielungen auf den morschen Hintergrund dieser Freundschaft. «Was macht ihr denn in Helsingör, auf dem abgetretenen Weg der Freundschaft?» – Sie lügen zuerst, winden sich um die Wahrheit herum, sagen, sie seien da, um ihn, Hamlet, zu besuchen, und das sei es. Hamlet hört aus diesen Worten die Unwahrheit, er riecht die Lüge. Hat man nicht nach euch geschickt? Ist es eure eigene Neigung und Entscheidung? Ein freiwilliger Besuch? Kommt, kommt! Seid ehrlich! Heraus mit der Sprache! Eure Blicke verraten euch. Ich sehe es euch an. Man hat nach euch geschickt! – Noch drücken sie sich vor dem Eingeständnis. Hamlet beschwört die Rechte der Kameradschaft, die Harmonie einer gemeinsamen Jugend, die Verpflichtung einer nie verletzten gegenseitigen Anhänglichkeit und Liebe: «Seid offen und geradeaus mit mir!» Keine Tricks, keine Verstellung, sagt die Wahrheit! Und Güldenstern gesteht schließlich: «My Lord, we were sent for.» Man hat nach uns geschickt. Damit ist es aus mit der Freundschaft. Sie ist entlarvt als zweckentfremdet, manipuliert, unecht. Aus Freunden sind Aufpasser, Agenten eines anderen Willens, Spione eines Mächtigeren geworden. Jetzt kann Hamlet sie nicht mehr ernst nehmen. – Mein Prinz, ihr liebtet mich einst, erinnert sich Rosenkranz. Ich tu es immer noch, sagt Hamlet darauf, und – und hebt die Finger, zum Schwur bei Dieben und Gaunern! Sie täuschen sich, wenn sie glauben, auf Hamlet wie auf einer Flöte spielen zu können. «Ihr könnt mich zwar ärgern und benützen, doch auf mir herumspielen könnt ihr nicht.» Ihre Sprache ist gewunden, sie lavieren um die Wörter herum, es sind «toadies» – Schmeichler, auch wenn Hamlet sie «excellent good friends» nennt. Er durchschaut sie, zwingt sie, sich zu offenbaren, und spricht, da das Verbrechen gegen die Freundschaft nun aufgedeckt ist, mit ihnen über den Verlust der Lebensfreude. Sie seien Helfershelfer der Intrige, ihnen sei so viel zu trauen wie den Giftzähnen einer Natter. Falsche Freunde sind wie der versteckte Apfel im Mundwinkel des Affen. Am Schluss werde der Affe den Apfel verschlingen. Hamlet nennt Rosenkranz einen Schwamm, der gierig die Gunst des Königs aufsauge, seine Belohnungen, die Würden, die es zu gewinnen gebe. Doch wenn der Dienst getan sei, werde der König sich seiner servilen Helfer entledigen. Er werde den Schwamm auspressen, «you shall be dry again», und sie, die falschen Freunde, würden wieder trocken sein. Was aus «schoolfellows» werden kann! Hamlet sinniert weiter: Sind die beiden vielleicht nur unschuldige Dümmlinge? Sind sie Opfer einer schärferen Intelligenz? Doch sie buhlten geradezu um diesen Auftrag – und sind darum gekaufte Seelen. Der König sagt sogar über sie: «Wir müssen von euch Gebrauch machen.» Hamlets Urteil über sie steht fest: «They are not near my conscience – sie stehen meinem Gewissen nicht nahe.» Ihr Untergang ist ihre eigene Schuld, ihre Verfügbarkeit zwingt sie geradezu ins Verderben.

Wahre Freunde sind seltener, als man glaubt. Das weiß auch der alte Polonius: Freunde, die sich bewährt haben, müsse man mit Banden von Stahl an die Seele fesseln. Echte Freundschaft hat ein Erkennungsmerkmal. Es heißt Eindeutigkeit, Unmissverständlichkeit, Bedingungslosigkeit. Die Sprache der Freundschaft kennt kein Wenn und Aber. Zu einem der Totengräber sagt Hamlet einmal: «Wir müssen mit der Präzision von Seekarten reden, sonst richtet uns die Doppeldeutigkeit zugrunde.» Er definiert damit die Sprache wahrer Freundschaft. *Hamlet* ist ein Lehrstück in echter und falscher Freundschaft.

Das Shakespeare-Stück, in welchem sich Freundschaft am allermeisten als das so heimliche wie unheimliche Zentrum aller Geschehnisse erweist, ist *Der Kaufmann von Venedig*. Wir wissen nicht mit Sicherheit, ob Shakespeare je in Venedig war, gar ob er dort Freunde hatte. Was jedenfalls eine schöne Vorstellung ist. Hätte er sonst – in diesem Stück, aber auch in seinem *Othello,* so sinnlich und beteiligt diese Stadt beschreiben können? Denkbar ist es, dass er zwischen 1585 und 1592 –

der Zeitraum, den man als seine «lost years» bezeichnet, weil man so wenig über diese Lebensphase an Fakten hat – während einer Italienreise auch in der Lagunenstadt war. Mit Sicherheit weiß es kein Mensch, außer wir gehen davon aus, dass Shakespeare wirklich nur der Künstlername jenes Gentlemans war, hinter dem sich in Tat und Wahrheit der Gelehrte, Polemiker und Höfling Edward de Vere, Earl of Oxford, verbarg. Von diesem ist bezeugt, dass er schon in den Jahren 1575 und 1576 in Frankreich und Italien unterwegs war. Aber auch hier streiten sich die Gelehrten.

Warum steht Freundschaft hier im Zentrum, und nicht Liebe und Glück, nicht Gerechtigkeit und Rache, nicht Geld und Geschäft, nicht Religion und Vorurteil, nicht Heirat und Erbschaft? All dies ist doch ebenso Thema dieses Stücks! Es ist ein Theaterstück, das uns nicht froh macht, weil es die Menschen endgültig als Gewinner und Verlierer zurücklässt. Die Gewinner sind die Freunde. Die Verlierer jene, denen man die Freundschaft vorenthält und verweigert. Die Christen von Venedig halten die Juden der Stadt für ihrer Freundschaft unwürdig. Sie zwingen sie am Ende, das zu werden, was sie selbst sind: Christen. Es ist etwas gnadenlos Unversöhnliches in diesem geschäftigen Venedig im Gange. Nicht Konkurrenz. Denn man kämpft mit ungleichen Waffen. Der Kaufmann von Venedig ist nicht, wie viele meinen, Shylock, der Jude. Dieser ist nur der Geldleiher, der Kreditgeber der Kaufleute, derjenigen also, welche am Ende als Einzige die wirklich guten Geschäfte machen. Die Perfidie des Ganzen liegt darin, dass ein durch Kreditgeschäfte zu einigem Wohlstand gekommener Jude sein Hab und Gut, seine Tochter und seine Ehre verliert, ja dass er gezwungen wird, seiner eigenen Religion abzuschwören, nur weil ein christlicher Kaufmann seinem christlichen Freund helfen will. Diese Freundschaft zwischen dem Kaufmann Antonio und seinem

Freund Bassanio ist der geheime Drehpunkt der Dinge, die hier auf der Bühne dargestellt werden.

Ich muss hier etwas einfügen, das mir selbst bei meinem letzten Besuch in Venedig widerfahren ist. An einem Spätnachmittag, als die Sonne schon tief im Westen über der Lagune stand und die spärlichen Bäume lange Schatten über die Bänke des Platzes warfen, begab ich mich auf den Campo del Ghetto Nuovo, um den Ball spielenden Kindern und den herumtollenden Hunden zuzuschauen. Der Campo zu dieser Stunde: Das ist venezianisches Leben ins Offene gewendet. Die Museen sind bereits zu, die den Platz bewachenden Polizisten sind abgezogen, nur noch vereinzelte Touristen laufen mit einem Stadtführer in der Hand über den Platz, enttäuscht darüber, dass sie nun vor verschlossenen Türen stehen. Auf den Bänken sitzen jetzt nicht mehr Menschen aus fernen Ländern, sondern es kommen ältere Stadtbewohner aus ihren Häusern, um hier den Einzug des Abends zu erleben, der in Venedig fast immer mit überraschenden Licht- und Farbwundern verbunden ist.

Es war später Frühling, die Steinbänke gaben die Sonnenwärme des Tages dem Körper zurück, wenn man sich auf sie setzte. Ich gesellte mich zu einem älteren Mann, der bereits auf einer Bank saß, und wünschte dem freundlich blickenden Herrn einen guten Abend.

«Ich habe Sie schon öfters hier gesehen», sagte der Mann zu mir. «Sie scheinen auch den Campo am Abend zu lieben.»

«Ja», antwortete ich, «ich wohne zwar an den Zattere, aber ich nehme von dort das Boot bis zum Ponte delle Guglie. Hier ist ein wunderbarer Ort, um zu erleben, wie die Stadt gegen Abend doch den Venezianern gehört und die Touristen, von den Restaurants verschluckt, alle unsichtbar werden.»

«Schön, dass Sie sich hierhertrauen. Es gibt manche, die

das Ghetto für gefährlich und bei Dunkelheit sogar für unheimlich halten, sobald die Bewacher der jüdischen Einrichtungen abgezogen sind. Nach neun Uhr abends, wenn die Eltern ihre Kinder im Haus sehen wollen, wird es hier geradezu ungemütlich einsam.»

Von dem gesprächigen Mann erfuhr ich, dass dieser über vierzig Jahre lang an einem Liceo in Venedig Lehrer gewesen war und nun seit dem Tod seiner Frau von einer bescheidenen Pension im Ghetto lebte, nicht unzufrieden mit seinem Schicksal. Er lese viel, helfe gelegentlich in einem Antiquariat aus, wenn jemand krank werde und ausfalle, und schreibe seit einigen Jahren an einer Biografie über den großen Leon Modena, aus der vermutlich gar nichts werde, weil er sich zu sehr in Details und Kleinigkeiten verliebe und so immer wieder den roten Faden verliere und vom Hundertsten ins Tausendste komme. «Es macht aber nichts, wenn ich mich verzettle», sagte der Mann, «ich habe meine Freude daran, überraschende Dinge zu entdecken, und das ist mir inzwischen genug.»

Ich wollte wissen, wie man sich diese Kleinigkeiten vorzustellen habe, in die er sich verliebe.

«Ich kann es Ihnen schlecht erklären, weil ich es selbst nicht ganz verstehe. Sehen Sie: Heute zum Beispiel habe ich den ganzen Morgen lesend mit dem Zins- und Pfandwesen Venedigs zugebracht. Dieser Leon Modena war ein gelehrter Rabbiner, gescheit, fromm, musikalisch, neugierig und klug. Mit einer Schwäche: Er war ein leidenschaftlicher Glücksspieler und hatte sein spärlich verdientes Geld als Rabbiner und Bücherschreiber schneller, als man es sich denken mag, wieder verspielt. Also musste er immer neues Geld beschaffen. Doch wie? Er musste borgen, Geld ausleihen bei Menschen, die ihm trauten. Manchmal musste er ein Pfand hinterlegen, damit er überhaupt zu Geld kam. Oder er musste für das geliehene Geld Zinsen zahlen, Wucherzinsen sogar, wo man ihn für einen riskanten Gesellen hielt. Ein Teufelskreis von Wagemut und Misstrauen ist dies, den zu verfolgen in höchstem Maße spannend ist. Es ist eine ähnliche Situation, wie sie Shakespeare in seinem *Kaufmann von Venedig* beschreibt. Wenn ich anfange, in der Geschichte der ersten Hälfte des siebzehnten Jahrhunderts in Venedig herumzustöbern, stoße ich auf die verrücktesten Berichte über Kreditgeschäfte von Spekulanten und Profiteuren. Dabei verliere ich meinen Leon Modena ganz aus dem Auge, weil mich diese Tauschgeschäfte, diese scheinbaren Betrügereien und Verbrechen der das Geld so liebenden Venezianer geradezu ergötzen. Da spüre ich die Versuchung, meinem Rabbiner untreu zu werden und ein Buch über das zu schreiben, was Venedig groß und mächtig und mit allen anderen Orten der Welt unvergleichbar gemacht hat.»

«Und was wäre das?», wollte ich von meinem Gesprächspartner wissen.

«Das eigentliche Geheimnis der Glorie und des Glanzes Venedigs liegt meiner Meinung nach in dem, was ich *fidarsi alla veneziana* nenne, das heißt: auf venezianische Art und Weise vertrauen.»

«Meinen Sie damit, jemanden in Geldgeschäften übers Ohr hauen?»

«Aber ganz und gar nicht! Die Venezianer sind keine Diebe und Betrüger. Sie sind Unternehmer und Händler. Und sie sind große Spieler mit ihrem Geld. Sie werfen das, was sie haben, auf den Markt, machen damit Geschäfte und Gegengeschäfte. Die Dukaten müssen rollen, um sich zu vermehren. Ein kluger Venezianer kaufte damals Schiffe, stattete sie mit verlässlichen Mannschaften aus, die er anständig bezahlte, sodass sie ihm treu ergeben waren. Er ließ kostbare Güter aus dem Orient nach Venedig bringen und verkaufte sie hier mit gutem Gewinn. Nehmen Sie einmal die Geschichte vom *Kaufmann von Venedig*. Dieser Antonio ist deshalb so reich, weil er sein Vermögen nicht hortet, sondern etwas mit ihm riskiert. Er investiert in Schiffe, die auf den Meeren unterwegs sind, nach Tripolis, nach Indien, nach Mexiko, nach England. Er hat sogar so viel investiert, dass er jetzt schlecht bei Kasse ist und Schulden machen muss, wenn er seinem Freund Bassanio helfen will. Und so geht er zu Shylock, dem alten Juden, um Geld von ihm zu borgen, dreitausend Dukaten, damit sein Freund auf Schloss Belmont bei der schönen Portia eine gute Figur machen kann. Mit dem Juden schließt er darauf vor dem Notar jenen seltsamen Vertrag, dreitausend Dukaten für drei Monate, und wenn er sie bei Fälligkeit nicht zahlen kann, so darf man ihm ein Pfund Fleisch aus jenem Teil seines Körpers schneiden, den Shylock bestimmt. Das ist die zweite Sache, in welche die Venezianer ihr Vertrauen setzen: die Verlässlichkeit der Gesetze.»

«Wenn ich mich richtig erinnere», sagte ich darauf, «ist es ein höchst grausames Spiel, das die christlichen Herren Venedigs mit dem Juden Shylock treiben. Er verliert am Ende doch sein ganzes Vermögen und seine einzige Tochter dazu, und soll sogar seinem Glauben abschwören und ein Christ werden. Dieser von Ihnen gerühmte Kaufmann von Venedig ist doch alles andere als ein anständiger und vorbildlicher Herr!»

«Bedenken Sie: Shylock ist in dieser Geschichte der Repräsentant einer Haltung, die von einer tragischen Fixierung auf Gewissheiten und Sicherheiten geprägt ist. Er berechnet alles, kontrolliert alles, sein Haus ist eine Festung, er hält alles unter Verschluss, sein Geld, seine Juwelen, seine Tochter. Er will kein Wagnis und kein Risiko, beharrt stur und einsichtslos auf seinem Recht, auf den Verbindlichkeiten und Verpflichtungen, auf den Gesetzen der Republik. Und kommt so auf tragische Weise unter die Räder. Warum ist er am Ende ein gebrochener Mann? Weil er niemandem traut und nur auf das Gesetz und den Buchstaben pocht. Er, der als Jude von den Christen so viele Beleidigungen und Schmach zu erdulden hatte, ist als Rechnender und auf die Gesetze Pochender am Schluss der Betrogene, der Verlierer! Und zwar so sehr, dass man den schadenfreudigen venezianischen Herren zurufen möchte: Jetzt reicht es aber! Wo bleibt euer christliches Mitleid?»

«Und diese grausame Weltanschauung der feinen christlichen Gesellschaft nennen Sie Vertrauen auf Venezianisch?»

«Die Geschichte vom *Kaufmann von Venedig* scheint mir vor allem eines zu zeigen: dass ohne Vertrauen gar nichts funktioniert. Weder die Wirtschaft, noch die Religion, noch die Liebe. Haben nicht schon die alten Griechen gewusst, dass Vertrauen nicht nur die Voraussetzung für das gute private Leben sei, sondern auch dafür, dass ein Staat gedeihe, dass das Gemeinwohl blühe? Ohne Vertrauen rennt doch jeder ins Unglück. Es muss ihm wie dem armen Shylock ergehen, der nach und nach die Kontrolle über sein Hab und Gut, seine Familie, letztlich sogar über sich selbst verliert, weil er den riskanten Einsatz, das unbegründbare Wagnis des Vertrauens nicht wagt. Venezianisch vertrauen bedeutet: großzügig Kredit gewähren, Glaubwürdigkeit und Rechtschaffenheit als eine natürliche Voraussetzung des Lebens begreifen, sich die Freiheit des Handelns nicht durch Kleinlichkeit, Misstrauen und Übervorsicht nehmen lassen. Am Ende erweist sich doch, dass nur Vertrauen und keine Sicherheiten die Loyalität und das gegenseitige Wohlwollen garantieren. Die Venezianer sind nicht dumm. Darum lassen sie sich durch Fehler und böse Absichten, durch Gefahren und Unabsehbarkeiten nicht schwächen. Sie spielen einfach das Spiel des riskanten Einsatzes. Wie mein Leon Modena, der ein kluger und heiterer Jude war. Dahinter steckt eine wunderbare Menschenkenntnis. Gegen den grundsätzlichen Zweifel, gegen die ängstliche Vorsicht und das ewige Abwägen und Rechnen setzen die Venezianer die durch Lebenserfahrung begründete Zuversicht, dass man dem anderen, gerade wenn er anders ist, trauen muss, wenn man selbst nicht untergehen will. Letztlich bedeutet dieses Vertrauen auf Venezianisch gar nichts anderes, als beherzt auf Risiko zu setzen und sich die Aussichten auf ein schönes Leben nicht durch das verstellen zu lassen, was alles dabei schiefgehen könnte. Wäre sonst je eine solche Stadt wie Venedig entstanden?»

Ich staunte über diesen Mann, der nicht mit der unausrottbaren Bosheit und Falschheit der Menschen, sondern mit ihrer Zuversicht, ihrer Spielfreude, ihrem Glauben an den Gewinn rechnete und davon ausging, dass es am Ende für alle vorteilhaft sein müsse, wenn man dem anderen traue.

«Wenn Sie wieder einmal an einem Abend hier sitzen, erzähle ich Ihnen noch eine andere venezianische Geschichte. Auch diese ist schön. Sie handelt davon, dass die Venezianer nicht nur große Geschäftemacher und Spieler sind, sondern einen sechsten Sinn für Gerüchte und Geschwätz haben. Für erfundene Geschichten. Diese sind die beste Medizin, um sich gegen die Langeweile und die Absehbarkeit des Lebens zu wehren. Nun wünsche ich Ihnen einen guten Abend.»

Der Mann erhob sich und lief mit geradezu tanzartigen Schritten der Calle Farnese zu. Ich beschloss, an einem der nächsten Abende den Campo erneut zu besuchen. Denn was man gegen den Alltagstrott erzählend und erfindend unternehmen könne, interessierte mich so wie die Frage, was Vertrauen «auf Venezianisch» bedeutet.

So viel zu dieser Begegnung auf dem Campo des Ghetto Nuovo in Venedig. Doch sind hier noch einige Dinge aus diesem Venedig-Stück Shakespeares nachzutragen, die Freundschaft und Liebe betreffen. Denn neben dem dunklen Schicksal des Juden Shylock, der nichts als sein Recht fordert, steht das Glück der Freunde und jenes der Liebenden im Fokus dieses Stücks. Zu Antonio, dem Kaufmann, sagt sein Freund Bassanio: «An Geld sowie an Freundschaft schuld ich dir das meiste!» Antonio antwortet darauf: «Alles liegt da, damit du davon Gebrauch machst, mein Vermögen, meine Person, alles, was mir zur Verfügung steht.» Man spürt, dass hier das Gesetz gilt: Du bist mein Freund, und was mir gehört, gehört auch dir! Doch dieser Antonio sucht sich seine Freunde genau aus. Denn sobald es um den Juden Shylock geht, verweigert er jede Art von Freundlichkeit. Zu diesem geht Antonio nur, um seinem Freund Bassanio zu helfen. Um den dringlichen Wünschen seines Freundes zu entsprechen, will Antonio, der sonst weder Geld verleiht noch borgt, eine Gewohnheit brechen und bei Shylock Geld borgen. Hier will er jedoch keinen Freundschaftsdienst – er will nur in der Not mit dem Juden ein Geschäft machen. Die große Beleidigung beginnt dort, wo Antonio zu Shylock sagt: Leihe dein Geld nicht deinem Freund, sondern deinem Feind. Ich brauche etwas von dir, nur: Deine Freundschaft will ich nicht. Shylock darauf: «I would be friends with you, and have your love. – Ich wollt Ihr Freund sein, und Ihr Wohlwoll'n haben.» Obwohl Antonio den Juden öffentlich beleidigt, erniedrigt, bespuckt hat, will Shylock Antonio mit dem geliehenen Geld eine Gunst erweisen – «buy his favour» – sein Wohlwollen erkaufen –, doch Antonio will nur Geld und keine Gunst. Geschäfte macht man sogar mit dem Teufel, doch ein Antonio weiß, dass er niemals dem Juden seine Freundschaft anbieten wird – etwa aus Dankbarkeit für dessen Hilfe. Antonios

Mitteilung lautet: Niemals wirst du meiner Freundschaft würdig sein. Es ist purer Rassismus, der sich in diesem Geschäft mit Shylock entpuppt.

Man muss dieser Hartherzigkeit die Töne entgegenhalten, mit welchen die Freundschaft zwischen «Gleichartigen» gepriesen wird. Etwa die Freundschaft zwischen Antonio und Bassanio. In einem Gespräch zwischen Salerio und Solanio, zwei befreundeten Begleitern der beiden, erzählt der erste, wie er die «wundersam zärtliche Zuneigung – affection wondrous sensible» zwischen Antonio und Bassanio entdeckt habe. Und Solanio sagt darauf: «Ich denk, er liebt die Welt nur seinethalb.» Freundschaft ist hier der letzte Anker für einen Melancholiker, der sich nicht vorzeitig von der Welt zurückziehen oder sich gar von ihr verabschieden möchte.

Doch gerade hier wird deutlich, dass es etwas gibt, was die Freundschaft an Glückspotenzial bei Weitem übertrifft. Es ist Liebe und Leidenschaft zwischen Mann und Frau. Die Dialoge zwischen Bassanio und Portia belegen es vielfach. Was auch den wortmächtigsten Liebhaber sprachlos und verlegen macht («there is such confusion in my powers», sagt Bassanio!), ist diese verwirrende Erfahrung, nicht mehr Herr seines Denkens und Fühlens zu sein, sondern ganz dem Wirkungsbereich der Geliebten anzugehören. Freundschaft zeigt sich vor allem als unbedingte Hilfsbereitschaft: «der bestgeeignete und unermüdlichste Geist im Erweisen von Freundlichkeiten». Leidenschaftliche Liebe ist jedoch eine radikalere Erfahrung der Selbstauslieferung. Nur die Liebenden selbst blicken in diesen Abgrund gegenseitiger Zugehörigkeit. Freundschaft setzt eine Verwandtschaft an gemeinsamen Anlagen, Neigungen, Charakterzügen voraus – Shakespeare nennt sie «a like proportion of lineaments, of manners and of spirit». Liebe jedoch eint auch widersprüchliche und widerspenstige Seelen, sie verlangt nicht Hilfsbereitschaft und Verständnis, sondern will vereint den Wirbel des Lebens bestehen, indem sie alle höheren Mächte, Himmel und Hölle, mit ins Spiel bringt. Der Freundschaft ist eine Art von Selbstlosigkeit beigemischt, von Opferwillen und Gut-sein-Wollen, welche im Erfahrungsstrudel der Liebenden gar nie an die Oberfläche kommt, weil höhere Gefühlswellen sie überdecken. Antonio, der bereit ist, sich für seinen Freund zu opfern, wird in der Gerichtsszene sagen, er – Bassanio – habe nur zu bedauern, dass er seinen Freund Antonio verliere, während er – Antonio – es niemals bedauern werde, Bassanios Schuld mit seinem eigenen Leben zu bezahlen. Freundschaft nähert sich hier geradezu dem ethischen Heroismus, während Liebe und Leidenschaft mit allen Merkmalen des riskanten Einsatzes behaftet bleiben. Freundschaft und Melancholie über die Verfallskurven des Lebens vertragen und fördern einander bestens. Die Liebe jedoch treibt jede Nachdenklichkeit in die Flucht. Sie ist Wagnis und Spiel, dessen Gegenwart Seligkeit, dessen Ausgang jedoch nicht absehbar ist. Darum ist *Der Kaufmann von Venedig* letztlich die noch größere Hymne auf das mit nichts Vergleichbarem aufzuwiegende Geschenk der Liebe als auf die Wohltaten der Freundschaft.

Die venezianische Freundin

Ich kannte Stella seit einem halben Jahr. Seit den Tagen, da wir uns in Rom aus Anlass eines Weiterbildungskurses für Bibliothekare begegnet waren. Es ging um den neuesten Wissensstand im Umgang mit alten Manuskripten. Sie, die an der Marciana in Venedig für alte medizinische Handschriften und frühe Drucke zuständig ist, war nach Rom gekommen, um zu berichten, wie alte Schätze in der reichen venezianischen Bibliothek und im Staatsarchiv restauriert, konserviert und den Forschern zugänglich gemacht werden. Ich durfte nach Rom reisen weniger als Spezialist für Erhaltungstechniken zerfallender Manuskripte, sondern weil die Bibliotheksleitung fand, aus Anlass meines sechzigsten Geburtstages hätte ich für über dreißig Jahre treue Dienste eine Reise zu einem europäischen Fachkongress verdient, «da wir für unsere Mitarbeiter ja kein Sabbatical kennen», wie der Direktor es mir gegenüber begründet hatte. «Ich gehe allerdings davon aus, dass Ihre Kenntnisse, die Sie von dieser Tagung in Rom mitbringen, unserer Bibliothek zugutekommen. Wir schicken Sie nicht auf Staatskosten nach Rom in die Ferien, sondern erwarten von Ihnen nützliche Hinweise für den Umgang mit unseren eigenen Beständen», hatte er in seinem unheilbaren Nützlichkeitsdenken hinzugefügt.

Zufrieden und dankbar war ich nach Rom gereist – man muss die Geschenke nehmen, wenn sie kommen –, es war Ende März, und um diese Jahreszeit ist es in Rom angenehmer und schöner als im Alpenraum, wo der Winter noch lange seine Wirkung behält. Die um das Überleben schriftlicher Dokumente besorgten Fachleute trafen sich in Rom im Collegio Romano gleich hinter der Kirche S. Maria sopra Minerva im ehemaligen Kolleg der Jesuiten und des großen Athanasius Kircher. Wir waren etwa zweihundert Leute. Aufgrund der bereitgestellten Stühle hätten mindestens doppelt so viele anreisen müssen. Rom bietet tausend Anlässe der rechtfertigenden Art, anderes zu tun, als sich Vorträge über moderne Konservierungstechniken alter Schriften anzuhören.

Am ersten Morgen nach dem Eröffnungsabend ergab es sich, dass im noch spärlich besetzten Vortragssaal des Collegio eine überraschend entschlossene Frau auf die Stuhlreihe zukam, in welcher ich bereits saß, mich freundlich anlächelte, mir die Hand entgegenstreckte und sagte: «Sono Stella! And who are you?»

Ich erhob mich und antwortete auf Italienisch, dass ich aus der Schweiz, genauer aus Graubünden, komme und dort als Bibliothekar tätig sei.

«Grigioni?», sagte sie verwundert. «Ich komme aus Venedig und arbeite an der Marciana. Hatten die Venezianer nicht irgendwann in ihrer Geschichte fürchterliche Schwierigkeiten mit diesen Leuten, die sich Grigioni nannten?», fragte sie mich belustigt.

«Das liegt weit zurück», antwortete ich, «doch es stimmt, im siebzehnten Jahrhundert gab es viele Graubündner in Venedig, die dort Kaffee ausschenkten und Schnaps verkauften.» Stella antwortete, als habe sie bereits einen Entschluss gefasst:

«Darf ich dich Grigione nennen?»

Ich fuhr zusammen. Wirkte ich bereits so grau oder zumindest so gräulich, dass sie mich so nennen musste? Doch sie sagte weiter:

«Weißt du, das Wort ‹grigio› spricht sich so zart im Italienischen. Es schnurrt geradezu, wenn es über die Lippen kommt, und ist weich wie ein Katzenfell. Ich liebe dieses Wort. Als Kind hatte ich einmal einen Kater, den ich Grigione nannte. Stört dich das?»

«Nein, keineswegs – wenn Sie meinen, er passe auch zu mir ...»

«Weißt du, wir duzen uns in Italien unter Kollegen. Einverstanden?»

«Gewiss», antwortete ich, «freut mich sehr!», sagte ich etwas betreten und doch nicht unzufrieden und reichte Stella die Hand: «Grigione ist mein Name.»

So begann unsere Bekanntschaft. Offen gestanden, außer Stellas eigenem Vortrag zu einer venezianischen Handschrift des 16. Jahrhunderts, verfasst von einem Arzt namens Ludovico Cornaro, der seinen Zeitgenossen Ratschläge über gesunde Diät und deren Folgen für die Langlebigkeit gab – er ist seine eigenen Einsichten befolgend im Alter von hundertundvier Jahren 1566 in Padua gestorben –, habe ich in diesen Rom-Tagen nur sehr wenige Vorträge gehört, meistens jeweils den letzten Vortrag des Tages, nach welchem man zum Apéritif und zum «gesellschaftlichen Teil» der Tagung überging.

Dies hing nun ganz und gar mit Stella zusammen, die mir am folgenden Tag bereits nach dem Frühstück im Hotel Santa Chiara hinter dem Pantheon, wo offenbar Venezianer und Graubündner mit anderen Kongressteilnehmern logierten, den Vorschlag machte, anstatt ins Collegio zu gehen doch lieber durch die Stadt zu flanieren, vielleicht in ein Museum einzukehren und erst gegen Abend unsere Berufskollegen wieder aufzusuchen. So geschah es denn auch. Wir gingen zuerst zur Scuderia des Quirinals, wo es eine Ausstellung über Maler im Umkreis de Chiricos gab – die Vertreter der sogenannten *Pittura metafisica* –, dann spazierten wir weiter zu Sant'Andrea al Quirinale und zu den Quattro Fontane, um schließlich im Palazzo Barberini in der Galleria Nazionale zu landen. Wir schauten uns Raffaels «Fornarina» und Caravaggios «Narziss» an. Als wir den oberen Saal mit dem riesigen Deckengemälde von Pietro da Cortona verließen (man steht dort unter allegorischen Bildern der «göttlichen Vorsehung») und nebeneinander die Treppe hinuntergingen, sagte Stella:

«Wir müssen noch in den Südflügel hinüber, da gibt es eine ganz spezielle Treppe Borrominis, die musst du unbedingt sehen.»

Gesagt, getan, wir liefen an der Hauptfassade des Palastes entlang hinüber zum Südflügel und zur Treppe, die Stella mir zeigen wollte. Sie nahm mich am Arm und sagte:

«Setzen wir uns ein bisschen auf diese Treppe, solange niemand kommt und wir niemanden stören. Ich muss dir etwas erzählen.»

Wie konnte ich Nein sagen! Stella suchte eine Höhe, von der aus man den überaus zierlichen Schwung der Treppe hervorragend sehen konnte. Die Treppe lag im Halbdunkel, weil man gegen die Mittagssonne an der Fensterwand bereits die dunklen Schutzläden heruntergelassen hatte. Wir setzten uns nebeneinander auf eine Treppenstufe, den Blick zur Frontseite des Palazzos gerichtet. Stella legte – vollkommen unerwartet – einen Arm um meine Schulter und begann:

«War dies nicht ein schöner Vormittag? – Ich habe mich in deiner Nähe sehr wohl gefühlt. Vielleicht, weil du in den Museen und in den Kirchen nicht redest, sondern schaust, und manchmal, bevor du die Kunstwerke wieder verlässt, freundlich lächelst. Es gefällt mir, mit dir Räume neu zu entdecken und Bilder wiederzusehen. Ich war in früheren Jahren oft in Rom, habe hier eine Zeitlang studiert, und bis auf die Ausstellung in der Scuderia die Sehenswürdigkeiten, die wir heute besuchten, alle früher schon vor Augen gehabt. Und doch kam es mir vor, als sehe ich heute einiges neu. Hast du nicht gemerkt, dass ich dich ab und zu anschaute, während du mit den Bildern an den Wänden oder den Saaldecken beschäftigt warst? Grigione, du bist ein guter Begleiter für mich, du tust mir gut!», sagte sie und zog, die Hand an meinen Hals legend, meinen Kopf zu sich heran, sodass ich ihr Haar berührte.

«Auch ich war gern mit dir unterwegs», antwortete ich etwas verlegen und verwundert über den Mut und die Offenheit dieser Frau. Ich drückte mit meiner Rechten ihr freies Handgelenk, so als ob ich ihr für ein Geschenk zu danken habe. Sie ließ mich aber nicht weiterreden, sondern fuhr fort, als habe sie Dringliches zu berichten:

«Weißt du, wovon ich immer mehr überzeugt bin? Wir müssen unsere Lebensträume durch angenehme Realitäten aufbessern. Vor Kurzem ist mir die Erzählung eines Russen in die Hand gekommen. Ich hab das Buch in meiner Tasche, und ich lese dir daraus hier an diesem besonderen Ort, auf dieser Treppe zwischen Himmel und Erde, drei kurze Stellen vor, die ich gestern Abend angestrichen habe. Der Autor heißt Iwan Bunin, ich kenne sonst nichts von ihm, doch der Titel dieses kleinen Buches hat mich magisch angezogen. *Ein unbekannter Freund* heißt das Buch und besteht aus Briefen, die eine Frau einem bisher unbekannten Mann schreibt.»

Stella kramte in ihrer Tasche und holte ein dünnes Bändchen daraus hervor. Sie rückte auf der Treppe, in Sitzhaltung bleibend und auf dem Hinterteil rutschend, zwei Stufen nach oben, damit genügend Licht auf die Buchseiten falle, ich folgte ihr in gleicher Weise. Irgendwie spürte ich, dass es um eine mir bisher fremde Art besserer Nähe ging.

«Hör einmal, was ich mir gestern Abend vor dem Einschlafen angestrichen habe», sagte sie halblaut, als wolle sie mir auf dieser Treppe etwas zuflüstern, was nur sie wusste und was sie schützen wollte.

«Warum muss man denn – teilen?», hörte ich Stella lesen. «Ich weiß es nicht, und Sie wissen es auch nicht. Aber wir beide wissen ganz genau, dass dieses Bedürfnis des menschlichen Herzens unausrottbar ist, dass es das Leben zum Leben macht und dass darin ein großes Geheimnis beschlossen ist.»

Sie blätterte weiter im Buch zur nächsten Stelle:

«Heute ist wieder ein wunderbarer Tag. Die niedrig stehende Sonne verbreitet ein klares und mildes Licht. Etwas Zartes, Himmelblaues, ausnehmend Schönes liegt über den Tälern, hinter den Zweigen des Gartens. Und im Herzen – Dankbarkeit gegen irgendjemanden, für irgendetwas. Wofür? Es ist ja nichts, und es wird nichts sein ... Und wenn das nicht stimmt? Ist es wirklich nichts, wenn sie da ist, diese herzergreifende, rührende Dankbarkeit?»

Wieder blätterte sie weiter:

«Nicht einmal unsere eigenen Träume, Geschöpfe unserer eigenen Einbildungskraft, verstehen wir. Ist sie denn unser, diese Einbildungskraft, oder, genauer gesagt, das, was wir unsere Einbildungskraft nennen, unsere Einfälle, unsere Träume?»

Stella machte eine Pause, schloss das Buch, behielt es aber in der Hand, so als brauche sie es, um fortzufahren.

«Ist das nicht gut gedacht und schön gesagt? Du musst wissen: Ich hatte mit meinen Freunden bisher ein ziemlich stürmisches Leben. Mit einem dieser Freunde war ich sogar einige Jahre verheiratet, doch wir machten uns mit der Zeit gegenseitig den Alltag zu schwer. So ist er ausgezogen, und ich wusste, damit war es auch vorbei. Die anderen Männerfreundschaften endeten alle über kurz oder lang in der Bettsackgasse. Ich könnte auch sagen, in einer Sexaffäre, die im

Augenblick jeweils richtig schien, sich letztlich aber doch immer als der Anfang vom Ende der Freundschaft erwies. Schade, nicht wahr?, dass Freundschaften am Ende auch nur Verlustgeschäfte sind!» Stella machte eine Pause, als betrachte sie eine Art Schatten auf ihrer Seele. Dann aber fuhr sie in geradezu fröhlichem Ton fort: «Über Jahre hatte ich einen Leitspruch: Wage mit mir die Liebe und sehe dann zu, ob du noch Freunde brauchst! Inzwischen bin ich dort angelangt, wo ich einem Mann, der mir etwas bedeutet, sagen möchte: Wage mit mir die Freundschaft, und dann sehen wir zu, ob wir noch die Liebe brauchen!»

Stella machte eine Pause. Ich sagte nichts.

«Leuchtet dir das ein?», fragte sie mit einer Stimme, aus der ich etwas geradezu kindlich Bittendes zu hören glaubte.

Ich war zunächst von dieser Offenheit so überrascht, dass ich zweimal schluckte, um eine Antwort zu finden.

«Das ist ja, wie wenn du mir sagen würdest: Werde mein Freund, aber bitte nicht mein Liebhaber!», sagte ich als Erstes.

«Grigione, du hast es erfasst!», antwortete Stella lauter, als sie bisher gesprochen hatte. Beinah übermütig fuhr sie fort: «Ich habe irgendwo gelesen, dass eine amerikanische Philosophin einem deutschen Schriftsteller, der in sie verknallt war und mit ihr nicht nur reden, scherzen, essen und trinken wollte, sondern darauf drängte, auch mit ihr zu schlafen, gesagt haben soll: ‹Max, die heikle Bett-Stufe freundschaftlicher Beziehung überspringen wir!› Glaubst du nicht, wir könnten es miteinander auch so halten?»

Irgendwie war ich bezaubert von Stellas Angebot einer Arrangement-Freundschaft auf lange Sicht – so etwas war doch wirklich einen Versuch wert! Allerdings spürte ich, dass ich gleich etwas dagegen sagen sollte, um nicht das Bild des allzu willfährigen Sekundanten und Trittbrettfahrers abzugeben.

«Was du sagst, kommt mir so vor, als wäre der heilige Augustinus dein direkter Ratgeber. Auch er war jemand, der die Freundschaft aus den Wirrnissen des Lebens heraushalten wollte. Natürlich sollte diese mit Sinnenlust nichts zu tun haben, dann aber durfte sie auch keine Konkurrenz zur Gottesliebe sein. Dennoch meinte dieser kluge Mann, Freunde müssten nicht nur miteinander plaudern und lachen, sich Gefälligkeiten erweisen, gemeinsam schöne Bücher lesen, einander mal necken, mal Achtung bezeugen. Freunde müssten auch auf gute Art miteinander Meinungsverschiedenheiten austragen. Es sei für die Freundschaft schädlich, wenn einer zu selbstgenügsam werde. Man müsse den abwesenden Freund vermissen, Freude über Rückkehrende zeigen. Jetzt aber kommt das Wichtigste, liebe Stella», sagte ich, den Ton meiner Stimme hebend, «Augustinus meint, auch die Freundschaft habe äußere Zeichen zu kennen und müsse sich dieser bedienen, und er zählt die wichtigsten davon auf: Kuss, Rede, Blicke und tausend vertraute freundliche Gebärden.»

Stella strahlte mich an, packte meinen Kopf mit beiden Händen, drückte mir einen stürmischen Kuss auf den Mund und sagte: «So wollen wir es halten, mein lieber Grigione. Das ist es, was man an Freunden lieben soll!»

Dieses Treppengespräch im Palazzo Barberini war der Beginn eines besonderen Paktes mit meiner venezianischen Freundin. Es folgten noch drei so heitere wie vergnügliche Tage in Rom, die wir fast durchgehend gemeinsam verbrachten. Als sie den Zug nach Venedig nahm und ich jenen nach Zürich, wussten wir beide: Es wird weitergehen, nicht nur mit den äußeren Zeichen der Freundschaft, sondern auch mit den inneren Verwandlungen, die diese auslöst. In den folgenden Monaten gingen viele kleine Grußnotizen zwischen Chur und Venedig hin und her, beinah wie damals die

Depeschen, welche die Mitarbeiter des Dogen während des Dreißigjährigen Krieges regelmäßig dem venezianischen Gesandten Padavino nach Chur schickten, der von den Einheimischen «Pagavin» genannt wurde, weil er sich die Zugeständnisse der Bündner mit großzügigen Weingelagen erkaufte. Zwischen Stella und mir war keine Bestechungspraxis notwendig, die bewusst gesetzten und unbewusst einfließenden augustinischen «Zeichen der Freundschaft» genügten vollkommen. Stella liebte das Telefon so wenig wie ich, beide zogen wir es vor, ohne Zwang und ohne feste Rituale unsere Gedanken und Gefühle auf dem bequemen Weg der elektronischen Post einander zukommen zu lassen. Stella war überzeugt, eine Freundschaft brauche keine tägliche, aber dennoch gelegentliche Nahrung, und sie war eine Magierin im Erfinden solcher Gelegenheiten. Sie neckte mich oft mit ihren Mitteilungen. Einmal schrieb sie, sie fühle sich durch mich so behandelt, wie Brutus mit seiner Frau Portia umgehe. Sie wolle nicht nur «mit Vorbehalt» dazugehören und behauptete – in provozierender Verkehrung unserer Freundschaft –, es genüge ihr nicht, «nur bei Tisch zugegen zu sein, es im Bett mit dir zu treiben, manchmal ein Schwätzchen zu halten und sonst von allem, was dich betrifft, ausgeschlossen zu bleiben». Das müsse aufhören! «Dwell I but in the suburbs/Of your good pleasure?», schrieb sie frech, Shakespeare zitierend. Ob sie nichts als die Vorortbewohnerin meiner Vergnügungen sei? – Ein andermal mahnte sie mich, die Entwicklungsstufen der Freundschaft besser zu beachten. Wie dies Antoine de Saint-Exupéry in *Der Kleine Prinz* empfehle: «Bitte zähme mich! – Wenn du eine Freundin willst, so zähme mich!» Ich antwortete darauf wie der Fuchs: Dies gelinge nur mit Geduld. Man dürfe sich am Anfang nicht zu nahe sein, man müsse sich etwas abseits voneinander ins Gras setzen. Nicht direkt ins Angesicht schauen dürfe man dem anderen, sondern ihn nur aus dem Augenwinkel beobachten. Alles, was man zu forsch und zu frech anpacke und ausdrücke, führe zu Missverständnissen und schrecklichen Brüchen. Man müsse ausharren, verstohlen blicken, und doch jeden Tag ein bisschen näher zueinanderrücken. So käme mit der Zeit vielleicht die schönste Verträglichkeit und damit sogar die gesuchte Freundschaft zustande!

Fast immer waren es liebenswürdig listige Botschaften, die zwischen Stella und mir kursierten. Nur wenn sie schrieb, es gehe ihr nicht gut, wurde der Ton ernster. Sobald sie aber ihre anscheinend angeborene Fröhlichkeit wiedererlangte, schrieb sie mir, auf ihren eigenen Namen anspielend: «Ein Stern braucht keine Stütze!» Manchmal hatte ich Zweifel: Musste es nicht eine Liebende sein, die so zu mir sprach? Die unentwegten Signale von Zuneigung, die aus Venedig kamen, hatten etwas Halluzinatorisches. Ich las Sätze, so ganz nebenbei eingestreute, die ich für Liebeserklärungen halten musste. «Gehe ich aus Glück unter oder aus Verzweiflung? Seit ich dich kenne, weiß ich es nicht mehr so genau.» Oder: «Auch Freunde sehnen sich nach leiblicher Gegenwart. Besuch mich bald in Venedig!» Stella liebte es, mit den Unterschieden zwischen Liebe und Freundschaft zu jonglieren. War ich einmal säumig und antwortete einige Tage nicht auf ihren Brief, so konnte sie mir schreiben: «Was geht es dich an, wenn ich dich liebe? – Dies darf eine Liebende ihrem Liebhaber sagen. In der Freundschaft aber, da geht nichts einseitig! Da braucht man die Erwiderung der anderen Seite. Ich kann nicht die Freundin von jemandem sein, ohne dass dieser es auch will und es mir sagt. Die Liebe lebt auch ohne die Bestätigung von anderer Seite. Die Freundschaft aber braucht kontinuierlich ein Echo und gelebte Gegenseitigkeit. Jedenfalls verhält es sich so bei mir.» Ich begann darauf, rasch zu reagieren, wenn Stella mir einen Gruß schickte. In einem ihrer ersten Schreiben nach dieser «Klärung» hieß es dann: «Freundschaft heißt: nie ganz von vorne anfangen müssen. Liebe ist: immer wieder anfangen wollen.» Einmal reagierte ich etwas ironisch auf ihre Definitionen und festen Ansichten. Worauf sie mir schrieb: «Dummheit schadet nicht der Liebe, der Freundschaft vielleicht aber doch!» Als ich mich bei ihr entschuldigte, meinte sie: «Ich will dich nicht durch Bewunderung einbalsamieren. Man muss aber aufpassen, was man dem anderen zumutet. Auch Freundschaft ist eine Verzauberung. Du schaffst es leicht, mich in solche Verzauberung zu versetzen. Dann brauchst du ein Wort, das mich daraus vertreibt. Hast du vom Huhn des Athanasius Kircher gehört, das man mit einem leichten Schlag aus der Hypnose wecken konnte? Das falsche Wort kann der alles verändernde Schlag sein.» Ich wurde vorsichtig mit ironischen Bemerkungen aus der Distanz. Wir entwickelten im Umgang miteinander einen Stil des schonenden Wohlwollens. In einer ihrer Mitteilungen las ich dann später: «Die Freundschaft ist für mich eine Form der Zugehörigkeit, die nicht beschämt. Man weiß über Nuancen des anderen Bescheid. Diese sind etwas nicht Benennbares, aber sie machen den ganzen Unterschied einer Beziehung aus. Durch anhaltendes Wohlwollen teilt man mit jemandem auf einmal tiefe Geheimnisse – was für ein Glück, und was für eine Herausforderung!» Freilich liebte es Stella auch, mit Freunden ihrer venezianischen Umgebung meine Eifersucht auf den Prüfstand zu setzen, sodass ich ihr einmal in spürbarer Erregung antwortete: «Stella, sei nett mit den anderen, aber nicht zu sehr!» Sie verstand es gut genug, die aus räumlicher und zeitlicher Entfernung sich ergebenden Trübungen mit Bekundungen unzweifelhafter Anhänglichkeit zu vertreiben. «Bitte warne mich zuvor, wenn du die Absicht hast, mir deine Zuneigung zu entziehen. Ich würde den Schock nicht überleben!» Unsere Freundschaft war ein Arrangement für Menschen, die in der Liebe keinen Illusionen aufsitzen wollen. Vor Kurzem schrieb mir Stella: «Ich will das Glück der Freundschaft gar nicht begreifen, es genügt mir, es zu spüren.» Da musste ich an das Wort Molières denken: «La grande ambition des femmes est d'inspirer l'amour!» Es musste auch für jene Liebe gelten, welche der Freundschaft zugrunde liegt.

Doch eines hatte ich versäumt. Aus mir bis heute nicht völlig durchsichtigen Gründen hatte ich es vermieden, selbst meiner venezianischen Freundin gegenüber zu erwähnen, dass ich allen Ernstes plante, nach meiner Pensionierung in den Dienst des Großmoguls zu treten und nach Samarkand zu ziehen. Dass ich dies meinen Kollegen in Graubünden verheimlichte, war begreiflich. Diese sollten ruhig lange Gesichter machen, wenn ich Ende des Jahres vorzeitig den Dienst mit der Mitteilung quittierte, ich wandere aus und ziehe nach Usbekistan. Doch weshalb sollte ich aus dieser festen und ernsthaften Absicht auch für Stella ein Geheimnis machen? Es war eine innere Stimme, die mich warnte, diesen Plan dem Licht der Öffentlichkeit auszusetzen. Mehrfach war ich bereits drauf und daran, Stella in einer unserer gegenseitigen elektronischen Freundschaftsbekundungen die Sache zu offenbaren, doch jedes Mal zögerte ich, auch nur die geringste Anspielung auf eine solche Veränderung einzuflechten. Eines Morgens – es war in den Sommerferien, ich hatte Aufsichtsdienst im Lesesaal, und die Bibliothek war miserabel besucht – wusste ich, was zu tun sei. Ich beschloss, in der mir Ende September noch zustehenden Ferienwoche nach Venedig zu fahren, dort Stella zu treffen und ihr dann bei dieser Gelegenheit, gleichsam im Angesicht der Freundin, meinen Zukunftsplan auszubreiten. Und so geschah es dann auch.

Es war eine große Wiedersehensfreude Ende September in Venedig. Wir trafen uns bereits am ersten Abend nach meiner Ankunft auf dem Campo Santa Barbara, tranken dort zusammen in der Abendsonne Venegazzù und gingen dann in ein nahe gelegenes Restaurant, das Stella liebte und oft aufsuchte. Ich fasste mir ein Herz und rückte schon während der Vorspeise mit der Nachricht heraus. Stella blieb der Bissen in der Kehle stecken! «Bist du von allen guten Geistern verlassen, Grigione? Reitet dich der Teufel? Hast du den Verstand verloren? Bist du altersschwach und lebensmüde geworden? Wer hat dir denn diese Schnapsidee in den Kopf gesetzt?» Stella hörte nicht auf damit, ihre Empörung in Worte zu fassen, die an Beleidigungen grenzten. Sie war außer sich – und ich fiel aus allen Wolken. Nie hätte ich bei Stella einen derartigen Aufruhr vermutet wegen einer Sache, die doch ein origineller Zukunftsplan war und im Grunde ja auch nur mich etwas anging. «Weißt du was, Grigione», sagte sie nach einer Pause, «wir lassen uns den Abend durch diesen Unsinn nicht verderben. Du willst mich doch nur mit einem dummen Scherz in die Irre führen! Jedenfalls hast du es geschafft, mich in Rage zu bringen. Kein Wort mehr heute Abend darüber. Wir treffen uns morgen zur Mittagszeit an der Marciana, und ich werde dir dann meine Meinung zu deinem Plan ruhig und besonnen mitteilen.» – Stella war im Nu wieder die alte zauberhaft listige Freundin, sie gab mir einen Kuss und sagte, als ob nichts gewesen wäre: «Auf den Fisch, der jetzt kommt, habe ich mich schon den ganzen Tag gefreut.» Wir hatten es wieder heiter zusammen, sie berichtete von einem Zwischenfall mit ihrem Direktor, der sie offenbar über alles schätzte und es dennoch nicht lassen konnte, sie in ihren spontanen Einfällen für Ausstellungsideen in der Marciana immer wieder zu bremsen. Als ob nichts vorgefallen wäre, sagte Stella immer wieder: «Wie schön, dass du da bist!» Wir tranken viel Wein, wurden immer vergnügter, ich begleitete sie zum Vaporetto, sie fuhr von der Accademia bis zur Riva degli Schiavoni, sie hatte ihre Wohnung nahe bei San Giorgio dei Greci, ich ging zurück in mein Hotel, überrascht und unbegreiflich glücklich über ihre aufbrausende Reaktion zu meinem von der Freundschaftsidee beflügelten Auswanderungsplan!

Am folgenden Tag wartete ich wie vereinbart Punkt dreizehn Uhr am Haupteingang der Marciana. Stella erschien in einem hellen sommerlichen Kleid, sie hatte ihr Haar mit einer Kette aus winzigen Perlen keck hochgezogen, so, wie man es manchmal bei vornehmen Frauen auf Bildern des späten Tizian sehen kann, und sie trug Ohrringe, an welchen zwei weitere, diesmal wunderbar große und langgestreckte Perlen hingen, kurzum: Stella hatte sich so zurechtgemacht, dass sowohl an ihrer Schönheit wie an ihrer fraulichen Entschiedenheit kein Zweifel entstehen konnte. Sie fasste mich an der Hand und sagte: «Lass uns nach San Zaccaria hinübergehen, ich habe auf einer kleinen Terrasse einen Tisch für uns reserviert.»

Dieses Mittagessen mit Stella auf der kleinen versteckten Terrasse eines Restaurants in der Nähe der Kirche San Zaccaria wird mir für alle Zeiten in Erinnerung bleiben, denn es hat meinen lang bedachten Geheimplan für das kommende Jahr umgekrempelt, ja geradezu über den Haufen geworfen. In kaum mehr als einer Stunde ist es dieser mit allen Gaben der Verführung gesegneten Freundin gelungen, mich davon zu überzeugen, dass ihr Freundschaftsplan meinem eigenen gegenüber hoch überlegen war. Sie sagte ganz ruhig und liebenswürdig, ihr schiene es, die Zeit sei gekommen, erst einmal nicht nur Bücher über Freundschaft zu sammeln und zu lesen, sondern Freundschaft zu praktizieren. Man müsse Freundschaft nicht nur begreifen und sie umschreibend erklären wollen. Wer Wesentliches über sie zu sagen habe, müsse sie ortsnah praktizieren. Zuerst sollte ich doch meine eigene Freundschaftsfähigkeit konkret testen, bevor ich mehr oder weniger klug über Freundschaft daherrede und, im schlimmeren Fall, diese mir im Grunde nur einrede. «Du könntest leicht das Opfer eines schieren Freundschaftsphantoms werden, wenn du nicht bereit bist, diese zu leben, anstatt sie nur zu predigen!» Stellas Vorschlag war so einfach wie einsichtig: «Du verschiebst deinen Auszug nach Samarkand für unbestimmte Zeit. Wie vorgesehen, gehst du Ende des Jahres als Bibliothekar in Pension – doch anstatt nach Usbekistan zu fliegen und dich in einer Bibliothek von Samarkand zu vergraben, kommst du für ein Jahr nach Venedig. So einfach ist es. Wir suchen gemeinsam eine kleine Wohnung für dich in Castello oder Dorsoduro und richten einen schönen Lese- und Schreibplatz in der Marciana ein. Wer weiß, wenn es dir hier gefällt, wirst du ja sogar länger bleiben wollen. Sollte Venedig dir wider Erwarten nicht behagen, kannst du deinen Samarkand-Plan ja immer noch aufgreifen. Denn wenn dein Großmogul ein kluger Mann ist, nimmt er dich auch ein Jahr später gern in seine Dienste. Es dauert erfahrungsgemäß in diesen Ländern alles viel länger, als man denkt. Bis der Palast der Freundschaft in Samarkand steht, wirst du einige Jahre dort in Zelten hausen! Überleg also, ob meine Venedig-Variante für dich und dein Projekt nicht doch die bessere ist.»

Doch Stella war noch nicht am Ende. In ihrer Überlegung hatte sie ein Argument bereit, das mir fast noch schlagender schien als ihre bisherige Logik: «Ist dir schon durch den Kopf gegangen, dass Venedig im Grunde die idealtypische Stadt der Freundschaft ist? Dass alles, was hier an Glanz und Größe, an Kunst und Reichtum entstanden ist, sich im Grunde einer übermäßigen Freundschaftsfähigkeit unter den vielen Betroffenen verdankt? Ja dass selbst die Verfallsgeschichte Venedigs dem Auseinanderbrechen von loyalen Freundschaften zugeschrieben werden muss? Freundschaft ist der unsichtbare Humus dieser Stadt, die Wasser statt Humus als Grundlage zu haben scheint! Vergiss deinen Freundschaftspalast an der Seidenstraße! Beschäftige dich mit einer ganzen Stadt der Freundschaft, und zwar der ersten und besten, die es auf der Welt gibt! Du wirst bald einmal sehen, welche grandiosen Freundschaften für dein Projekt hier noch zu entdecken sind. Ich werde dir die reichen Quellen der Marciana Stück um Stück heranschaffen – du wirst auf Jahre mit Materialien eingedeckt sein, die dir Tausende von Freundschaftsgeschichten erzählen könnten. Grigione, mein Lieber, was hältst du von dieser Idee?» – Ich war sprachlos, gerührt von so viel Eifer, aber auch so viel Vernunft, fiel Stella um den Hals und sagte etwas verlegen: «Glaubst du, dass unsere Freundschaft diese Nähe überlebt?» Stella lachte hell auf und sagte: «Wäre es den Versuch nicht wert?» Und mit einem listigen Ton fuhr sie fort: «Wenn du in deinen Taten so mutig bist wie in deinen Worten, mache ich mir darüber keine Sorgen!»

Das kleine Restaurant von San Zaccaria wurde der Ort unseres gemeinsamen Paktes: Zunächst ein Jahr Venedig, dann konnte man weitersehen! Es folgten wundersam leichte Tage in Venedig. Ich schwebte geradezu auf Wolken der Zukunft durch die Stadt. Bis auf einen Abend, an welchem Stella eine Verpflichtung hatte, traf ich sie jeweils nach ihrer Arbeit, und wir verbrachten gemeinsam die Zeit bis Mitternacht. Sie wollte ab sofort ein Auge offen halten für eine Wohnung, die ich im kommenden Januar beziehen konnte. «Ich werde etwas finden, das dir gefällt. Grigione, mach dir keine Sorgen! Meine Freundin Giulia kennt sich hier auf dem Wohnungsmarkt aus. Sobald ich mit ihr zwei oder drei Alternativen ausgekundschaftet habe, kommst du an einem Wochenende hierher, schaust sie dir an und entscheidest. Für Freunde gibt es immer unerwartet einfache Lösungen in Venedig.»

Ich reiste zurück nach Graubünden, ziemlich umgekrempelt, doch nicht unzufrieden. «Die Stadt der Freundschaft» – was für eine schöne Vision für kommende Zeiten!

Freundschaft mit dem «Prete rosso»

Eigentlich müsste es leicht gewesen sein, sein Freund zu werden. Zumal, wenn man ein guter Musiker, besser noch: eine gute Musikerin war. In Wirklichkeit war es jedoch ganz anders. Vivaldi war umgeben von Neidern und Konkurrenten, von Missgunst und Schadenfreude. Man ließ keine Möglichkeit aus, den «roten Pfaffen» wegen seines Lebenswandels anzuschwärzen und mit bösem Klatsch zu überhäufen. Stella schrieb mir: Nimm doch Vivaldi als Beispiel für die seltsamen Berührungsflächen von Freundschaft und Hinterlist. Bewunderung auf der einen, bösartige Unterstellungen auf der anderen Seite. Vielleicht ist Freundschaft in einem Klima der Klatschsucht, der Bespitzelung und der Intrigen, wie wir es nirgends farbiger als in Venedig vorfinden, viel lebenswichtiger als dort, wo Gleichgültigkeit herrscht. In Venedig gediehen diese Giftblüten zusammen mit der Freundschaft immer schon prächtig, und du findest sie geradezu auf dem Präsentierteller, in bester Gesellschaft mit den strahlendsten Tugenden! Hier ist man seit Jahrhunderten auf nichts so hellhörig wie auf jede Art von Erfolg. Man klatscht aber auch begeistert mit, wo einer zu Schaden kommt. Der «Prete rosso» ist ein gutes Beispiel dafür, wie Freundschaft einem Künstler die Kraft zum Durchhalten und Weitermachen verschafft. Denn ein leichtes Leben hatte er wahrhaftig nicht!

Ich hatte mich nie ernsthaft mit Vivaldi befasst. Ich kannte zwar wie alle Musikliebhaber die Violinkonzerte der *Vier Jahreszeiten*, ich wusste, dass Johann Sebastian Bach seinen nur um sieben Jahre älteren italienischen Kollegen bewunderte und Konzerte von ihm bearbeitet hatte, doch irgendwie klang in mir auch die nicht gerade schmeichelhafte Bemerkung von Strawinsky nach, Vivaldi habe in seinem Leben an die sechshundert Konzerte geschrieben, doch leider sechshundertmal dasselbe! Nun erfuhr ich von Stella, dass er für mein Freundschaftsprojekt wichtig sein könnte. «Komm nach Venedig, ich zeige dir die Orte, wo Vivaldi gewirkt und gewohnt hat. Das ist inzwischen alles ziemlich gut erforscht. Wir brauchen ein ganzes Wochenende, um die Spielorte seiner Konzerte und Opern, vor allem auch um seine verschiedenen Wohnungen aufzusuchen.» Leider konnte ich mich nicht sogleich auf die Reise machen, ich war den ganzen Monat eingeteilt für den Aufsichtsdienst am Samstag bis in den späten Nachmittag hinein. Aber ich konnte mir Bücher über Vivaldi besorgen und mich in sein Leben und Werk vertiefen. Und ich konnte seine Musik hören, seine Opern zumal, von denen ich so gut wie nichts wusste. Denn Vivaldi war inzwischen wieder alles andere als ein vergessener Komponist! Man hat ihn in den letzten Jahrzehnten neu entdeckt und bisher unbekannte Werke mit den raffinierten Techniken barocker Spiel- und Singkunst neu eingespielt, ein riesiges Werk, das lange im Dunkel der Geschichte vor sich hin zu schlafen schien.

Dass er in jungen Jahren Priester wurde, war der erste sonderbare Fehler, welchen der von Musik begeisterte Sohn eines Violinisten, der in San Marco und in verschiedenen Theatern Venedigs mitspielte, begehen konnte. Im Jahr 1703 wurde Antonio geweiht, las zunächst auch brav die Messe, hörte aber zwei Jahre danach bereits damit auf, wegen einer Krankheit, die ihn «seit Kindheit belaste», wie er in einem Brief an den Marchese Bentivoglio schrieb. Offenbar hat er an Asthma gelitten, so sehr, dass er aufgrund von Anfällen mehrfach die Messe unterbrechen musste, was ihm bald zum Anlass wurde, damit überhaupt aufzuhören. Worin er sich weit tüchtiger denn als Prete erwies, war in der Kunst des Violinspiels und des Komponierens. Im Jahr seiner Priesterweihe – er war 25 Jahre alt – wurde Vivaldi zum ersten Mal als «Maestro di violino» am Ospedale della Pietà angestellt. Es gab in Venedig vier verschiedene «Ospedali», die wir heute als regelrechte Musikschulen bezeichnen würden. Das Besondere daran war, dass diese Musikschulen Kindern zugutekamen, die oft schon in jüngsten Jahren dort zur Pflege abgegeben wurden. Waisenkinder also, Mädchen zumal, von denen arme und vornehme Familien sich trennten, damit sie eines Tages nicht die Last der Mitgift zu tragen hätten. Die Mädchen aus armen Familien wurden vor allem auf der Giudecca im Kloster der «Zitelle» (Jungfrauen) abgegeben, und ihre Zukunft war besiegelt als Novizinnen, aus welchen später brave Nonnen werden sollten. Im Ospedale della Pietà hingegen landeten im 17. Jahrhundert vor allem Mädchen aus vornehmen Familien, die ihren Reichtum nicht unter den vorhandenen Kindern aufteilen wollten. So machte man aus den Mädchen, die der Familie durch ihre Aussteuer teuer zu stehen kamen, kostengünstig Musikerinnen, sogenannte «figlie di choro». Nun muss man wissen, dass venezianische Klöster im 18. Jahrhundert nicht den besten Ruf hatten, ja dass einige als stadtbekannte Bordelle galten, für welche Zuhälter aus der Lagune mit dem sprechenden Namen «Monachini» – kleine Mönche – für rege Kundschaft sorgten. Das Kloster der Pietà war nun allerdings nicht für seine Unzucht, sondern für hervorragende Leistungen auf dem Gebiet der Musik bekannt. Reisende durch Venedig übertreffen sich in ihren Berichten, die Schönheit der Stimmen, die Reinheit des Spiels und die Kunst der musikalischen Darbietungen an der Pietà zu preisen. Vivaldi selbst wird in späten Jahren in einem Brief stolz darauf hinweisen, dass er «seit 30 Jahren

Kapellmeister der Pietà, und das ohne Skandale» gewesen sei. Einige dieser Mädchen haben später als Künstlerinnen große Karriere gemacht. Für den Anstand im Umgang mit den jungen Mädchen sorgte auch eine «Maestra della battuda». Die erfahrene Nonne wird als gestrenge Aufpasserin mit ihrem Stock gewiss für vertretbaren Umgang der männlichen Lehrer mit ihren Schülerinnen gesorgt haben! In den zeitgenössischen Dokumenten erscheinen die Mädchen häufig mit ihren Vornamen, verbunden mit dem Instrument ihrer Meisterschaft. So heißen sie etwa «Maddalena dal Soprano, Catarinna dal Cornetto, Annina dal Violino oder Lucieta dalla Viola». Dieses Ospedale della Pietà sollte nun für Vivaldi über Jahre ein wichtiger Wirkungsort werden, als Violin- und Violalehrer, als Chor- und Orchesterleiter der Mädchen, für welche es Kirchenmusik ebenso wie weltliche Konzerte zu komponieren galt. Vivaldi ist im Lauf der Jahrzehnte von diesem anständig bezahlten Dienst am Ospedale immer wieder ausgerissen – doch bis 1740 immer wieder dahin zurückgekehrt. Seine Abgänge und Wiederanstellungen sind im Verwaltungsbuch des Ospedale getreu verzeichnet, mit Lohnzusagen und Abstimmungsergebnissen der Wahlbehörde dieser Institution. Schon daran erkennt man, dass Vivaldi im Ospedale nicht nur Freunde um sich hatte! Was wir daraus vor allem entnehmen, ist die Tatsache, dass Vivaldi verschiedentlich auf Reisen durch europäische Länder unterwegs war, um Konzerte zu dirigieren, über Notendrucke zu verhandeln, berühmte Musikkapellen an europäischen Höfen (wie etwa Dresden) zu besuchen. Noch häufiger übernahm er Zusatzaufgaben in Venedig selbst, als Impresario, Komponist und Operneinrichter an verschiedenen Theatern, zumal am Teatro Sant'Angelo. Doch auch hier ging es im Verlauf seiner Karriere äußerst unbeständig zu. Er verlor immer wieder seine Stelle, versuchte es dann anderswo, man holte den erfolgreichen Komponisten aber oft auch wieder zurück. Die Intendanten blieben selten sehr lange an einem Theater, es gab in diesen Häusern häufige Wechsel, weil man mit der Mode gehen wollte und immer gierig auf die neuesten Titel und Erfolge war. Es wurde jeweils derjenige engagiert, den die Aura des neuesten Erfolgs umgab. So kam es auch, dass Vivaldi Opernprojekte in anderen Städten betreute, in Mantua, Verona, Rom, Florenz oder Prag. In einem Brief an den bereits erwähnten Marchese Bentivoglio schrieb Vivaldi einmal stolz, sein Name sei in ganz Europa bekannt, er verkehre schriftlich mit Herrschern zahlreicher Länder und habe bisher nicht weniger als 94 Opern komponiert – neben allen anderen Werken, die in Italien, Holland, England und Deutschland gedruckt würden. Zählen wir nur Vivaldis vollendete Opern, so sind es immerhin 44, nicht zu reden von den zahlreichen Fragmenten, Pasticcios, Serenaden, Kantaten, Messen, Oratorien, Sonaten und Konzerten für die unterschiedlichsten Instrumente, die er im Lauf seines Lebens geschrieben hat. Was für einen Fleiß und Eifer dieser Komponist an den Tag legte! Die letzten zehn Jahre seines Lebens waren jedoch bitter – Vivaldis Musik galt bereits als veraltet, sie verkaufte sich bei den Druckern nicht mehr zu guten Preisen, und hinzu kam, dass Vivaldi in das Schussfeld der Kirche geriet, zumal des Kardinals Tomaso Ruffo aus Ferrara, der ihm die Hölle heißmachte mit seiner strengen Kirchenmoral, weil Vivaldi als Priester keine Messe las, weil er fürs Theater komponierte und während des Karnevals dort auch auftrat – sogar maskiert! Am meisten jedoch ärgerte den gestrengen Kardinal, dass Vivaldi mit einer berühmten Sängerin zusammenlebte, durch Europa reiste und somit Anlass für Skandale und Unmoral war und ein Schandfleck für die Mutter Kirche! Der Kardinal erwirkte in seiner Stadt ein Verbot, Vivaldi nach Ferrara zu holen, um am dortigen Theater die Produktionen seiner Opern zu leiten. Und schadete ihm damit gewaltig. Bis heute ist nicht gänzlich geklärt, weshalb Vivaldi Ende April 1740 seine Tätigkeit am Ospedale in Venedig definitiv aufgab und mit seiner Sängerin nach Wien zog. Hatte er Zusagen, am Wiener Hof eine Stelle als Komponist zu erhalten? Keine erhaltenen Dokumente belegen dies. Und doch muss er sich dort Besseres erhofft haben, als was im weitgehend von der Kirche kontrollierten Italien für ihn als Komponist und Künstler zu gewärtigen war. Doch Ende Juli 1741 stirbt Vivaldi überraschend in Wien und wird dort auf dem heute nicht mehr bestehenden «Spittaler Gottesacker» neben der Karlskirche beerdigt. So war Vivaldis Leben geprägt von Zeiten des Ruhmes und des Glücks, aber auch von solchen der Enttäuschungen und der Beleidigungen. In guten Jahren war sein Ruf am Ospedale und in den Theatern geradezu legendär, in seinen späteren lernte er die bitterste Lektion, die einem Künstler erteilt werden kann: Man rief nicht mehr nach dem berühmten Vivaldi, sondern engagierte jüngere und modernere Komponisten und Theaterleute. Es hat lange gedauert, bis man ihn der Vergessenheit wieder entriss und in ihm einen der bedeutendsten und vielfältigsten Musiker der ersten Hälfte des 18. Jahrhunderts erkannte.

Doch hat dies alles etwas mit Freundschaft zu tun? Ja, und wie! Vivaldis Konzerte sind geprägt von einer geradezu unbändigen Spielfreude, Musizierlust, Vorführleidenschaft und von einem Glauben an Artistenglück. Was immer er als Vorstellungsraum für seine Kompositionen benützt: Tag und Nacht, Meer und Sturm, den Ruf der Vögel, die Jahreszeiten, die leisen und schrillen Klänge einer Jagd, eine Hirtenszene, einen Bauerntanz: Alles ist bei ihm immer Ruf und Antwort, ein Aufeinanderzukommen und wieder Auseinandergehen, ein festliches Zusammenspiel, das wie in einem Kreis von

Vertrauten die Betroffenen einschließt. Auch bei Vivaldi gibt es Einsamkeit, die Einsamkeit der Natur wie die Einsamkeit der Menschen. Auch er horcht die Stille der Nacht aus, die Trauer des Verklingens, die Geheimnisse der Dämmerung, das Erstarren des Lebens in Eis und Nacht. Doch tut Vivaldi dies immer so, als teile er es jemandem mit. Für das, was er zu sagen hat, sind immer ein Hörender, eine Hörende da, an welche noch die leiseste Regung und Wendung der Musik gerichtet zu sein scheinen. Immer ist ein Adressat vorhanden, denn man macht keine schöne Veranstaltung, treibt keinen Aufwand, veranstaltet keine Festlichkeit für sich allein! Vivaldis Musik ist geradezu die Verkörperung des dialogischen Prinzips. Selbst dort, wo dieses nur noch als ein Echo vernehmbar bleibt. – Je mehr ich Vivaldis Musik hörte, desto klarer wurde mir: Dieser Mann ist untauglich für die Einsamkeit, ja ihrer vollkommen ungemäß. Er braucht immer Menschen um sich. Die Familie zunächst, die Kollegen, die mit ihm musizieren, die Schülerinnen, die unter seiner Anleitung die schönsten Fortschritte machen, die Theaterleute, mit denen er gemeinsam etwas nie Gesehenes auf die Bühne bringt. Dass er allein reist, ist undenkbar. Er nimmt seine Umgebung am liebsten mit. Seinen Vater zumal, solange dieser kann und mag; seine Schülerinnen, wenn er gute verlässliche Solistinnen für die verschiedenen Instrumente seiner Concerti braucht; seine Mitarbeiter, wenn auf der Bühne eine Oper oder ein Pasticcio nach seinen Wunschvorstellungen gezeigt werden soll. Vivaldi muss ein überragender Animator, Anfeuerer und Mutmacher gewesen sein. Er strahlte Begeisterung auf seine Umgebung aus, Enthusiasmus für die Musik, Lebensfreude, schieres Daseinsglück! Greift in die Saiten, so fest ihr nur könnt! War nicht jeder gern mit ihm befreundet, der Teil seines Erfolgs und seines Glanzes wurde? Und mussten die Kollegen am Ospedale, die nicht einbezogen waren in Vivaldis Aufführungsprojekte, nicht voller Neid und Bedauern beiseitestehen und sich sagen: Warum hat er mich nicht eingeladen mitzuspielen? Warte nur, dir werde ich bei nächster Gelegenheit ein Bein stellen! Vivaldi muss ein Mensch gewesen sein, der seinen Nahbereich polarisierte. Man konnte Feuer oder Flamme für ihn sein oder Rachepläne gegen ihn schmieden. Er war als Musiker menschlich sicher oft unvorsichtig, schnell im Entschluss, dem Augenblick gehorchend, nichts auf lange Sicht planend. Man musste ihn gern haben, wenn er mit einem etwas vorhatte. Und jene, die er links liegen ließ, bemerkte er nicht einmal in seinem feurigen Temperament, in seinem Ehrgeiz und Enthusiasmus! Und sie sannen auf Rache und Rückzahlung!

So könnte es gewesen sein. Und wir hätten einen engen Freundeskreis, gleichsam ad hoc entstehend für das kommende Konzert, der zu unterscheiden wäre vom Kreis derjenigen, die Vivaldi übersah und damit gegen sich aufbrachte, willentlich vielleicht, weil sie weniger temperamentvoll und virtuos spielten, sich weniger von seinem Feuereifer anstecken ließen und darum für ihn unergiebig und vernachlässigbar waren. Vivaldi, einerseits umgeben von Verehrerinnen und Verehrern, brillanten Musikern, die spürten, was in seiner Musik alles brodelte und züngelte, und ihm die Wünsche von den Lippen zu lesen verstanden. Und der andere Vivaldi, argwöhnisch beäugt von denen, die nicht das Glück der Geladenen und Willkommenen hatten, die ausgeschlossen und für den Maestro irgendwie nicht existent waren. Nichtbeachtung kann tödlich sein für das Wohlwollen anderen gegenüber. Waren sie nicht auch Musiker? Ebenso angestellt wie Vivaldi von der Leitung des Ospedale zum Unterricht der jungen Frauen! Und nun ging so ein Stern neben ihnen auf, dass man nur noch Vivaldi sah, würdigte und belobte! Was für eine rachsüchtige Kumpanei sich da mit der Zeit bildete, mitten im Ospedale! Ein mittelmäßiger Musiker aber konnte nie und nimmer ein Freund Vivaldis sein, auch wenn er den gleichen Beruf ausübte und sich Maestro nennen ließ.

Freundschaft unter Musizierenden muss eine Glückserfahrung besonderer Art sein. Ich glaube, es gibt sie heute noch unter Künstlern, die an einem gemeinsamen Projekt arbeiten und so etwas wie die Gunst der Stunde erleben. Alles stimmt, fügt sich ineinander, ergänzt sich gegenseitig. Es ist weit mehr als eine Gesinnungsgemeinschaft. Es ist das Glück der Tätigen, das im gemeinsamen Musizieren, im Proben und Konzertieren aufblüht. Bis heute erzählen Musiker von Sternstunden gemeinsamer Spiellust, die aus beruflicher Gemeinschaft mit ihren Kollegen etwas entstehen lassen, für das nur der Name Freundschaft der richtige ist.

Vivaldi muss es oft erfahren haben. Ich bin sicher, dass er aufgrund solcher Erlebnisse auch ein treuer und uneigennütziger Freund sein konnte. Man berichtet, er sei beispielsweise mit dem deutschen Violinisten Pisendel eng befreundet gewesen, der 1716 mit einigen Kollegen der berühmten Dresdener «Kammermusik» Venedig besuchte, bei Vivaldi Unterricht nahm, mit ihm musizierte und eifrig Noten sammelte für das Hoforchester in Dresden. Hier trafen sich offenbar zwei Virtuosen, die sich auf Anhieb verstanden. Es kam kein Neid zwischen ihnen auf, sondern sie beglückte ihr gemeinsames Streben nach einem vollendeten Violinspiel. Freundschaft neutralisiert nicht nur das Konkurrenzverhalten, sondern verwandelt dieses in ein gemeinsames Abenteuer, an welchem beide gleichermaßen beteiligt sind. Sie setzt einer vergleichbaren Begabung geradezu die Krone auf. Vermutlich wurde diese Erfahrung von beiden als Geschenk und pures Glück empfunden.

Wer Vivaldis Freundschaften untersucht, kommt allerdings nicht darum herum festzustellen, dass Vivaldi im Jargon seiner Zeit auch Leute generös seine Freunde nannte, bei denen die Beziehung in keiner Weise als eine unter Gleichberechtigten angesehen werden kann. Auch er neigte zur Konvention, einen reichen Adligen, der von ihm etwas wünschte, gleich als Freund zu bezeichnen. In Briefen von und an Vivaldi findet man viel Herablassung der einen Seite und verbale Unterwürfigkeit der anderen. Ein Förderer ist noch nicht unbedingt ein Freund, jedenfalls dann nicht, wenn die Absicht der Beziehung allzu erkennbar wird. Doch Vivaldi brauchte in seinem Leben oft auch Unterstützung von Leuten, die ihn nur zu gern zum eigenen Servitut zählten. Fürsten und Grafen sowie Kardinäle und Prälaten verbanden mit ihren Ämtern zu jener Zeit geradezu auf natürliche Weise das Recht auf Beschämung und Erniedrigung der Künstler. Auch Vivaldi musste vonseiten *dieser* Freunde viel schlucken, was er lieber umgangen und vermieden hätte. Man könnte beinah sagen: Damit er mit seinen wahren Freunden nach Lust und Laune musizieren konnte, nahm er den Umgang mit den «sogenannten Freunden» in Kauf und auf sich. An Vivaldi kann man lernen, die Freunde einzuteilen in jene, die einem das Leben erleichtern, und in die anderen, die dieses vor allem beschweren und einem vergällen!

Von einer besonderen Freundschaft Vivaldis muss noch die Rede sein. Wohl die wichtigste in seinem Leben. Er lernte Anna Girò vermutlich in Mantua kennen, doch sicher ist das nicht, denn Goldoni berichtet in seinen Memoiren, sie sei die Tochter eines venezianischen Perückenmachers französischer Abstammung gewesen. In Mantua hatte Vivaldi 1720 seine Oper *La Candace, o Li veri amici* geleitet, dort war er der jungen Frau, die Sängerin werden wollte, offenbar begegnet, nahm sie vielleicht mit nach Venedig und brachte sie im Ospedale unter. Das trug ihr den Namen «l'Annina del prete rosso» ein – eine Bosheit, die vermutlich weniger gegen sie, als gegen ihren Förderer gerichtet war. Im Herbst 1724 gibt sie in Venedig ihr Debut in einer Oper von Albinoni, und von da an wird sie eine der Figuren sein, die eng mit dem Leben und dem Werk Vivaldis verbunden sind. Als die Kirche gegen den Theaterkomponisten Vivaldi ins Feld zieht, wird sie im Mittelpunkt der Angriffe stehen. Er wohne mit ihr zusammen, reise mit ihr herum, vermutlich sei sie seine Geliebte! Vivaldi kann darauf bestehen wie er will, dass die Girò von ihm getrennt mit ihrer Familie lebe: Für die Welt gilt sie als die Geliebte des «Prete rosso», denn sie wird für ihn unverzichtbar als Sängerin und Schauspielerin. Zudem scheint es, dass ihre Schwester Paolina im Haus der Vivaldis als Krankenschwester tätig war, seit Vivaldis Eltern Hilfe und Pflege brauchten. Noch 1737 wird Vivaldi an seinen Gönner Bentivoglio nach Mantua schreiben, ohne die Girò könne er keine Oper auf die Bühne bringen, eine Sängerin wie sie sei nun einmal nicht zu ersetzen! Man berichtet, sie sei vor allem als dramatische Sängerin grandios gewesen, weniger gelobt werden ihre lyrischen Qualitäten. Wie immer es gewesen sein mag: Die Beziehung zu dieser Frau war für den «roten Priester», den böse Zungen auch «den Eunuchen» nannten, nur weil keine Skandale im Umgang mit dem weiblichen Geschlecht aus dem Ospedale vermeldet wurden, ganz gewiss lebensbestimmend. Zwischen 1726 und 1740 war sie an mehr als 30 Opernproduktionen Vivaldis beteiligt. Sie hat ihn noch auf seiner letzten Reise nach Wien begleitet und war sicher diejenige, die ihm in seiner Todesstunde am nächsten stand. Anna Girò kehrte später nach Venedig zurück, war weiterhin auf der Bühne erfolgreich, bis sie 1748 einen Grafen Zanardi Landi heiratete und sich vom Theater zurückzog.

Um diese Freundschaft der Girò mit Vivaldi ganz zu begreifen, müssen wir heute vielleicht hören, mit welcher Bravour, aber auch mit welcher Innigkeit und welchem verführerischen Charme moderne Sängerinnen wie Cecilia Bartoli oder Magdalena Kožená mit Arien von Vivaldi umzugehen verstehen. Sich von einer Interpretin vollkommen verstanden fühlen, muss für einen Komponisten die schönste Erfüllung seiner Wunschträume sein. Vivaldi hatte die Fähigkeit, alle Regungen und Gefühle der Menschen in Musik zu verwandeln, die wilden Leidenschaften ebenso wie scheue Zuneigung und keimende Liebe. Erst nach und nach entdecken wir heute, welche Vielfalt, welchen Reichtum, welche Überraschungen er seiner Musik eingeschrieben hat. Über 250 Jahre hatte man sein Hauptwerk, das heißt seine Opern, praktisch vergessen. Man ahnte nicht einmal mehr, was für ein Schilderer von Furcht und Schrecken, von Sehnsucht und Hoffnungen hier am Werke war. Die Freundschaft und Liebe des «Prete rosso» zu seiner Annina mag sich gewiss auch einer natürlichen Neigung und dem erotischen Trieb verdanken. Ihre Dimension gänzlich begreifen wird aber nur, wer die künstlerische Glückseligkeit Vivaldis beim Anhören der Stimme seiner Annina einbezieht. Konnte jemand ihm größere Freude bereiten, als wer seine Figuren so zu gestalten vermochte, wie er ganz allein sie sich vorgestellt und ausgedacht hatte? So wie Annina Girò es für ihn tat? – Sie war sein größtes Glück, seine Lebensfreundschaft!

Mirandolina

Grigione, schrieb mir Stella, lass dich nicht von Titeln in die Irre führen! Es gab im 18. Jahrhundert Dutzende von Theaterstücken, Komödien zumal, die sich um die Freundschaft drehten. Die meisten sind langweilig, haben einen geschwollenen Begriff von Freundschaft als Grundlage, zielen vollkommen an der Wirklichkeit vorbei und riechen entsetzlich abgestanden. Unausstehlich für Menschen, die einen gesunden Realitätssinn bewahrt haben und sich im Theater vergnügen wollen. Ich muss dich sogar vor unserem wunderbaren Goldoni warnen, bei dem du – sofern du dich an die Titel seiner Stücke hältst – gerade diesbezüglich vollkommen in die Falle tappen wirst. Unter seinen 149 Komödien, 10 Tragödien und 83 Libretti, die er verfasste und von denen man – nicht gänzlich zu seinem Schaden – nur noch ein gutes Dutzend auf unseren Bühnen antrifft, gibt es eines, das *Il vero amico* heißt. Dieser *wahre Freund* gehört zu den sechzehn Stücken, die er für das Teatro Sant'Angelo allein in der Saison 1750/51 nach seiner Rückkehr in Venedig schrieb, als er dort für einige Zeit der Erfolgsautor der Stadt wurde. Sicher benutzte er dafür eine Vorlage, denn seine Kunst bestand ja in vielen Fällen darin, triviale Geschichten, die auf den Bühnen in «Commedia dell'Arte»-Manier gespielt wurden, in überraschend kunstvolle Charakterstücke zu verwandeln. Obwohl Goldoni in seinen Erinnerungen berichtet, diese Freundschaftskomödie sei eine der von ihm bevorzugten, haben bereits die Zeitgenossen den penetranten Geruch von Moralin wahrgenommen. Ein Kritiker meinte, der Moralist habe hier die Feder geführt, nicht der Künstler. Jedenfalls scheint das

Stück dem Zeitgeschmack entsprochen zu haben, der es offenbar wollte, dass die Tugend der Freundschaft geradezu ins Lächerliche gezogen wird. Ein venezianischer Edelmann namens Florindo, reich und gebildet, besucht seinen Freund Lelio in Bologna und verliebt sich dort in dessen Braut. Er findet bei dieser Rosaura auch gleich Gegenliebe und beginnt nun wie ein Hund zu leiden, weil er niemals die Freundschaft verraten und seinem Freund, der Rosaura vor allem liebt, weil er von ihr eine reiche Mitgift zu erwarten hat, die Braut ausspannen kann. Florindos Überzeugung ist felsenfest: Freundschaft muss obsiegen! Der Freundschaft hat man alle anderen Leidenschaften zu opfern, alle Vergnügen und Genugtuungen, selbst das eigene Leben, sollte sich dies als notwendig erweisen! Hat man je eine solche lebensferne Verstiegenheit in das moralische Freundschaftsideal erlebt? Und dies bei einem Venezianer! Unser Freundschaftsträumer ist sogar bereit, eine alte Jungfrau, die Tante seines Freundes, zu heiraten, um seinen Pflichten als Freund nachzukommen. Ich sage dir Grigione: è ridicolo! Absolut lächerlich, das Ganze! So macht man Freundschaft zum Gespött! Man kann kaum glauben, dass Goldoni diese Farce wirklich als Lob der Freundschaft verstanden wissen wollte. Vielleicht wollte er ja nur, dass sein Publikum die Lebensfremdheit von Moralisten entdeckt und darüber so herzlich lachen kann wie über die Missgeschicke eines von Ängsten geplagten alten Geizkragens.

Nein, wenn du wirklich «Freundschaft alla veneziana» begreifen willst, musst du ganz andere Stücke Goldonis zu Rate ziehen. Freundschaft bei den Venezianern hat viel mit Lebensklugheit zu tun und mit Realismus, mehr mit Freundlichkeit im Umgang mit Menschen, die in deinen Lebenskreis treten, als mit heroischer Aufopferung und lächerlichem Altruismus. Venezianische Freunde lieben das Leben und das Glück, die gute Gelegenheit, die fröhlichen Umstände, aber niemals die Moral um ihrer selbst willen. Anständig sein, den Eingebildeten und Selbstgerechten eine Lektion erteilen und denen, die es verdienen, das Leben erleichtern: Dies sind die Folgen der wahren Freundschaft in dieser Stadt. Lese Goldonis *La bottega del caffè (Das Kaffeehaus)* oder *La locandiera (Die Wirtin)*, und du wirst der Lebenskunst, die der venezianischen Art von Freundschaft entspricht, ganz nahekommen!

Soweit, was Stella mir mitteilte, damit ich nicht am falschen Ort die Freundschaft suchte. Ich holte meinen Goldoni hervor mit den genannten zwei Stücken und begann zu lesen. Das in Mantua im Mai 1750 erstmals aufgeführte Stück *La bottega del caffè*, das in Venedig spielt und später gerade dort so erfolgreich aufgeführt wurde, ist in der Tat ein wunderbar witziges Spektakel über die große Gabe eines anständigen Kaffeehausbesitzers, der die Unglücksfälle, Ungeschicklichkeiten, Bosheiten, Missverständnisse, Verwechslungen, schlicht: die Intrigen der Böswilligen und die unberechenbaren Zufälle des Lebens, für die niemand etwas kann, durch alltägliche Vernunft und Menschenkenntnis grandios zum Vorteil der Anständigen löst. Dieser Kaffeehausbesitzer Ridolfo ist ein «uomo ordinario, ma di buon cuore», wie er selbst sagt: ein ehemaliger Diener, der sich emporgearbeitet hat, inzwischen ein eigenes Kaffeehaus besitzt, das sich auf einem kleinen venezianischen Campo zwischen einem Barbierladen und einem Spiellokal befindet – keine schlechte Lage für regelmäßige Kundschaft! Schon früh am Morgen verköstigt er seine Gäste: Reisende, Arbeiter, Gondolieri, Matrosen, aber auch Nachtvögel, die bitterarm bei ihm einkehren, weil sie in der Nacht nebenan ihr Geld verspielt oder es in zwielichtiger weiblicher Gesellschaft verloren haben. Bei Ridolfo finden sich Anständige und Schwindler ein, geschäftstüchtige Schelme und Hochstapler, prätentiöse Adlige und solche, die sich für Künstler halten – so gut wie einfache Leute, die ihren Morgenkaffee nicht weniger dringlich brauchen und lieben als die dubiosen Gestalten der feinen Gesellschaft. Unser Ridolfo ist so anständig wie schlau, er durchschaut seine Kundschaft auf Anhieb, den bombastischen Prahler und Verleumder aus Neapel, den verkleideten Grafen auf der Flucht vor seiner Frau und vor sich selbst. Er verspürt Mitleid mit den betrogenen Ehefrauen, die auf der Suche nach ihren dem Lotterleben ergebenen und von zu Hause ausgerissenen Männern sind, hilft mit Geld aus, um dem in Spielschulden versinkenden Sohn seines früheren Dienstherrn unter die Arme zu greifen. Ein überaus patenter Venezianer ist dieser Ridolfo, mit Sinn für Realitäten, gesundem Menschenverstand und einem weichen Herzen dort, wo dieses angebracht ist. Am Schluss der Komödie gelingt es ihm, die Bösewichter und ihre Intrigen zu entlarven, die Verleumder zu blamieren, die Liebenden zu vereinen, die Vernünftigen zur Einsicht und zum Lachen über die sonderbaren Missgeschicke des Lebens zu bringen. Ridolfo weiß: Um die Anerkennung, den Respekt oder gar die Zuneigung der anderen zu gewinnen, genügt es nicht, kein Dieb zu sein. Man muss die anderen auch gut behandeln. «Trattar bene» nennt er seine Art der Freundschaft mit der Welt: taktvoll mit jenen Menschen umgehen, die das Schicksal in guten und schlechten Tagen in sein Kaffeehaus führt. Doch heißt dies für ihn nicht, ihre Schwächen zu übersehen, er sieht sie, schüttelt den Kopf über den Leichtsinn der Menschen, nützt diesen aber nicht zum Schaden der Betroffenen aus. Ridolfo ist kein venezianischer Philanthrop. Er ist Wirt und Realist, weiß, was Geld ist und was der Gegenwert dafür sein muss, er ist weder ein sentimentaler Gutmensch noch ein naiver Dummkopf, er behandelt seine Angestellten und seine Gäste so, wie sie es verdienen. Kurzum: ein ganz und gar patenter Venezianer ist dieser Ridolfo, den man gern zum Freund und Nachbarn hätte.

Noch raffinierter und wahrhaftig mit allen Wassern gewaschen ist Ridolfos weibliches Gegenstück: Goldonis Mirandolina aus *La locandiera*. Diese junge Frau, die von ihrem Vater eine kleine Pension geerbt hat, ist das Musterbeispiel einer selbstbewussten, listigen, ein bisschen eitlen und reichlich lebenslustigen jungen Frau, die das Herz auf dem richtigen Fleck hat. «Meine größte Freude besteht darin, bedient, bewundert, verehrt zu werden. Das ist meine kleine Schwäche, und die Schwäche fast aller Frauen!», gesteht sie einmal. Goldoni selbst schreibt im Vorwort, *La locandiera* sei «die moralischste, nützlichste und lehrreichste» unter seinen Komödien. Aber sie ist gottlob auch eine der witzigsten und vergnüglichsten. Schwerlich lasse sich anderswo eine Frau finden, die verführerischer und gefährlicher sei als seine Mirandolina, meint Goldoni. Hätte es Gott doch gewollt, dass er selbst einer Frau in seinem Leben begegnet wäre, die ihm so heilsame Lektionen erteilt hätte, wie diese Mirandolina es ihren Liebhabern beschere. Sie hätte ihn vor den Folgen seiner Schwächen bewahrt! Goldoni war mächtig stolz darauf, eine derart unwiderstehliche, freche, komische, schlicht umwerfende Frau und Sirene erfunden und auf die Bühne gebracht zu haben – auch wenn er selbst im Verhältnis zu Frauen nicht vor Dummheit gefeit war.

Im Gasthaus der Mirandolina sind seltsame ältere Herren abgestiegen, die der Gastgeberin – wie könnte es anders sein – auf steife und linkische Weise den Hof machen. Es sind Repräsentanten der damaligen venezianischen Gesellschaft: ein «Marchese di Forlipopoli», ein verarmter Adliger, der inzwischen seinen Titel verkaufen musste, um überhaupt noch überleben zu können. Der andere ist ein neureicher

Aufsteiger, ein etwas grob geratener Geschäftsmann, der den Grafentitel «Conte d'Albafiorita» gekauft hat, um an Ansehen vor der Welt und vor sich selbst zu gewinnen. Beide scharwenzeln ergebnislos um Mirandolina herum, die sie spaßeshalber zum Narren hält, indem sie den beiden wohldosierte Beweise ihrer Gunst und ihrer anderweitigen Gelüste verabreicht. Ein weiteres Exemplar männlicher Selbstherrlichkeit kehrt bei Mirandolina ein: der «Cavaliere di Ripafratta», ein Mann, der sich als Kenner der Frauen und geheilter Liebhaber ausgibt. Als ausgekochter Frauenverächter spielt er seine Überlegenheit dem schwachen Geschlecht gegenüber so prahlerisch wie pedantisch aus. Damit reizt er jedoch Mirandolina zu einem raffinierten Racheplan. Sie wird ihm eine Lektion fürs Leben erteilen. Denn wie sollte es dieser Verführerin nicht gelingen, den stolzen Cavaliere, diesen Pfau und Prahlhans, vollkommen in sie verliebt zu machen, ihn zum Narren zu halten und schließlich dem Gelächter preiszugeben? Der verliebte Galan wird am Ende den Spott und den Schaden haben, wenn Mirandolina beschließt, die drei männlichen Bewerber der feinen Gesellschaft allesamt aus dem Haus zu werfen und am Ende doch ihren Diener Fabrizio zum Mann zu nehmen – denn geheiratet muss werden, Mirandolina hat es schließlich ihrem seligen Vater versprochen. Die Komödie gibt der jungen Frau wunderbare Gelegenheit, die gesamte Männerwelt – ihren zukünftigen Fabrizio mit eingeschlossen, dem sie permanent Gelegenheit zur Eifersucht verschafft – an der Nase herumzuführen. Wer sich freilich vorstellt, Mirandolina werde am Ende eine brave und fügsame Ehefrau werden, dürfte sich gewaltig täuschen! Diese Venezianerin ist weder durch die Ehe noch durch andere Verstrickungen zu zähmen. Das Verführungsspiel ist und bleibt der Zeitvertreib Mirandolinas, ihre Lebensfreude, ja ihre natürlichste und schönste Begabung.

Am Ende verflucht sie der betrogene und beschämte Cavaliere: «Ich weiß, du hast mich getäuscht, und jetzt triumphierst du in deinem Innern, mich hinters Licht geführt zu haben. Ich spüre, auf welche Folter du meine Duldsamkeit spannst. Einen Dolch sollte ich dir in die Brust stoßen zum Dank! Das Herz sollte ich dir aus dem Leib reißen und es allen verführerischen und betrügerischen Frauen vorzeigen! Doch ich würde mich damit nur doppelt unglücklich machen. Darum nehme ich Reißaus von dir, verfluche deine Schmeicheleien, deine Tränen, deine Lügen! Du hast mich die unglückliche Macht gelehrt, die Weiber über das männliche Geschlecht ausüben. Durch dich musste ich lernen, dass es nicht genügt, die Macht der Frauen zu verachten, sondern dass man vor dieser Macht nur die Flucht ergreifen kann!» Und der schwer beschädigte Cavaliere geht auf und davon. – Mit den beiden anderen Verehrern geht Mirandolina etwas liebenswürdiger um, entlässt sie mit dem Ratschlag, künftig klüger zu sein im Umgang mit den Frauen und sich der kleinen Bosheiten und Listen von Mirandolina stets zu erinnern. Denn diese werden nicht aussterben, solange es unter den Frauen eine Mirandolina gibt.

Was wollte Stella ihrem Freund Grigione mit diesen Goldoni-Geschichten wohl zu verstehen geben? Dass sein Begriff von Freundschaft maßlos idealisiert und in den Wolken angesiedelt sei? Dass man die Begabung zur Freundschaft nicht nur bei Künstlern und philosophierenden alten Männern antreffe, sondern noch viel schöner und echter bei einfachen Leuten, bei Gastwirten beiderlei Geschlechts zum Beispiel? Dass auf dieser Welt in erster Linie nicht die heroische und exklusive Freundschaft zähle, sondern die alltägliche, praktische, das natürliche Wohlwollen, das man um die Ecke erlebt? Die Freundschaft also, die in jeder Art von Lebensfreundlichkeit aufleuchtet. Wollte sie wie Goldonis Mirandolina einem eingebildeten Herrn vorführen, dass Freundschaft vor allem im Lebensraum der Vernünftigen beheimatet ist, bei denen, die gerne leben und ihre Freude daran haben, dass auch andere gut leben? Dass Freundschaft zuerst eine ganz gewöhnliche Eigenschaft und ein Bedürfnis normal denkender und fühlender Menschen ist, und erst viel später ein Wunschtraum von Individualisten? Oder wollte Stella mir sagen, dass Einbildung, Stolz, pompöses Gehabe, Angeberei und Standesdünkel auch in Venedig immer schon die wahren Feinde der Freundschaft gewesen sind? – Wahrhaftig, die Selbstgefälligen brauchen gar keine Freunde, auch wenn sie sich noch so gern unter ihresgleichen bewegen. Wer sich für besser hält, benützt nur die anderen und verachtet sie gleichzeitig. Vielleicht sind die Klugheit Ridolfos wie die Lebensfreude Mirandolinas erst der Humus, auf welchem Freundschaft gedeihen kann.

Ich vermute inzwischen, dies sei die Mirandolina-Lektion, die Stella mir mit ihren Goldoni-Hinweisen erteilen wollte.

Im Garten der Freundschaft

In Venedig gibt es viele Gärten. Die meisten bleiben den Besuchern der Stadt verborgen. Vermutlich auch dir, mein lieber Grigione, es sei denn, du pflegst die Beziehung zu deiner venezianischen Freundin! Hat nicht ein österreichischer Dichter gemeint, es sei ganz nebensächlich, ob ein Garten groß oder klein sei? «Was die Möglichkeiten seiner Schönheit betrifft, so ist seine Ausdehnung so gleichgültig, wie es gleichgültig ist, ob ein Bild groß oder klein, ob ein Gedicht zehn oder hundert Zeilen lang ist. Die Möglichkeiten der Schönheit, die sich in einem Raum von fünfzehn Schritt im Geviert, umgeben von vier Mauern, entfalten können, sind einfach unmessbar.» So schrieb er. Der Mann muss venezianische Gärten gekannt haben. Denn groß sind längst nicht alle, einige jedoch auch größer, als man vermuten mag. Schön aber sind sie alle, jedenfalls solange Menschen sich in ihnen aufhalten oder auch nur aus ihren Wohnungen auf sie herunterblicken. Die vielen Mauern, die in Venedig das Private verbergen, werden dir aufgefallen sein. Denn unsere Stadt hat eine Seite, die sie zur Schau stellt, und eine, die sie den Blicken eiliger Besucher entzieht und nur den echten Venezianern und den übers Jahr hier Wohnenden offenbart. Erst wenn du einmal gesehen hast, wie der Salon einer venezianischen Parterrewohnung in ganz natürlicher Weise als Garten seine Erweiterung und Vollendung findet, wirst du begreifen, was ich mit der Schönheit des venezianischen Gartens meine. Stein und Wasser sind gewiss die Grundelemente, aus denen diese Stadt besteht, doch erst wo sich zwischen ihnen ein Flecken zum Garten weitet, mit Efeu, Blumen und Schatten spendenden Bäumen, wirst du des unendlichen Zaubers dieser Stadt gewahr.

Mein Kollege von der Fondazione Cini auf San Giorgio behauptet immer, wenn in Venedig neben den Sorgen um gute Geschäfte und öffentliche Anerkennung auch noch gedacht und geträumt worden sei, dann verdanke Venedig dies den eigenen Gärten. Sie seien die eigentlichen Brutstätten für Denker und Künstler gewesen, vielleicht sogar für alle Menschen, die in dieser Stadt nicht allein nach Glanz und Glorie gestrebt, sondern sich daneben auch Gedanken über Schönheit und den Sinn des Daseins gemacht hätten. Das mag eine etwas kühne Behauptung sein, doch ich kann dir meinerseits versichern, dass es für gute Gespräche keine Orte gibt, die geeigneter wären als so ein wohlbehüteter und gepflegter venezianischer Garten. Und so behaupte ich nun einmal nicht weniger kühn, dass es für Freunde, die sich miteinander besprechen und austauschen wollen, keinen besseren Platz auf unserem Planeten gibt als einen solchen Garten. Sofern du den Geheimnissen der Freundschaft wirklich auf die Spur kommen willst, brauchst du dringlich meinen venezianischen Garten.

Gemüse freilich wirst du in diesem Garten nicht finden, dieses kaufen wir Venezianerinnen auf dem Markt. Und wenn in schönen Terrakotta-Amphoren Kräuter wachsen, dann finden diese erst in zweiter Linie in der Küche Verwendung, denn gedacht sind sie als duftender Balsam, den dir die Abendwinde zuführen sollen, wenn du am Steintisch neben einer Efeuwand dich in die Lektüre eines Buchs vertiefst. Wenn dann ein Brunnen noch leise in deiner Nähe plätschert und dein Blick die verwitterten Statuen streift, die eine kleine Allee bilden, und du vor Schönheit gar nicht mehr siehst, wo die dunkle Ziegelmauer diese abrupt beendet: da könntest du am richtigen Ort sein! Denn du musst wissen, der Platz ist beschränkt zwischen den Kanälen, und trotz illusionistischer Tricks, welche sich die Gartenarchitekten einfallen ließen, um Ferne und Weite vorzutäuschen, sind manche Gärten ganz bescheidene quadratische Innenhöfe, doch so geschickt gestaltet, dass sie dir immer als Oasen des Atemholens und dadurch als Vorräume des Paradieses erscheinen müssen. Du kannst mit Hecken, Büschen und Bäumen, zwischen denen Sirenen, Nymphen und Putten, verfolgt von lüsternen Faunen, auf beschränktem Raum ihr Spiel treiben, ganze Dramen inszenieren. Mythologische und gegenwärtige! Im Garten meines Hauses haben die weiblichen Steinfiguren auf ihren grün überwucherten Podesten einen so verschämten und gleichzeitig frechen Blick, als würden sie es äußerst bedauern, dass die Satyrn gerade ausbleiben und noch nirgends zu erblicken sind. Bei mir findest du an der Westwand des Gartens als Relieffigur einen geflügelten Markuslöwen, der in der Abendsonne sich aufwärmt, um bei einsetzender Dunkelheit genügend Energie für seine nächtlichen Abenteuer zu haben. Geschickte Fachleute bringen es überdies fertig, einen Garten so zu bepflanzen, dass in Venedig rund um die Jahreszeiten etwas ganz Unerwartetes blüht und duftet. Wenn ein anderer deutscher Dichter reimte: «Singe die Gärten, mein Herz, die du nicht kennst», so würde ich als Venezianerin sagen: «Besinge die Gärten, mein Herz, die du kennst!» – denn die Lust zu leben vergrößert sich durch einen venezianischen Garten ins Unabsehbare!

Ist dir vielleicht der andere Lobgesang auf den Garten bekannt? «Weit und schön ist die Welt! Doch o wie dank ich dem Himmel / Dass dein Gärtchen, beschränkt, zierlich, mir eigen gehört!» Muss ich dir in Erinnerung rufen, dass mein Garten für die Erkundung der Freundschaft voraussichtlich der beste Ort der Welt sein könnte? So groß wäre er jedenfalls, dass wir uns darin bequem voreinander verdeckt halten könnten, sollte unser gegenseitiger Anblick uns im Wohlbefinden behindern. Doch lass mich zuerst einmal aufzählen, wofür Gärten meiner Überzeugung nach die idealen Orte sind.

Was macht man in einem venezianischen Garten? Man legt ab und baut auf. Zuerst aber atmet man durch. Wenn ich von der Arbeit komme, setze ich mich einige Minuten in meinem Lieblingswinkel auf die lange Steinplatte, die von zwei Sphinx-Figuren getragen wird, schließe die Augen und atme diese geschenkte Welt ein. Ich streife die Schuhe von den Füßen und sage mir: «Wohlan mein Herz! Leg Zorn, Zank und Zwietracht hin!» Ich versuche tatsächlich, alles abzulegen, was der Tag mir Stunde um Stunde aufgeladen hat. Die Requisiten des Kampfes, die Bereitschaft zum Entgegnen, die Listen der Verstellung. In einem venezianischen Büro stapelt sich viel auf deiner Seele, das während eines langen Arbeitstages nicht zu klären und zu erledigen ist. Dieses muss zunächst alles weg. Im Angesicht meines prächtigen Zitronenbaums werde ich die Tageslasten am besten los. Grimm und Gram fließen ab und versickern unsichtbar zwischen den Steinplatten. Durch das Eisengitter sehe ich das Abendlicht über dem Wasser des Kanals fluten. Was für ein beruhigendes Schauspiel! Vögel zwitschern in der nahen Hecke, die zwei Zypressen ragen dunkel in die Höhe, als seien sie meine vornehm sich zurückhaltenden Wächter. Jetzt spüre ich: Ich bin angekommen und fühle mich frisch und frei. Vor lauter Glück umarme ich manchmal meine Zeder, die diese – für mich nur scheinbar – sinnlose Tat liebevoll duldet. Der Rosenbusch will sich mir entgegenneigen, als möchte er mich mit der Sanftheit seiner Blätter berühren. Nun findet sich alles ein, was tagsüber so weit entfernt schien: die belebende Wirkung der Farben, die Wohltat des

Abendwindes, die Lichtspiele der Sonne durch die Zweige und Blätter meines Gartens. Es kommen die Eidechsen an den Mauernischen und auf dem Kies ans Licht, gierig nach der letzten Abendwärme. Und beinah gleichzeitig erscheint auch der Kopf meines Katers Aretino, er schleicht sich unhörbar aus der Hecke heraus, noch unentschieden zwischen dem Angriff auf eine der zierlichen Eidechsen und der Liebkosung, die er bei mir abholen möchte. Ich brauche nicht einmal eine Viertelstunde in meinem Garten, und ich bin zurück im Leben. Ein schöner Abend kann beginnen.

Doch was hat dies alles mit der Freundschaft zu tun? Du musst wissen, mein lieber Grigione, ein venezianischer Garten hat Nischen, und Freundschaft braucht Nischen. Sie braucht keine Esplanaden und Balustraden, man ist – um venezianisch zu sprechen – in der Freundschaft nicht auf dem Canal Grande unterwegs, im Blickfeld der Gaffer und Angeber. Nein, Freundschaft ist in der Gartennische am besten aufgehoben und geschützt. Nachdem du mir deine Gedanken über die Freundschaft zu lesen gabst, habe ich den Eindruck, dass du viel zu sehr auf die Philosophen und Phantasten blickst. Du bist ihnen geradezu hörig in dem, was sie über die Freundschaft zu fabulieren wussten. Vielleicht hast du am Ende Freundschaft besser verstanden, wenn du mich als Freundin begreifen könntest, anstatt den Geistesgrößen aller Kontinente nachzulaufen und diese über die Rätsel der Freundschaft zu befragen. Schon ein Name macht dich augenblicklich zu einem Ministranten einer vermuteten Autorität. Kaum hörst du den Namen Spinoza, und schon bist du der Ansicht, du müsstest sämtliche seiner Briefe an die Freunde durchstöbern, um darin etwas über Freundschaft ans Licht zu zerren. Du hast eine übertriebene Verehrung für Geistesheroen. Ist ein Genie des verwickelten Denkens etwa ein besserer Freund? Allein aus der venezianischen Geschichte kann ich dir so viele Beweise dafür liefern, wie du nur willst, dass Philosophen, Erfinder, Künstler und andere außergewöhnliche Gestalten in Sachen Freundschaft kümmerliche Zwerge sein können. Ich möchte etwas von dir hören und erleben, was die Berührungs- und Bewegungsmacht von Freundschaft für dich selbst bedeutet. Du solltest in meinem Gesicht die Bemühungen zu lesen verstehen, die ich mache, um dir die bestmögliche Freundin zu sein! Das wäre in meinen Augen die rechte Einstellung in der Erforschung der Freundschaft! Zugegeben, ein schön gedrechseltes Wort über Freundschaft nehme auch ich gern zur Kenntnis. Wichtiger aber ist mir immer noch der eigentliche Nährboden der Freundschaft, und dieser kann nur das gelebte Leben sein. Was helfen mir all die schönen Worte über ideale Freundschaften, wenn du mit der unsrigen fahrlässig und gleichgültig umgehst? Wenn der Teufel denkt, es müsse doch eine anständige Art geben, den Menschen zu quälen, schickt er uns einen langweiligen Philosophen, der immer ethisch korrekt und sauber ist, doch bei Licht betrachtet nur ein pompöser Schwätzer, zum Davonlaufen langweilig. Freundschaft muss die gelebte Einsicht sein, für dich allein gar nicht lebensfähig zu sein, sondern jemanden zu haben, dessen Gegenwart dich zuversichtlich, mutig und lebensfreudig macht. Ich übertrage eine stattliche Menge meiner Fragen und Zweifel der Zuständigkeit jenes Menschen, der mir gut gesinnt ist und mir am Herzen liegt. Er wird meine Probleme vielleicht nicht lösen, doch bin ich die quälende Last los, ich müsse mich ganz allein damit herumschlagen. Freundschaft ist für mich Lebenserleichterung bis zum Zustand liederlicher Sorglosigkeit. In der Nähe eines Freundes will ich mich unendlich entlastet von allem Ungeklärten und Bedrückenden fühlen. So, wie es Leopardi ausgedrückt hat: «Così tra questa immensità s'annega il pensier mio/e il naufragar m'è dolce in questo mare – Es löst sich inmitten dieser Unermesslichkeit mein sorgendes Denken in nichts auf, und eine Lust ist es mir, in diesem Meer unterzugehen.» Das ist die wahre Seligkeit der Freundschaft: in Gesellschaft eines wohlwollenden Menschen die eigene Last verschwinden zu sehen und sich an der Seite eines mich achtenden und liebenden Menschen in einem Ozean der Unbesorgtheit tummeln zu dürfen. Bist du mein Freund, so musst du kommen, mich aus den Banden lächerlicher Befangenheit kleinlicher und unbedeutender Dinge befreien und mich in den Garten des Wohlbehagens entführen. Probier es doch aus, ob mein venezianischer Garten dafür der geeignete Ausgangsort wäre. Komm und stelle selbst fest, ob ich dir zu viel oder Falsches verspreche.

Vielleicht wirst du mir entgegnen, dass es auch zur Freundschaft gehöre, Geheimnisse voreinander zu haben. Ja, darüber muss man nachdenken. Doch Dinge nur für sich behalten, die einen anderen Menschen betreffen, dies ist für mich nicht der Weisheit letzter Schluss. Ich weiß: Auch wer seine Freunde liebt, stößt diese manchmal zurück, verstört sie und vertreibt sie. Auch Freunde dürfen dem Fluchtinstinkt folgen, wenn die Umstände ungünstig und die Stunde die falsche ist. Dennoch, eine wahre Freundin darf immer mit der Rückkehr ihres Freundes rechnen, und umso schöner wird diese Rückkehr sein, je besser der andere die Gründe einer Flucht zu begreifen vermag. Mach also guten Gebrauch von deiner Begabung zur Freundschaft, aber errichte ihr keinen Altar, an welchem du allein zu beten gedenkst! Auch Freundschaft ist nicht ein Gut an sich, sondern hat den klaren Zweck, das Zusammensein von zwei Menschen zu verschönern. Weißt du, was Gauguin über dem Türsturz seines Hauses auf seiner Insel in der Südsee als Weisung für die ihn besuchenden Freundinnen geschrieben hatte? Da stand: «Soyez mystérieuses, soyez amoureuses et vous serez heureuses.» So ist es: Geheimnisvoll muss man sein, etwas verliebt, und man wird glücklich sein. Daran glaubte dieser große Künstler, und daran glaube ich. Und vielleicht solltest auch du daran glauben! Ich überlege mir etwas ähnlich Schönes für den Torbogen meines Gartens und lasse es von einem venezianischen Steinmetz einmeißeln, sobald du mir mitteilst, dass du mich in meinem Garten besuchst. Lass mich nicht zu lange warten!

Ich stehe bereit für konspiratives Brüten in eigener Sache. Dafür brauche ich dich. Deine solistischen Anstrengungen in Sachen Freundschaft solltest du langsam aufgeben. Also komm in meinen Garten! Und für heute noch dies: Freunde sind ihren Freundinnen gegenüber viel toleranter als Liebende. Diese bestehen auf Erfüllung. Freunde begnügen sich mit Gewährung! Verstehst du jetzt, weshalb ich einen Freund und keinen Geliebten brauche?

Freundschaft mit Nebenabsichten

Ich habe es begriffen. Stella wünscht sich einen Freund, keinen Lagergenossen. Zudem will sie nicht, dass ich ihr gelehrte Ansichten aus Büchern über Freundschaft nach Venedig schicke. Was sie will, sind Gedanken der persönlichen Art darüber, wie Freundschaft allein von mir her zu verstehen sei. Ich will mich daran halten, sobald ich bei ihr in Venedig bin. Doch eine Geschichte misslungener Freundschaft – sie hat auch mit dem für Stella offenbar fundamentalen Unterschied zwischen Freund und Geliebtem zu tun – muss ich zuvor noch aufzeichnen. Warum? Weil hier eindrücklich davon berichtet wird, wie Freundschaften mit Nebenabsichten geradezu unausweichlich in die Brüche gehen. Aus Freundschaften können sich bekanntlich auch Liebesbeziehungen entwickeln. Es soll Menschen geben, welche die Freundschaft grundsätzlich nur als eine Vorstufe der sexuellen Beziehung anerkennen. So könnte es im Kopf eines jungen Casanova aussehen. Freundschaft wird damit zur Nebenabsicht des eigentlichen Ziels. Doch keineswegs ist Sex immer das entscheidende Motiv, um eine Freundschaft anzustreben. Es kann dies auch ein Ehrgeiz ganz anderer Art sein. Davon handelt die Geschichte, die ich Stella noch erzählen muss.

Da kam einer nach Venedig. Ein sympathischer junger Mann aus Amerika. Er war voller Eifer, doch sein Eifer bezog sich ausschließlich auf etwas, das ihr Erfinder einmal «literary concupiscence» nannte. Man müsste es in diesem Zusammenhang mit «Geilheit nach literarisch-intimen Zeugnissen» übersetzen. Es handelt sich dabei um eine krankhafte

Sucht nach Indiskretionen über verehrte Dichter und Schriftstellerinnen, von welcher ehrgeizige Literaturliebhaber fast immer angesteckt sind, wenn sie die ersten sein wollen, denen es gelingt, hinter ein Geheimnis im Leben der von ihnen angebeteten Autoren zu kommen. Henry James, der europäischste unter den bedeutenden amerikanischen Romanciers, hat in seiner Erzählung *The Aspern Papers* spielerisch eine Anekdote in große Literatur verwandelt, die er im Jahr 1887 auf einer seiner Italienreisen in Florenz gehört hatte. Sie handelt von einem Kunstkritiker aus Boston, der in Florenz nach bisher unbekannten Briefen Jagd macht, in welchen seiner Vermutung nach eine Affäre dokumentiert ist, in die der englische Dichter Shelley mit einer jungen englischen Schönheit verwickelt gewesen sein soll. Inzwischen ist die Frau eine sehr alte verarmte Dame und lebt mit ihrer Nichte, möglicherweise auch Großnichte, zurückgezogen und von der Welt vergessen in einem Palazzo. Auch die Nichte ist bereits über der Schwelle der zarten Jugend. Während unser Dokumentenjäger sich an die beiden Damen heranpirscht, alle Tricks der Freundlichkeit erprobend, um Einsicht in die kostbaren Dokumente zu erhalten, stirbt die alte Dame, die in ihren jungen Jahren Shelleys unbekannte heiße Geliebte gewesen sein soll. Nun ist die Erbin der Schriften, die etwas alterslose, aber gewiss altjüngferliche Nichte endlich bereit, die Dokumente dem ungestümen Schnüffler zu übergeben unter der so klaren wie überraschenden Bedingung, dass der feurige Liebhaber dieser der Welt noch unbekannten Korrespondenz sie dafür heiratet, schlicht und einfach heiratet! Der junge Mann ist von diesem Vorschlag derart verwirrt und außer sich, dass er den Palast Hals über Kopf verlässt und das Weite sucht. Über seine Flucht und über eine für ihn und die Nichte tragbare Lösung nachsinnend, kehrt er in den Damenpalast zurück und wird dort gerade noch Zeuge davon, wie die enttäuschte Frau mit einem bitteren Lächeln die letzten Seiten der begehrten Papiere dem Kaminfeuer übergibt.

James hat aus dieser offenbar auf Tatsachen beruhenden Anekdote die wundersamste Rätselgeschichte um verdeckte menschliche Leidenschaften entwickelt. Er lässt für uns in dieser Erzählung den Manuskriptjäger seine Pläne, Erlebnisse, Hoffnungen und Enttäuschungen in allen Entwicklungsstufen ausbreiten, und wir wohnen im Verlauf der Geschehnisse einem regelrechten Verwirrspiel um die Triebkräfte von Verstellung und Verführung bei. Ein großes Maskenspiel venezianischer Art vollzieht sich vor unseren Augen. Wir werden die Zeugen jener unberechenbar schlechtesten aller möglichen Wendungen, die unsere Leidenschaften nehmen können, wenn sie verstellt und verdeckt daherkommen. Auch verlegt James die Handlung von Florenz nach Venedig in einen heruntergekommenen Palast mit einem kleinen Vorgarten, der dem Verfallszustand der Palastbewohnerinnen vollkommen entspricht. Der Mann, der uns sein wie in einem klassischen Drama von Szene zu Szene aufregenderes Abenteuer erzählt, sucht hier nach den Papieren eines gewissen Schriftstellers namens Jeffrey Aspern. Dieser unbekannte Aspern könnte Shelley, Byron oder Alexander Sergejewitsch Puschkin (ASP) zum Anlass haben, wie die Literaturexperten zu ermitteln wussten. Es spielt dies im Grunde gar keine Rolle, weil James in dieser Erzählung nichts als einen scheinbar äußerst raffiniert vorgehenden, quellenbesessenen Literaturenthusiasten darstellt, der unter Vorspiegelung großen Wohlwollens und einer verräterischen Neigung zur Freundschaft an seinem letztlich blindwütig egoistischen Plan scheitert.

Es müsste sich nicht um Henry James handeln, wenn er dieses Thema nicht nach allen Regeln verwirrender Erzählkunst anlegen und seine Leser nicht weniger als die Protagonisten des sich abspielenden Dramas immer wieder in die Irre schicken würde. Venedig als ein Wirrgarten von Gassen, Kanälen, Brücken und Häusern mit Durchgängen, die nicht weiterführen und den Abenteurer zur Umkehr zwingen, ist für diesen Knäuel an berechtigten Erwartungen und ihnen auf den Fuß folgenden Enttäuschungen und Rückschlägen der absolut ideale Schauplatz. Ich greife hier nur einen der vielen ausgelegten Fäden auf, an denen man sich durch den Nebel dieser Erzählung entlangtasten kann. Einzig um das unter dem Deckmantel der Freundschaft erschlichene Wohlwollen des Erzählers geht es, der ja alles tut, um physisch immer näher an die ersehnte Beute heranzukommen: jenen Briefwechsel zwischen Aspern und der damals unwiderstehlich schönen Frau, die inzwischen eine gebrechliche und immer nur mit Augenschutz auftretende Greisin ist, schon mehr einem Skelett als einem menschlichen Körper ähnlich. Was für ein sonderbarer und doch keineswegs seltener Kunstfehler im Leben eines Gelehrten: den Hinterlassenschaften von Toten vor dem Atem der Lebendigen derart den Vorzug zu geben!

Mithilfe einer gewissen Mrs. Prest, der einzigen lebensnahen Frau der ganzen Erzählung, die der Autor mehrfach als «Freundin» bezeichnet, schafft es unser Mann als Untermieter der in Selbstentsagung sehr bescheiden lebenden Damen in besagtem Palast einzuziehen. Für den Aspern-Forscher steht fest, dass die alte Miss Bordereau, wie sie in der Erzählung heißt, die einzige noch lebende Person ist, die dem Dichter in Tat und Wahrheit begegnet ist. Für eine Forscherseele ein herber Verlust, wie unser Mann – im Plural für die Gemeinschaft der Literaturforscher sprechend – gesteht: «Es war uns nicht vergönnt, in ein einziges Augenpaar zu blicken, in das auch seine Augen geblickt hatten.» Alle Zeitgenossen Asperns sind tot. Bis auf die alte Dame im venezianischen Palast, von der er sagt: «Am totesten von allen war uns die arme Miss Bordereau erschienen, und doch war sie die Einzige, die noch am Leben war.» Als der Mann den bröckelnden Palazzo betritt, kommt er gleich zur Überzeugung: «Ich kann nur an meine Beute gelangen, wenn ich ihr Misstrauen zerstreue, und ich kann ihr Misstrauen nur dadurch zerstreuen, dass ich geschickte Kunstgriffe anwende. Scheinheiligkeit, Doppelzüngigkeit sind meine einzige Chance. Es tut mir leid, aber es gibt keine Niederträchtigkeit, die ich nicht um Jeffrey Asperns willen begehen würde. Erst muss ich mit ihr Tee trinken – dann kann ich das eigentliche Problem anpacken.»

So räsoniert unser Mann und überlegt sich genauestens jeden Schachzug in seiner unanständigen Annäherung ans Ziel seiner Begierde. Mit monomanischer Hartnäckigkeit pirscht er sich ins Vertrauen der älteren und der jüngeren Frau. Ein starkes Wirkungsmittel ist dabei das Geld, das die beiden Damen durch die Mieteinnahmen wie einen Segen auf sich zukommen sehen. Alles wird von ihm als Vorwand eingesetzt, um «meinen Fuß in der Festung zu haben». Er kümmert sich um den verkommenen Garten, er überschüttet das Haus mit Blumensträußen, er macht Miss Tina – so heißt die jüngere der Damen – sorgfältig bedachte Komplimente, um gegen ihre Ängstlichkeit und Zurückhaltung vorzugehen. «Mit humorvoller Entschlossenheit, die Mitgefühl nicht ausschloss» geht er vor, Schritt um Schritt, und tatsächlich schafft er es auch, das Misstrauen der Damen, sogar jenes der vermutlich sein Spiel durchschauenden Alten, zu überwinden. Zwar ist die schwarz gekleidete, hinter einem grünen Augenschirm redende gebrechliche Frauengestalt der absolute Kontrast zu jener Juliane, die in Asperns Gedichte eingewandert ist; dennoch verschafft ihm die erste

Begegnung mit der vermuteten Geliebten seines Idols einen unerwarteten Glücksschauer. Er ahnt: Diese Frau wird nicht mehr lange leben, und dann – so ist er überzeugt – stehen ihm Schränke und Schubladen der Wohnung offen, um endlich an die Liebesbriefe zu gelangen.

Die größte Niedertracht unseres Mannes ist allerdings die Art und Weise, wie er – unter Vorspiegelung von Sympathiegefühlen der zärtlicheren Art – die unscheinbare Tina für sich gewinnt. Während eines Gesprächs sagt Tina zum neuen Untermieter: «Wir leben unglaublich ruhig. Ich weiß nicht, wie die Tage herumgehen. Wir haben kein Leben.» Der ruchlose Mann antwortet darauf: «Ich wünschte, es wäre mir erlaubt, Ihnen ein wenig zu bringen.» – Genau das tut er. Er heitert die von Langeweile und Aussichtslosigkeit gebeugte und in abgedunkelten Räumen glanzlos und grau gewordene Frau auf, tauscht Bücher mit ihr aus, sitzt mit ihr in einer Laube des kleinen Gartens, bemüht sich um einen «familiären Plauderton» und lädt sie – als vertrauenerweckende Maßnahme – zu einer romantischen Gondelfahrt ein. Dabei passt er auf, seine Bestechungsversuche immer so anzulegen, dass sie in seinem Sinn etwas Unentschiedenes an sich haben. Immer lavieren, doch nie sich vergessen und das Eigentliche aus den Augen verlieren! Eine Hinterlist ist immer bestückt mit Vorsichtsmaßnahmen, um sich weder zu verraten noch vom eigentlichen Ziel zu entfernen. Miss Tina ahnt immer deutlicher die Ruchlosigkeit des Ansinnens, das unseren Mann umtreibt. Doch jene, die wirklich dahinterkommt, ist die alte Frau. In der Nacht, in welcher der Mann in ihrem Privatgemach sich an den Sekretär der Frau macht, um an die Dokumente zu kommen, steht diese plötzlich im Nachtgewand wie ein weißes Gespenst hinter ihm und sagt entsetzt: «Sie Schurke von einem Schreiberling!», bevor sie wie tot umfällt. In Panik verschwindet der

Mann für zwölf Tage aus der Stadt, treibt sich auf der Terraferma herum, in Treviso, Bassano und Castelfranco, erholt sich allmählich von seiner «mitternächtlichen Ungeheuerlichkeit» und weiß: Er muss zurück in den Palast, denn seine Beute liegt immer noch dort. Als er wieder in Venedig ankommt, erfährt er, dass die alte Dame, in deren vor Wut brennenden Augen er ein einziges Mal in jener Nacht zu blicken vermochte, tot und begraben ist. Er besucht nun Miss Tina, Trauer zeigend, und versucht, «so kurz nach der Katastrophe nicht schon wieder Habgier an den Tag zu legen». Man redet über andere Dinge, über Castelfranco und dessen berühmtesten Sohn Giorgione, Ablenkendes und Hinhaltendes also. Der Mann meidet zunächst einen erneuten Angriff, um an die Papiere zu kommen. Doch er spürt bald, dass rasch etwas geschehen muss, denn er will ja nicht Tinas Wächter werden, («ein Bündel weiblicher Hilflosigkeit in mittleren Jahren», nennt er sie!). Koste es, was es wolle, er muss das Drama einer definitiven Lösung zutreiben. An einem Morgen erfährt er endlich von Tina, die inzwischen den Nachlass durchgesehen hat, dass in der Tat «eine ganze Menge Papiere» vorhanden sind. «Mehr als ich vermutet hatte», fügt sie hinzu. Gefunden hat man sie im Bett der alten Frau, zwischen den Matratzen! Doch Tina behauptet auch, dass sie ihm die Papiere nicht zeigen dürfe, obwohl sie niemandem ein Versprechen gegeben habe. Dies wäre gegen alles, was im Sinn der alten Dame gelegen hätte. Erst nach und nach rückt die scheue Tina mit der Sprache heraus. «Sie haben eine große Veränderung in mein Leben gebracht», gesteht sie dem Mann. Anstatt die um ihre Zukunft zitternde Tina anzublicken, schaut dieser in die Augen Jeffrey Asperns auf dem kleinen Bildnis, in dessen Besitz die alte Dame auch gekommen war. Von Tina erfährt er nun, dass es einen einzigen Weg geben würde, ihm die Papiere zu zeigen, ohne entgegen dem Willen der Verstorbenen zu handeln: «Wenn Sie ein Verwandter wären, wenn Sie kein Fremder wären. Dann wäre es dasselbe für Sie wie für mich. Alles, was mir gehörte, gehörte auch Ihnen, und Sie könnten damit tun, was Sie wollten. Ich könnte Sie nicht mehr davon abhalten – und Sie trügen nicht die Verantwortung.» Erst allmählich begreift unser Mann, was die Bedingung für den Zugriff auf die Papiere im Klartext bedeutet. «Sieh zu, dass du da rauskommst, alter Junge!», scheint ihm das Gesicht Asperns auf dem kleinen Bild zuzurufen. Er macht sich davon, so schnell wie nur möglich, verspricht noch, wie es Tinas Wunsch war, das Bildnis Asperns für sie bestmöglich zu verkaufen. Entsetzt über diesen ihm angebotenen Handel flieht er hinaus in die Lagune, um dort zur Gewissheit zu kommen: «Auf jeden Fall bestand kein Zweifel, dass ich den Preis nicht bezahlen konnte. Ich konnte den Antrag nicht annehmen. Ich konnte nicht für ein Bündel zerfetzter Papiere eine lächerliche, weinerliche, provinzielle alte Frau heiraten.» Er verflucht den Beruf des Literaturforschers, der zur «verhängnisvollsten aller menschlichen Dummheiten führt, nämlich nicht zu wissen, wann man aufhören muss». Wieder zur Besinnung kommend, fällt es ihm wie Schuppen von den Augen: Die ganze Stadt ist eingetaucht in eine «Atmosphäre von Geselligkeit, Vetternwirtschaft und Familienleben», er muss den erfahrenen Schock und die brüske Flucht erst einmal überschlafen. Schon bald kommt er zur Einsicht, dass der Preis für seinen Wunsch vielleicht doch «sehr wohl zu bezahlen» wäre. Tina verklärt sich vor seinen Augen: Vielleicht konnte sie ihm noch einmal seinen Egoismus und seine Habgier verzeihen? «Ihr Blick voller Vergebung und Verzeihung verlieh ihr etwas Engelhaftes. Er machte sie schöner; sie war jünger, sie war nicht mehr die lächerliche ältere Frau.» So kehrt er zu ihr in den Palast zurück. Doch Tina will ihn nun nicht mehr sehen und gesteht ihm mit kalter freundlicher Stimme: «Ich habe die große Tat vollbracht. Ich habe die Papiere vernichtet. ... Es hat viel Zeit gebraucht – es waren so viele!» Unserem Mann dreht sich der Kopf, «als senkte sich völlige Dunkelheit über meine Augen». Er kann es nicht fassen! Die seltsam unberührte Tina jedoch verabschiedet sich von ihm, dreht sich an der Türe noch einmal um, wirft ihm einen letzten Blick zu. «Ich habe diesen Blick nie vergessen, und manchmal leide ich noch immer unter ihm, obgleich er nicht vorwurfsvoll war. Nein, in der guten Miss Tina war kein Groll, nichts Gekränktes oder Nachtragendes.» Das kleine Bildnis Asperns behauptet der Erzähler verkauft zu haben und schickt Miss Tina noch das Geld dafür. In Tat und Wahrheit hat es der Erzähler behalten, es hängt jetzt über seinem Schreibtisch. Der letzte Satz der Erzählung lautet: «Wenn ich es ansehe, kann ich meinen Verlust kaum ermessen – ich spreche von den kostbaren Papieren.»

Man hat diese Erzählung auf unterschiedliche Weise gedeutet. Einmal als Beleg für die Überzeugungen und Methoden, ja sogar für den Lebensstil eines zielstrebigen Junggesellen, der sich ganz seiner selbstgestellten Aufgabe widmet und – dem weiblichen Geschlecht einzig zur Erreichung seiner eigenen Ziele zugewandt – seelisch über Leichen geht. Als empfindsamer Geist wird er sich dabei durchaus der tragischen Aspekte seiner Existenz bewusst. Henry James soll mit den ewigen Junggesellen – allerdings jenen mit einem erstaunlichen Einfühlungsvermögen in die weibliche Seele – durchaus verwandt gewesen sein. – Ins Grundsätzlichere wendend kann man bei diesem bezüglich der Fallgruben egoistischer Lebensausrichtung mehr als nur einfühlsamen Text auch von einer tragischen Geschichte darüber reden, wie man das wirkliche uns umgebende Leben zugunsten einer Verehrung für Totes vernachlässigen und verpassen kann. Die geradezu nekrophile Begierde, dem Nachruhm der eigenen Idole zu dienen, tötet jede Wahrnehmung für die Anliegen und Wünsche der Lebenden ab. Ein Schicksal, das manchen Forschern in ihrer blinden Besessenheit bis zum heutigen Tag beschieden zu sein scheint.

Meine Leseart dieser Geschichte ist hingegen, dass es sich hier um einen wundersamen Bericht darüber handelt, wie man Freundschaft mit Füßen tritt, wenn man sie einem anderen Ziel unterordnet. Wenn man sich ihrer bedient, anstatt sie zu leben. Was unser Mann in seiner rückwärts orientierten Besessenheit nicht begreift, ist die Tatsache, dass Venedig nicht nur die Stadt der Kunst und der Kultur, der alten Palazzi und der alten Leute, sondern auch die Stadt der Liebe, der Erotik und der Lebensfreude ist. Er hat das, was er beinah an jeder Ecke dieser Stadt vor Augen hätte haben können, überhaupt nicht wahrgenommen: Nicht die verführerische Eva in der Nische des Dogenpalastes, nicht die Verlobten auf einem der Kapitelle, nicht das unmissverständliche Relief der Leda mit dem Schwan auf dem Markusplatz an den neuen Prokurazien. Er hat ein Augenmerk weder für Venus, Ariadne und Daphne, noch für die zahlreichen Susannas im Bade und die anderen unglaublich freizügig sich tummelnden Schönheiten, welche die venezianischen Künstler großzügig über die Stadt verteilt haben. Er will nichts von bekleideten und unbekleideten Kurtisanen, Liebesdienerinnen, Kupplerinnen und Nonnen wissen, über deren Begabungen uns Casanovas Erinnerungen in vielerlei Details unterrichten. Er läuft durch die Stadt, blind vor Geilsucht auf Dokumente mit nichts als vermuteten Offenbarungen im Kopf. Die über die Stadt verstreuten und vor Sinnlichkeit glühenden allegorischen Figuren der Liebe, der ehelichen Harmonie, der Liebestriumphe von Zephyr und Flora und vieler anderer Glücksucher übersieht er allesamt. Weder Guardis maskierte Karnevalsfiguren noch dessen unwiderstehlich geheimnisvolle Maskenträgerinnen interessierten ihn. Er will nur eines: die Briefe zweier Toten, die ihm über rätselhafte Liebesaffären seines Dichters Auskunft geben sollen. Das Glück derjenigen, die heute noch leben und sich lieben, scheint ihn nichts anzugehen. Darin liegt die eigentliche tragische Entdeckung dieser Erzählung.

Venedig hat berühmte Einrichtungen, um kranke, verkrüppelte, unheilbare, angesteckte und in jeglicher Art erbarmungswürdige Gestalten angemessen zu behausen. Die Stadt hat für die seltsamsten verlorenen und der Hilfe bedürftigen Wesen schöne Einrichtungen geschaffen, die da heißen: Ospedale dei Derelitti, degli Incurabili, della Pietà. Pietà im Sinne von Nachsicht und Geduld braucht auch jemand, der in Venedig lernen will, der bestmögliche Freund zu werden. Joseph Brodsky nannte sein Venedig-Buch «Ufer der Verlorenen». Was an diesem Buch so besonders ist, scheint die ungewöhnliche Sorgfalt im Kleinen zu sein, die sein Zugang zum Verständnis dieses magischen Ortes bezeugt. Er sieht Dinge, die bisher niemand sah. «Ich habe keine Prinzipien; alles, was ich habe, sind Nerven», schreibt er. Er erkennt Lichtwerte, die sonst kein Auge wahrnimmt. Er entdeckt Details, Filigrane, Brüstungen, Reliefs und Kehlungen, Nischen, Sockel, Balkone, Fenster und Schalungen, die wir ohne sein Buch glatt übersehen. Seltsamerweise schreibt er aber: «In dieser Stadt besteht ein Mensch eher aus einer Silhouette als aus seinen einzigartigen Zügen.» Suchte auch er das Schattenhafte mit mehr Leidenschaft als das Lebendige? Wer einen wirklichen Freund oder eine Freundin sein eigen nennt, darf sich nicht als einen Verlorenen bezeichnen. Nannte Brodsky sein Buch so, weil es letztlich in Venedig weder einen Freund noch eine Freundin gab, wie sich diese der große Dichter erträumte?

Man kennt aus Venedig seit der Barockzeit jene zahllosen Zirkel, die sich Akademien nannten und die Freundschaft unter gebildeten Männern pflegten. Regelrechte Schulen der Freundschaft sollen es gewesen sein. Viele hatten etwas Geheimes und Verschwörerisches, die Männer hielten sich für Freigeister und operierten gern hinter der Szene der Öffentlichkeit. Eine dieser Einrichtungen nannte sich sogar «Accademia degli Incogniti» – Akademie der Unbekannten. So unbekannt waren deren Mitglieder allerdings nicht; doch diesen Gelehrtengesellschaften war es eigentümlich, nicht alles ans Licht der Öffentlichkeit zu lassen. Die Herren hatten zumindest verstanden, dass Freundschaft immer auch eine Dimension hat, die Publizität und Öffentlichkeit scheut.

Debattierklubs mit gottlob nicht nur männlichen Mitgliedern wird es auch heute in Venedig geben. Die Freundschaftsschule, nach der ich Ausschau halte, ist jedoch eine andere. Stellas Garten könnte dafür der gewünschte Rahmen werden.

«La città ritrovata» nennt sich ein anderes ungewöhnliches Buch über Venedig, das Paolo Barbaro verfasste. Es leuchtet in die intimeren Bereiche von Venedig hinein und geleitet den Leser sanft in Labyrinthe der räumlichen und der seelischen Art. Beide hält die Stadt für die länger in ihr weilenden Bewohner bereit.

«L'amicizia ritrovata» könnte der Leitfaden für unseren gemeinsamen Plan heißen. Und Hand aufs Herz: Es soll eine Freundschaft ohne Nebenabsichten sein.

Stellas Menagerie

Grigione, ich hege die Vermutung, dass du für Freundschaften, die man in Büchern findet, immer noch mehr Antennen hast als für jene Art von Freundschaft, die ich vom Leben erwarte. Wie gut kennst du eigentlich die Frauen? So viel solltest du wissen: Es gibt die planenden, die berechenbaren, die zuverlässigen, die treuen und jene, die nie abweichen von ihren Überzeugungen. Natürlich gibt es auch die nicht planenden, die unberechenbaren, die unzuverlässigen, die ganz und gar untreuen und die immer bereit sind, was sie gestern behaupteten, heute durch dessen Gegenteil zu bereichern. Doch kenne ich keine Frau, die nicht auch über das verfügt, was man die «Knieschwäche» nennt. Schwäche ist dabei ein falsches Wort. Man muss es eher als Elastizität, Wendigkeit oder die Bereitschaft zu einem beweglichen Neigungswinkel begreifen. Frauen erreichen ihre Ziele dank dieser eingebauten Flexibilität weit besser. Sie ist geradezu unsere Naturanlage gegen dumme Geradlinigkeit und stolze Prinzipienreiterei, die keine so seltenen Erscheinungen bei den Herren der Schöpfung sind. Eigentlich müssten wir Frauen fürs männliche Auge immer schöner und begehrenswerter werden dank dieser flexiblen Neigungsbereitschaft. Die Kunst, Nein zu sagen, müssen wir zwar auch beherrschen, aber sie macht uns weniger rätselhaft und attraktiv als die überraschende Nachgiebigkeit, die wir in guten Momenten an den Tag zu legen vermögen. Liegt nicht fast immer mehr Glück im Entgegenkommen als im Verweigern? Dies jedenfalls ist meine Ansicht, auch wenn viele Frauen aufgrund ihrer Erfahrung mir lautstark widersprechen würden.

Meinen Neigungswinkel dir gegenüber hast du in Rom kennengelernt. Als Venezianerin stelle ich mir Freundschaft wie einen frischen Wind vor, der unerwartet aufkommt, wenn es schwül und stickig ist und wenn ungute Gerüche aus den Kanälen aufsteigen. Wer von Kollegen, Mitarbeitern, Nachbarn und dergleichen an einem Tag mehr als genug hat, sehnt sich am Abend erst recht nach Freundschaft. Würdest du mich bitten, Kategorien für die Freundschaft aufzustellen, so würde ich folgende Unterscheidungen treffen:

Die atmosphärische und die unternehmerische Freundschaft. Ich brauche die zweite; die erste ist mir zu passiv.

Die beruhigende und die kämpferische Freundschaft. Auch hier wäre es mir niemals hinreichend, von meinem Freund nur beruhigt zu werden. Er muss schon an meinen guten und schlechten Eigenschaften seine Kräfte messen wollen.

Die auseinandertreibende und die zueinandertreibende Freundschaft. Ich habe in meinem Leben einige der ersten Sorte erlebt. Ich nenne sie: Freundschaft mit isolierenden Absonderungen. Ist nichts für mich! Da kann ich mich nur aus dem Staub machen. Freundschaft muss etwas haben, was die Nähe stabilisiert, was Nähe unabdingbar macht. Nähe ist mir überlebenswichtig. Ich wünsche mir diese von niemandem sehnlicher als von meinen Freunden.

Die von Sexualität geförderte und die von Sexualität befreiende Freundschaft. Du weißt bereits, wie ich darüber denke. Lange glaubte ich, dem männlichen Geschlecht gegenüber sei auch für mich nur die erste möglich. Heute warte ich auf die zweite. Ob es funktionieren wird, wäre doch einen Versuch wert, meinst du nicht auch? Auf diesem Gebiet muss man sich freilich auch überraschen lassen, wenn man sich von den Lebensfreuden nicht verabschieden will. Nur eben: Erfahrung macht vorsichtig. Und mehrfach begangene Fehler sollte man nicht wiederholen!

Und schließlich noch:

Die von Einsamkeit angesteckte und die von Einsamkeit unbehelligte Freundschaft. Wer Einsamkeit braucht, soll sie sich schaffen. Nur soll er nicht, um diese zu ertragen, bei jeder Gelegenheit die Freundschaft als Medizin dagegen einsetzen. Denn das ist Missbrauch. Ich möchte nicht die Gelegenheitsfreundin eines unbelehrbaren und unbekehrbaren Einsiedlers sein. Freundschaft soll weder die Troststunde noch die Gratistherapie für die existenziellen Befriedigungen von Eremiten sein. Ich brauche eine Freundschaft, die mich gegen das Leiden an Einsamkeit immun macht. Und für meinen Teil möchte ich ohne den Fluchtort Einsamkeit durchs Leben gehen. Verstehst du das, mein Freund?

So sieht meine Idee der Freundschaft aus. Ergänzen will ich sie mit einem kleinen Gedicht von Apollinaire. Ich kann es auswendig:

«Je souhaite dans ma maison:
Une femme ayant sa raison,
Un chat passant parmi les livres,
Des amis en toute saison
Sans lesquels je ne peux pas vivre.»

Ob die meisten Männer sich eine Frau mit eigenem Kopf zu Hause wünschen, darf bezweifelt werden. Auch eine Katze, die zwischen den Büchern herumschleicht, ist nicht jedermanns Sache. Doch die Freunde, die wünschen sich außer den bärbeißigen Einzelgängern wohl alle – obwohl viele ohne diese auskommen müssen! Ich gehöre zu den nach guten Freunden geradezu süchtigen Frauen. Doch mir genügt es nicht zu wissen, dass ich in weiter Ferne Menschen habe, die mir wohlgesinnt sind und mir nur das Beste wünschen. Es genügt mir ebenso wenig, Freundschaft nur in Briefen zu bekunden – und seien diese noch so schön und noch so tiefsinnig. Ich brauche Freunde aus Fleisch und Blut, die um mich herum sind, die ich sehen, hören, spüren kann. Ich muss sie zwicken und muss sie umarmen können, ich muss sie herausfordern und muss sie küssen können. Zehnmal am Tag möchte ich mit einem solchen Freund einen liebenswürdigen Disput anzetteln, und elfmal am Tag mich mit ihm versöhnen – einmal ganz ohne Disput und aus heiterem Himmel. Du behauptest, Freundschaftskultur habe viel mit der Fähigkeit zu Ferne und Distanz zu tun. Ich sage dir dazu, dass mir dies eine zu blutleere, zu körperlose Freundschaft ist. Ich höre, man müsse seine Freunde auch vermissen können, um sich heftiger nach ihnen zu sehnen. Es ist dies nicht meine Ökonomie des Glücks! Oder doch nur als rasch vorübergehender Ausnahmezustand. Als Übergang und in Erwartung eines baldigen sich Wiederfindens! Alles andere sind für mich verklärende Einbildungen von Menschen, die besser zum Klausner als zum Freund taugen.

Mir ist aufgefallen, dass du nie etwas über Freundschaft mit Tieren erzählt hast. Ist dir je durch den Kopf gegangen, welche außerordentlichen Freundschaften zwischen Menschen und Tieren bestehen? Für mich muss eine Freundschaft etwas von der Anhänglichkeit und der Treue eines Hundes haben. Einem Hund kannst du diese Eigenschaften aber nicht aus der Ferne und in hehrer Abwesenheit antrainieren. Er braucht deine Gegenwart, er muss dich riechen, im Haus wissen, selbst wenn er ausruht und schläft. Wie ein dir zugetaner Hund bin auch ich immer auf Erreichbarkeit eingestellt, und – ja, es ist wahr – auch auf Belohnungen aus. Oder doch wenigstens auf Aufmerksamkeit und Zuwendung. Ist nicht Freundschaft die schönste Art der Belohnung, die es überhaupt gibt? Sie kommt unerwartet, unverdient, ist aber niemals in identischer Form zurückzuerstatten, obwohl sie

Gleichberechtigung voraussetzt. Mein Verständnis ist es zudem, dass der Freund oder die Freundin immer einen kleinen Schritt weiter gehen sollte, als man selbst zu gehen fähig ist. Absehbares gegenseitiges Gleichziehen ist schon die erste Stufe einer erlahmenden Freundschaft. Oder etwa nicht?

Ich will dir in Erinnerung rufen, dass Tiere uns oft die besseren Vorbilder für Freundschaft liefern als Menschen. Jedenfalls für einige Eigenschaften, die für mich untrennbar zur Freundschaft gehören. Vom Hund habe ich bereits gesprochen. Aber nimm den Esel, von welchen es in Venedig leider kaum mehr echte gibt. Hat er nicht Gaben, die einen Freund geradezu adeln? Ist er nicht genügsam und duldsam? Kann er nicht Lasten tragen? Ist er nicht aufmerksam auf alles, was sich ereignet, stellt die Ohren auf – und bewegt sich doch nicht von der Stelle! Gewiss, stur kann er auch sein, und seine Stimme gilt nicht als die schönste. Aber er ist kein Springinsfeld und Unruhestifter, sondern bleibt und wartet und döst. Sein Futter ist einfach, seine Bedürfnisse sind absehbar, er wird nicht nervös, wenn man ihn streichelt, er schlägt nicht aus wie ein scheues Pferd. Einige dieser beachtenswerten Qualitäten muss ein Freund doch haben, wenn man mit ihm das Leben soll teilen können. – Oder nimm eine Gans. Eine Freundin von mir auf der Terraferma hält Gänse. Ich sag dir: wunderbare Tiere, was übrigens schon die Römer wussten. Die untrüglichsten Wächter sind sie, mit großem Gemeinsinn, und sie verteidigen dich gegen jede Zudringlichkeit von Wesen, die sie für unpassend halten. Schon ein griechischer Philosoph soll eine Gans als Begleitung gehabt haben, die ihm bei keiner Verrichtung je von der Seite wich. Die Stimme des Philosophen sei für die Gans Labsal der Seele gewesen. Muss man sich nicht einen Freund wünschen, der einem nicht von der Seite weicht, weil er die eigene Stimme nicht missen möchte? Was uns nur als Geschnatter vorkommt, muss für einen hörfähigen Freund doch wie ein Gesang der Zuneigung klingen! Ich stelle mir zudem gerne vor, mein Freund sei der Falke, der hoch in die Lüfte steigt, um immer wieder zu seinem Falkner zurückzukehren. Oder der Salamander, der für mich durchs Feuer geht und unbeschädigt wieder dasteht. Auch liebe ich die Vorstellung, dass mein Freund ein Tiger sei, oder noch besser: mein Gattopardo, schnell und elegant, leise mich anschleichend, manchmal fauchend, manchmal schnurrend daliegend, auf dem Sprung zu Dingen, die nur er sieht, und die er mir dann anschleppt und mir vor die Füße legt. Es gibt Momente, in denen mein Freund ein Pfau sein darf, wo er das Rad schlagen und einen Pfauenschrei loslassen soll wie der «pavone del Conte» in Fellinis *Amarcord*. Der Spatz in der Hand soll der Freund sein, der Papagei, der mir aus der Hand frisst, der Schmetterling, der mich umflattert, die Eule, die mich in der Dunkelheit beäugt! Ich höre auf, mein lieber Grigione, damit du es nicht mit der Angst vor mir und meiner Menagerie zu tun bekommst und Venedig aus deinem Lebensplan streichst. Manchmal komme ich mir selbst wie ein scharfäugiger und scharfkralliger Raubfalke vor, wenn ich mir meinen Freund ausmale. Wie ein schwarzer Milan, der über der Stadt schwebt und auf einmal wie ein Pfeil vom Himmel herabstürzt, weil er in einem venezianischen Garten ein Beutetier erspäht hat. Deshalb höre ich auf, dir meine Tierfreunde zu präsentieren, und rede nur noch von einem Wesen, das mir lieb und teuer ist und dazu der beste Freund unter allen Vierbeinern: von meiner Katze.

Ob es wirklich meine Katze ist, kann ich dir mit Gewissheit nicht sagen, denn eine meiner Nachbarinnen, die die Gunst hat, von ihr besucht zu werden, wenn ich nicht in der Stadt bin, behauptet fest, dass Penelope ihre Katze sei. Jedenfalls ist Penelope die einzige, die ich aus dem Garten, ansonsten ein Stelldichein einer ganzen Reihe auch anderer Quartierkatzen, mit in die Wohnung nehme. Penelope ist schwarz wie die Nacht, und wenn sie am Morgen auf dem Weg zu meinem Garten den frommen alten Frauen begegnet, die auf dem Weg zur Frühmesse sind, schlagen diese das Kreuz, um vor dem Leibhaftigen in Katzengestalt sicher zu sein. Penelope aber fürchtet weder Engel noch Teufel und trippelt unbeeindruckt vom abergläubischen Getue an den alten Frauen vorbei. Wenn sie im Garten angekommen ist, schleicht sie einige Male um die rotbraunen Blumengefäße und wartet dann, wie eine ägyptische Katze am Grab eines Pharaonen sitzend, an der Glastüre, bis ich komme und sie in jene Gemächer führe, die sie für ihren Tagesaufenthalt erwählt hat.

Über die geradezu unzählbaren Eigenschaften, die aus einer klugen Katze die absolut geeignetste und angenehmste Begleiterin einer alleine lebenden Frau machen, brauche ich dich wohl nicht zu unterrichten. Ich setze hier nur einige Stichworte. Penelope ist leise, reinlich, zutraulich, dankbar, unaufdringlich, aufmerksam, diskret, verschwiegen, vornehm, wählerisch, spielfreudig, formvollendet, geschmeidig, schmusewillig, duldsam beim Kraulen, niemals nachtragend, jederzeit bereit, nicht nach der Uhr, sondern nach dem eigenen Gusto zu leben; sie hat einen untrüglichen Sinn für Frischwaren, die schönste Art zu schweigen, die zarteste Art zu miauen, sie fremdelt nicht, sie sabbert nicht, sie trotzt nicht, sie bockt nicht, sie weicht den unangenehmen Dingen aus und verzieht sich leise, wenn sie glaubt, unerwünscht zu sein. Wenn ich sie rufe, kommt sie; wenn ich sie nicht rufe, bleibt sie doch in der Nähe. Sie wird nie grob, poltert nie, kennt keine Schadenfreude, ist nicht eifersüchtig, dreht ihre Runden, ohne zu meckern oder etwas kontrollieren zu wollen, sitzt in der Wohnung an einem Fenster und träumt von weiten Reisen ins Reich der Mäuse und durch den Himmel der Vögel. Nie ist sie schlecht angezogen, schlecht gelaunt, schlecht anzusprechen. Sie observiert ihre Umwelt, ohne dieser hinterherzurennen, ohne sie schlechtzumachen und über sie das Maul zu verziehen. Sie will nicht in die Ferien, nicht in die Oper, behauptet nie, sie sei unter Druck, man müsse sie schonen und Rücksicht auf sie nehmen. Sie nimmt mir nicht übel, wenn ich während des Frühstücks die Nachrichten höre und wenn beim Zubereiten des Essens laute Musik erklingt. Sie scheint Klaviermusik besonders zu lieben – wie ich. Sie scheint japanische Räucherstäbe gern zu riechen – wie ich. Nur vom Schwimmen hält sie – im Gegensatz zu mir – nicht viel. Dafür angelt sie gern mit ihren Vorderkrallen Goldfische aus dem Teich. Und umso freudiger schnurrt sie, wenn ich aus dem Wasser steige und mich abtrockne. Sag ehrlich, Grigione, verkörpert Penelope nicht das Beste, was man von einem Freund erwarten darf?

Manchmal will es mir scheinen, Penelope habe einen Glückszustand erreicht, von dem ich noch weit entfernt bin. Auch mein Freund sollte in Sachen Glück weiter sein, als ich es bin. Du musst wissen: Ich bin zwar schwierig, aber nicht lernunfähig und undankbar. Gehört zu den Wohltaten der Freundschaft nicht auch das Glück? Ich wünsche mir eine Freundschaft, die Schluss macht mit dem ewigen «nicht genug!» und mich so selig macht wie Penelope, wenn sie nach ihren Nachtabenteuern morgens bei mir einzieht. Ich möchte so auf einen Freund warten können, wie sie es tut, wenn sie tagsüber döst und träumt und abends hellwach und glücklich ist, wenn ich aus der Marciana zu ihr nach Hause komme. Liebende jubeln vielleicht auf, wenn sie ihren Geliebten treffen, sie flammen und brennen. Freunde aber leuchten auf, und zwar von innen heraus, wenn sie spüren, dass jemand da ist, dem sie lieb und teuer sind. Freud soll gesagt haben, man dürfe die Liebe als Heilpotenz gegen den Wahn nicht verachten. Doch wer weiß, vielleicht ist die Heilkraft der Freundschaft noch viel größer als die der Liebe. Die Liebe ist womöglich selbst der Wahn, den man braucht. Die Freundschaft könnte die Zufriedenheit sein, die man sich schenken lässt. Die Liebe will den Körper des Geliebten erforschen, die Freundschaft seine Gedanken. Ich könnte Penelope stundenlang beobachten, wenn sie am Fenster sitzt und zu meditieren scheint. Wie ich verfolgen möchte, was in Penelopes Kopf sich abspielt, so möchte ich die Gedanken eines Freundes beobachten; nicht nur, aber auch, wenn diese sich um mich drehen. Ich träume davon, dass deine Freundschaft mir das Bild von mir selbst zurückgeben wird, das ich allein nicht zu malen imstande bin. Eine alte Venezianerin, eine rechte Betschwester, sagte mir vor Kurzem: «Wenn die Dämonen Überstunden machen, muss man zum Heiligen Joseph beten!» Wenn meine Dämonen Überstunden machen, brauche ich einen Freund in der Nähe.

Ich hab den Eindruck, lieber Grigione, Penelope will dich bald kennenlernen! Beinah bin ich sicher: Sie wird dich mögen!

Im Spiegel der Seele

Venedig steht für vieles. Manchmal ist schon die Vorstellung, nach Venedig zu reisen, «um mit schönen Damen Sorbet zu trinken», wie es in Prousts *Recherche* heißt, ein hinreichender Anreiz, um sich auf den Weg zu machen. Was hat man in dieser Stadt nicht alles gesucht? Das Unbewusste, den Spiegel der Seele, das verlorene Bild der Mutter, die Bleikammern des Ichs, aus denen es auszubrechen gilt, und am Lido immer wieder den Tod und das Unendliche. Die Stadt ist zur Chiffre geworden für etwas Verlorenes, das aber in Spuren noch da zu sein scheint, etwas Atmosphärisches, das man in der eigenen Seele fühlt, wenn man in Venedig ist, und darum auch immer neu gesucht werden muss.

Der erwähnte Proust hat sich mit einer wunderlichen Ambivalenz lebenslang zu Venedig hingezogen gefühlt. Bei ihm spielt die venezianische Kunst eine entscheidende Rolle: die Mosaiken im Baptisterium von San Marco, die Bilder von Carpaccio, Giorgione, Veronese und Tizian. Vielleicht wegen der strahlenden Festlichkeit, die in vielen ihrer Gemälde zum Ausdruck kommt. Vielleicht aber auch wegen der unglaublich schönen Kleider, welche zumal die Frauen auf venezianischen Bildern tragen. Venezianerinnen sind besonders gekleidet, in der Kunst und – wie ich zu bestätigen weiß – auch im Leben. In einer venezianischen Glaswarenverkäuferin erkennt der Erzähler der *Recherche* «einen wahren Tizian, den es vor der Abreise zu erwerben galt». Doch schöne Venezianerinnen sind wie echte Tizians: Selbst für Träumer sind sie nicht leicht zu erwerben!

Erstaunlich ist, dass dieser Erzähler der *Recherche* über

Freundschaft weit kritischer denkt, als man es annehmen möchte. Für ihn ist Freundschaft eine Ablenkung von der Hauptpflicht eines interessanten Menschen, die da lautet: Beschäftige dich mit dir selbst! Sie stellt für ihn geradezu eine Behinderung und Vereitelung der Selbstwahrnehmung dar. Vor dem Altar der Freundschaft opfere man allzu leicht den Scharfblick ins Innere des Selbst, man werde duldsam, geradezu liederlich, übersehe geflissentlich im Dunst der Freundschaft die eigenen und die Fehler der anderen. Zudem ist er davon überzeugt, dass die Sexualität – zumal die Homosexualität – durch Freundschaft beschädigt wird. Denn Freundschaft sei eine idealisierte Vorstufe homoerotischer Zuneigung, eine eskapistische Unehrlichkeit, die dem wahren Bedürfnis des Menschen im Weg stehe. Darum fühle ein aufrichtiger Mann immer Gewissensbisse, nur der «Freund» eines andern zu sein ...

Ach, ich merke: Schon falle ich wieder der Freundschaftsvision einer Dichtung zum Opfer, anstatt Stellas Aufforderung zu beachten und Gedanken über Freundschaft aus mir selbst zu holen und nicht aus Büchern! Also, lassen wir Proust und seine *Recherche*, und ich kehre zur «Pflichtaufgabe» zurück, die meine neue Freundschaft fordert. Man hat behauptet, Freundschaft bedeute: zwei Wesen fühlten sich vereint in einer Person. Ich halte dies für falsch. Zumindest für äußerst ungenau und in unreflektierter Weise verklärend. Gewiss gibt es in der Freundschaft Erfahrungen zwischen Menschen, die auf absoluter Gegenseitigkeit zu beruhen scheinen. Was einer wünscht, kommt ihm im anderen in vollkommen entsprechender Weise entgegen. Ist es in den meisten Fällen jedoch nicht so, dass dieses Entgegenkommende gerade darum so ersehnt ist, weil man es nicht in sich hat und nicht darüber verfügen kann? Macht uns Freundschaft nicht darum so glücklich, weil das, was einem fehlt und was man vermisst, im Freund oder der Freundin in so unanstrengender und passender Weise auf einmal doch da ist?

Darüber zu reden ist nicht einfach, weil diese Erfahrung uns auch sprachlos macht. Jemand wird plötzlich so präsent und so schwebend, so greifbar nahe und dennoch so unantastbar, so kraftvoll und gleichzeitig so voller Leichtigkeit und Unbeschwertheit – darin scheint mir der stärkste Beweis von Freundschaft zu liegen. Das Glück der Freundschaft macht uns überhaupt nicht redselig und wortmächtig, sondern eher schamvoll und verlegen. Etwas wird fühlbar in einer Selbstverständlichkeit, über die man keine Worte verlieren möchte. Ja man spürt, dass Worte und Erklärungen dafür gefährlich banal und völlig deplatziert sein könnten. Und so umgibt man sich mit Schweigen – und tut sich damit einen Dienst, weil man eine Peinlichkeit vermeidet!

Gerne würde ich Stella etwas über diesen Verschwiegenheitsaspekt von Freundschaft berichten. Jedenfalls handelt es sich um eine ihrer Erscheinungsformen, die man nicht mit dem anderen aushandeln kann, sondern über die man sich mithilfe einer Art von Innenschau kundig machen muss. Man kennt ja auch im erotischen Bereich das seltsame Gefühl, das uns manchmal befällt: Was geht es dich an, wenn ich dich liebe! Es ist eine eigensüchtige Abwehr von Abhängigkeit und von fremder Anerkennung, um eine Selbstgewissheit ganz für sich auszukosten. Dies gilt – davon bin ich überzeugt – in besonderer Weise auch für die Freundschaft. Was geht es dich an, wenn ich dein Freund bin! Das Bewusstsein, mit jemandem befreundet zu sein, ist ein Rückzugsgebiet der Selbstvergewisserung und äußerst wichtig für die eigene seelische Ökonomie. Freundschaft hat eben nicht nur ihre kommunikative Außenseite, die offen mitteilt und herzlich entgegennimmt. Sie verfügt auch über eine geradezu intime Nische, eine innere Kammer, in welcher das Erlebte ausreift und sich erst nach und nach klärt. Darum ist sie der besondere Spiegel, in welcher die Seele zur Anschauung des eigenen Lebens kommt.

Das hört sich romantisch und sogar pathetisch an und muss gerade deshalb nüchtern bedacht werden. Um den Kern der Freundschaft zu erfassen, muss man es vielleicht so machen, wie die chinesischen Gelehrten es versuchten, wenn sie die Geheimnisse der Schöpfung erkunden wollten. Sie lösten die Dinge aus ihrem naturgegebenen Zustand heraus und stellten sie an einen anderen Ort hin, damit die Augen sie neu zu sehen bekämen. So legten sie einen Stein, eine Wurzel oder einen Knochen an einen besonderen Platz und begannen über das losgelöste Ding zu meditieren. Nicht nur wurde dabei der Stein wieder zum Berg, die Wurzel zur Pflanze und der Knochen zum Körper. Wer die Kunst der Versenkung beherrschte, sah durch diese Loslösung und Abtrennung nicht nur die Dinge neu, sondern vernahm sogar das Echo, das von ihnen ausging. Dieses Echo war eine Art Botschaft, die ins Reich der Imagination tendierte und den Gegenständen nicht nur ihr natürliches Dasein gewährte, vielmehr ihre intentionale Dimension dazu eröffnete. Das Ding wurde so zum weiterführenden Symbol und geleitete das Denken des Gelehrten in eine Sphäre, in welcher er die Zusammenhänge und die Harmonie der vorhandenen Dinge neu zu deuten vermochte. Diese chinesischen Meister der uns zufriedenstimmenden Lebensart erhielten durch die Betrachtung eines Steins Einsicht in die unvermutete Vollkommenheit der unbelebten Natur. Nach einer solchen Hinwendung der Sinne wie der Einbildungskraft, die eine natürliche Wurzel in eine geniale Skulptur verwandelte und die Grundeigenschaften der Dinge für den zergliedernden Verstand wie mit einem Band der Zusammengehörigkeit neu bündelte, hatten diese Denker oft den Eindruck, bereits hier auf Erden in einem vollkommenen Paradies zu leben. Etwas Ähnliches müsste doch auch geschehen, wenn man die einzelnen Bestandteile der Freundschaft der eigenen Einbildungskraft vor Augen führen könnte und versuchte, sie in dieser ergänzenden Perspektive neu zu betrachten. Ein alter Chinese meinte einmal, man müsse vor einem Stein so lange meditieren, bis man im Stein die Zitzen erkenne, aus welchen für den Erkennenden die Milch der Zufriedenheit fließe! So ähnlich müsste man es doch auch mit den Grundbestandteilen der Freundschaft tun.

Nehmen wir einmal jenes Element, das man als das Rückgrat der Freundschaft bezeichnen könnte: die Aufrichtigkeit. Stellt man sich die Freundschaft bildlich als einen menschlichen Körper vor, so wären die Hände die Hilfsbereitschaft, die Füße die Kraft zur Ausdauer, das Herz jenes Organ, welches den ganzen Körper mit dem nährenden Blut des Wohlwollens versorgt, und der Kopf die nicht nachlassende Instanz der Aufmerksamkeit und der hellhörigen Zuwendung zum anderen. Soll aber die Freundschaft ebenfalls von einem aufrechten Gang geprägt sein, so braucht sie ein Rückgrat, und dieses Rückgrat ist die Verpflichtung zur Wahrheit, die man Aufrichtigkeit nennt. Es gibt keine Freundschaft, die sich von der Wahrheitspflicht freisprechen dürfte. Über kurz oder lang gehen alle Freundschaften in die Brüche, die gegen diese Wahrheitspflicht verstoßen und ins sumpfige Gelände der Lüge treten. Aus Liebe zu seinem Freund verlässt man die Wahrheit nie. Wer der Ansicht ist, er dürfe Tatsachen beugen und die Wahrheitspflicht beiseiteschieben, um seiner Freundin oder seinem Freund einen Dienst zu erweisen, nur um gefällig zu sein, hat von Freundschaft nichts verstanden. Jeder, der das Bemühen um

Wahrheit aufgibt um einer Freundschaft willen, mutiert zum opportunistischen Spezi und Feigling. Er weiß nichts von der Tapferkeit vor dem Freund, welche man als das Zwerchfell oder als das Atmungsorgan der Freundschaft bezeichnen könnte. Nur Egoisten erwarten von ihren «Nutzfreunden» Hilfsdienste, die auf Lügen basieren. Wirkliche Freunde wünschen nichts sehnlicher, als dass das Wohlwollen des anderen der Wahrheit verpflichtet bleibe.

Zugegeben, dies klingt rigoristisch und eng der Ethik des großen Königsbergers verpflichtet. Man kann die Aufrichtigkeit als ein Grundelement der Freundschaft vielleicht schöner fassen als nur in Verhaltensmaximen. Der Freundschaft hilft die Logik, aber auch die Intuition. Es gibt ein Bild des Venezianers Giorgione, das mir wie eine Allegorie der Freundschaft vorkommt, obwohl man es vermutlich auch ganz anders sehen und deuten kann, wie ja einige der rätselhaft vieldeutigen Bilder dieses Meisters. Auch andere Darstellungen venezianischer Maler, die Musik und Musizierende zum Thema haben, sollte man nicht in erster Linie als Zeugnisse gefeierter Geselligkeit und praller Lustbarkeit lesen, sondern als Spiegelbilder jener Harmonie, welche in besonderer Weise der Freundschaft eigen ist. Dazu gehören Bellinis musizierende Engel, die den Anschein geben, als würden sie in ihrem Zusammenspiel vergessen, für wen sie eigentlich aufspielen, und die gänzlich vom Eifer der Gegenseitigkeit ergriffen sind. Dazu kann man auch das Rundbild des Veronese in der Marciana zählen, das den Titel *La musica* trägt und drei Frauen zeigt, zwei Lautenistinnen und eine Sängerin, von einem halb nackten jungen Cembalisten begleitet, der uns den Rücken zudreht und die Sängerin anblickt, als lese er unmittelbar aus ihren Gesichtszügen, was er gerade zu spielen hat. Alle vier Musizierenden scheinen verzückt von dem zu sein, was man nur miteinander zustande bringt durch ein Vorgeben und ein Nachfolgen, durch begeistertes Aufgreifen und verwandelndes Antworten.

Unter solchen Musikbildern erschien mir immer schon Giorgiones *Ländliches Konzert*, das nach Meinung einiger Kunstexperten auch eine Mitautorschaft Tizians erkennen lasse, als die Quintessenz der ins Bild gefassten Freundschaft. Das Bild, das heute im Louvre hängt, soll um 1510 entstanden sein. Man weiß so gut wie nichts Gewisses über Auftraggeber und Bestimmung, bezeugt ist lediglich, dass es im 17. Jahrhundert in die Sammlung Ludwigs XIV. kam. Bevor sich die Ikonografen an die Deutungsarbeit machten, wollte man in diesem Bild nur ein ländlich-idyllisches Treffen von Musizierenden in der Renaissancezeit erkennen, als wolle der nicht sichtbare Auftraggeber ein Konzert einmal nicht im Saal seines Palastes, sondern in freier Landschaft hören. Doch die Bilddeuter, die dem ersten Anschein misstrauten und zahlreiche Elemente der Antike, des Neuplatonismus und der Mythologie aufspürten, dominierten bald einmal das Feld der Interpreten. Die einen sahen in der Darstellung ein klassisches Arkadien, die anderen eine Allegorie der Dichtkunst, eine dritte Gruppe hielt dagegen, es müsse sich um eine Verherrlichung nicht der Dichtkunst, sondern der Tonkunst handeln. Auch die Vertreter der Personifikationen verschiedener Tugenden meldeten sich mit ihren Vorlieben. Die einen wollten, dass wir im Bild das Lob der Temperantia erkennen, andere bevorzugten die Verkörperung der Voluptas: So stand die brave Mäßigkeit in Konkurrenz zur sinnlichen Begierde, ohne welche das Naturerlebnis für den Menschen doch nur eine halbe Sache sein konnte. Man wollte Pan und Daphnis erkennen, Musen und Nymphen, den Lautenspieler hielt man gar für Apoll – einig sind sich die Experten mit ihren symbolischen Deutungen dieses Bildes bis heute nicht.

Doch was ich sehe, ist Folgendes: Auf dem am linken Rand ansteigenden Hügel einer Landschaft, die sich im Hintergrund in die Weite bis zum Horizont eines bewölkten Himmels öffnet, erkennen wir vier Personen, die den Vordergrund dominieren, zwei Männer und zwei Frauen. Die Männer sehen wir im Halbprofil, einer sitzt in noblen Kleidern aus rotem und blauem Satin auf der Wiese und hält eine Laute vor sich, die Linke am Griffbrett der Saiten, die Rechte zum Akkordschlag ausholend, mit vornehm roter Kopfbedeckung und Schulter an Schulter mit dem zweiten Mann, in ländlicher Kleidung, in eine Hirtenjacke gehüllt, mit krausem lockigem Haar. Der erste ist offensichtlich ein städtischer Edelmann, der zweite ein einfacher Landmann. Die beiden Körper bilden ein Dreieck, an dessen Spitze sich die Köpfe einander zuneigen. Außerordentlich befangen von der Schönheit des anderen scheint jeder zu sein, ja man meint, der Edelmann, der mit seinem Instrument auch als Künstler erscheint, könne seine Augen vom Anblick des Naturburschen neben ihm kaum mehr lösen, als sei die Kunst vollkommen von der Natur in Beschlag genommen. Im Gegensatz zu den beiden Männern sind die zwei Frauen, die wir sehen, nackt. Die linke Frau zeigt uns ihren vollen schönen Körper, nur den Kopf und den linken Arm dreht sie seitlich zum Bildrand in Richtung eines Brunnens, wobei der Arm, in dessen Hand sie eine halb volle Glaskaraffe hält, ihre Brüste verdeckt. Die rechte Frau, deren nackten Rücken wir sehen, sitzt auf der grünen Wiese und schaut, sich vom Bildbetrachter abwendend, die beiden Männer an. In ihrer Rechten hält sie eine elegante schmale Holzflöte und ist voller Spannung den Gesichtern der beiden Männer zugewandt, so als stünde in ihren Mienen für sie eingezeichnet, was sie demnächst auf ihrem zierlichen Instrument mitzuspielen beabsichtige. Hier ist der Augenblick festgehalten, in welchem sich die Musizierenden, kurz vor dem Einsatz des Spiels, vorerst über das Schöne verständigen, das sie demnächst miteinander vorhaben. Und die ums frische Wasser besorgte Frau kommt uns wie jene Art von Schönheit vor, die Labung und Kühlung verspricht, um so den sommerlichen Nachmittag erst vollkommen zu machen.

Ich möchte in keiner Weise die klugen Deutungen der Experten geringschätzen, die eine ganze Kulturgeschichte in dieses Bild hineintrugen, um diese wiederum aus ihm herausholen zu können. Die Rätselhaftigkeit der Kunst nimmt bekanntlich an der Fülle der Deutungen keinen Schaden, im Gegenteil, diese steigert nur die Faszination eines Bildes. Was hindert uns deshalb, eine Deutung hinzuzufügen, die etwas aufgreift, was in der Renaissancezeit ebenso in der Luft lag: nämlich die neuplatonische Auffassung der Freundschaft als schönste und lebendigste Versöhnung von Gegensätzen und Widersprüchen. Im Wettstreit (con-certo!) um das Ideal der Schönheit soll die Natur nicht gegen die Kunst ausgespielt werden, das Weibliche nicht gegen das Männliche, die vita activa nicht gegen die vita contemplativa. Nicht die Vermischung der Gegensätze ist das Ziel, sondern die Leidenschaft, welche diese umspannt, einbindet und als Wohllaut zum Erklingen bringt. Wer je von den Schülern des Ficino und des Pico della Mirandola dieses Bild zu sehen bekam, musste von der rätselhaften Harmonie, die aus diesem Bild gerade aufgrund der markierten Gegensätze herausleuchtet, in Bewunderung versinken. Ich kann dieses Bild schon lange nicht mehr von jener Harmonie ablösen, die mir in der Freundschaft entgegenzukommen scheint. Es ist Ausdruck des Wohlklangs jener in Glücksmomenten gelingenden Versöhnung, die ein Mensch mit einem anderen finden kann. Nur unzureichend lässt sich darüber reden. Doch wer dieses Bild sieht, hört die Musik der Freundschaft und glaubt bald einmal, selbst zur Freundschaft tauglich zu werden.

Gewiss nicht alles, was zwischen Freunden vorgeht, lässt sich bildhaft fassen. Vieles bleibt im schützenden Schatten auch unter Freunden und wird nur im Spiegel der Seele des Einzelnen sichtbar. Ich muss Stella daran erinnern, dass Nietzsche zusammen mit seinem Venezianer Freund Heinrich Köselitz im Jahr 1880 an einem Buch arbeitete, das *L'Ombra di Venezia* heißen sollte. Dieser «Schatten Venedigs» besteht aus 262 Aphorismen, die er später teilweise in *Morgenröthe* und einigen anderen seiner Texte, sie korrigierend, präzisierend und neu umschreibend, einarbeitete. Unter diesen venezianischen Texten, von Nietzsche diktiert, von Köselitz aufgezeichnet, findet sich manches, das für das Verständnis der Freundschaft Schrittmacherdienste tut. Etwa: «Der Sinn in den Gebräuchen der Gastfreundschaft ist: das Feindliche im Fremden zu lähmen.» (6) Oder: «Furchtsame Menschen schaffen sich immer einen Feind.» (54) Und gleich darauf folgend: «Wessen Hoffnungen man nicht befriedigen kann, den denkt man sich leicht als Feind.» (55). Hinter die Ohren schreiben muss sich ein Freundschaftssucher auch diesen Gedanken: «Nicht an den Anderen denken, Alles strengstens um seiner selber willen thun ist auch eine hohe Moralität. Der Mensch hat so viel für sich zu thun, dass er immer fahrlässig ist, wenn er Etwas für Andere thut. Weil so viel für Andere gethan wird, desshalb sieht die Welt so unvollkommen aus.» (212) Nietzsche war in seinen frühen Jahren ein besessener Freundschafssucher. Doch nach und nach, insbesondere in der Krisenzeit seiner Lebensmitte, musste er sich eingestehen, dass er besser zur Einsamkeit taugte als zum Freund. Dieses, obwohl einige wenige seiner Zeitgefährten ihm bis zu seinem Zusammenbruch und darüber hinaus in Freundschaft verbunden blieben. Er sah die

Abgründe des einsamen Individuums schärfer als das Glück der Freundschaft. Und dennoch wusste er wie kein zweiter, wie sehr Freundschaft Tapferkeit, Mut zur Wahrheit und Illusionslosigkeit in der Wahrnehmung zwischenmenschlicher Selbsttäuschungen voraussetzt. Jedenfalls wollte er im Umgang mit seinen Freunden weder fahrlässig sein noch gar die Wahrheit der Selbsterkenntnis beugen. Und so war er seinen Freunden in vielen Situationen oft mehr «der Schatten» eines Menschen als der wirkliche Freund, der in ihrem Leben mitwanderte.

Stella wird dies alles sehr wohl begreifen und für meine bleibenden Bedürfnisse nach Rückzug und Selbstvergewisserung ein freundliches Lächeln haben. Sie wird mir gewiss ebenso deutlich die Leviten lesen, wenn aus der Neigung zur Selbstbespiegelung und zur Flucht in die inneren Kammern ein Narzissmus und eine Selbstgefälligkeit der verletzenden Art werden sollte. Holla, mein Freund! Jetzt reicht es mit den Selbstbespiegelungen! Heraus aus den Löchern melancholischer Grübelei! Ich bin hier und will etwas von dir. Und nur du kannst es mir geben! Sei mein Begleiter, nicht mein Schatten. Die einzige «Ombra», die mich interessiert, gehen wir jetzt zusammen in einer venezianischen Bar trinken!

Am Lido

«Choisis tes ennemis, mais laisse tes amis te choisir.»
André Gide, Conseils au jeune écrivain

Ich sehe schon, lieber Grigione, so leicht kommst du von deinen Wegweisern zur Freundschaft nicht los. Und das sind nun einmal Bücher. Ich will dir entgegenkommen. Bin ja auch nicht bücherscheu. Nur wenn es um Freundschaft geht, braucht es am Ende einen Schritt aus dem Buch ins Leben. Einen großen und mutigen sogar. Mir scheint, du legst durch deine terminlich unbestimmten Aussagen über einen Umzug nach Venedig immer noch Vorlieben an den Tag, die dich eher zum päpstlichen Hausprälaten prädestinieren als zum Freund einer vitalen vierzigjährigen Frau! Diesem skurrilen Pfaffenzickzack sollten wir gemeinsam zu Leibe rücken und ein Ende bereiten. Für die Hilfe einer resoluten Mitkämpferin beim erforderlichen Befreiungsschlag wirst du mir eines Tages gewiss noch dankbar sein. Komm also bald nach Venedig! Ich traue mir zu, dir inzwischen mehr über Freundschaft beibringen zu können als Augustin, Montaigne und Nietzsche vereint. Hab den Mut und mache den Schritt.

Ein italienischer Schriftsteller schrieb einmal, man könne in Venedig nicht anders fühlen als musikalisch und man könne hier nicht anders denken als in Bildern. Also versuche ich dies als Venezianerin dir gegenüber auch.

Das venezianische Grundgefühl ist durch die auf dem Wasser schwankende Gondel vorgegeben. Die Harmonik ist die fest umschriebene Barkenform. Das Ruder, welches ein erfahrener Gondoliere so meisterhaft handhabt, schlägt den Rhythmus, die Melodie ist das Rauschen der Stadt, bestehend aus Stimmen, Gesängen, aus Gesprächsfetzen aufgeregter Venezianer, guten Wünschen und Flüchen und dem Geplätscher der Wellen. Es war ein deutscher Dichter, der in der Gondel Wiege und Sarg vereint erkannte, zwischen denen «wir schwanken und schweben / Auf dem großen Kanal sorglos durchs Leben dahin». Ist dir schon durch den Kopf gegangen, dass man jedes der über sechshundert Konzerte von Vivaldi als eine Gondel ansehen kann, auf welcher wir durchs Leben schwankend und doch nicht unbehütet auf dem Strom der Zeit dahingleiten? Anstatt die zum Verwechseln ähnliche Form zu bemäkeln, sollte man sich doch der ungeheuren Vielfalt in den Details zuwenden. Es ist in diesen Concerti von Vivaldi genau wie bei den Gondeln: Die Struktur ist gegeben, die Hauptformen sind gesetzt. Daran braucht man nichts zu verändern. Doch wer sich mit den Verzierungen und den verborgenen Einzelheiten befasst, steht plötzlich vor einem Wunder der Vielfalt. Als ich mich kürzlich bei Santa Sophia mit einer Gondel über den Canal Grande setzen ließ, ging mir durch den Kopf: Jede Gondel ist für den, der genau hinschaut, eine eigene Welt. So wie jede Liebe eine eigene Welt ist. Wie sollte nicht auch jede Freundschaft eine solche sein? Lass uns eine Gondel der Freundschaft bauen!

Dass die Venezianer in Bildern denken, glaubt ein Besucher der Accademia der schönen Künste sofort. Die schönsten Geschichten, welche die Venezianer über sich und ihre Stadt erzählt wissen wollen, hängen an den Wänden des Museums. Die reichsten Farben ihrer glanzvollen orientalischen Vergangenheit sind in den Bildern der venezianischen Meister aufbewahrt. Die wundersamen Spiele, die Licht und Wasser hier miteinander treiben, haben die Koloristen des

18. Jahrhunderts allesamt auf ihre Leinwände gebannt. Willst du erfahren, wie großherzig Venezianer sind: Schau dir die Bilder ihrer Maler an! Wenn ich einen Guardi sehe, glaube ich auch zu hören, wie die Leute reden, die er in seine Szenerie hineinsetzt. Und auch wenn einige Kunstfreunde der Ansicht sind, man müsse nicht jedes Bild von Tintoretto in jeder venezianischen Kirche und jedem venezianischen Palast gesehen haben, um selig zu werden: Was dieser Meister der Dunkelheit und der Dinge, die in gewissen Bildteilen ununterscheidbar werden, uns zu sagen hat, ist in seiner Art einmalig und unersetzlich. Je älter ich werde, umso mehr bin ich davon überzeugt, dass es ein unbeschreibliches Glück ist, möglichst viele Bilder dieses Mannes nicht nur vor Augen, sondern auch in der Galerie der eigenen Seele aufgehängt zu haben. Du siehst, mein lieber Grigione, wie unendlich viel es in Venedig zu tun gibt, bevor man sich von der Welt verabschiedet. Ich hoffe, du wirst im kommenden Januar bereits damit beginnen.

Doch lass mich dir heute von einem ganz besonderen Ort dieser Stadt berichten. Ich meine den Lido. Im Winter gehe ich ab und zu um sechs Uhr morgens ins Büro, um dafür gegen drei Uhr nachmittags mit dem Vaporetto zum Lido hinausfahren zu können, bevor die Sonne im Dunst der Lagune untertaucht. Ich brauche diesen Sandstrand und den Anblick der Adria von Zeit zu Zeit, und es kann vorkommen, dass ich beinah allein am Sandstrand entlangspaziere und zusehe, wie die Wellen über die Spuren meiner Gummistiefel herfallen und diese wieder verwischen, bevor sie ins Meer zurückweichen. Ab und zu treffe ich hier junge Frauen an, die mit einem Stecken oder dem eigenen Finger den Namen ihres Geliebten in den Sand schreiben und gebannt dem Spiel folgen, wie die Wellen, die wie unersättliche Zungen daran lecken, den Namen wieder unleserlich gemacht haben. Im Lauf der langen Geschichte dieser Stadt haben viele Menschen an diesem Strand gestanden und haben ihre Gedanken und Gefühle dem Meer und dem fernen Horizont anvertraut. Wenn ich ehrlich bin, Grigione, muss ich gestehen, dass auch ich mit diesem Aufsuchen des Lidos begonnen habe, als ich liebeskrank war und in Rom einen Liebhaber hatte, der mir die venezianische Ruhe raubte. Was schickte ich ihm nicht alles die Adria hinunter, obwohl ich doch wusste, dass Rom am anderen Meer liegt! Heute fühle ich anders, wenn ich hierherkomme. Ich bin nicht mehr in einen feurigen Jüngling verliebt, der sich fernab mit anderen Frauen verlustiert. Ich brauche diesen Spaziergang auf dem weichen Boden und die besondere Musik der Wellen, um den venezianischen Alltag abzuwerfen und den Seelenmüll des Tages loszuwerden. Manchmal kommt um diese Zeit ein Wind auf. Dann ist es am schönsten, weil man glaubt, einem Orgelspiel der freien Natur beizuwohnen, in welchem die Laute des Wassers und des Windes sich vereinen, als wären sie streitende, dann wieder einander in die Arme fallende Geschwister. Wenn du nach Venedig kommst, bevor der Januar um ist, will ich mit dir an einem der ersten Tage hier den Lido entlangwandern. Ich habe nie verstanden, weshalb dieser Lido für Schönheitssüchtige derart zum Symbol des Todes und der Auflösung werden konnte. Hier spürt man doch, wie die Elemente sich umarmen, und dies ist etwas anderes als die Reise in ein vermeintliches Nirwana. Der Tod hält für die Venezianer in ihren Krankenhäusern Hof, nicht am Lido. Doch lassen wir das.

Hier draußen gehen mir andere Dinge durch den Kopf. Wenn man mich fragen würde, mit welchem Schriftsteller oder Künstler ich am allerliebsten befreundet wäre, so würde ich – seit ich mit ihm Bekanntschaft gemacht habe – ohne das geringste Zögern sagen: mit Samuel Beckett. Dieser

Mann, der leider schon so lange tot ist, dem ich jedoch als junge Frau durchaus hätte begegnen können, hätte ich ihn früh genug gelesen, hat es mir wie niemand sonst angetan. Ich schwöre dir, ich wäre nach Paris gereist und hätte alle Mittel eingesetzt, über die eine junge und attraktive Frau verfügt, um in seine Nähe zu gelangen.

Müsste ich dir sagen, was ihn für mich so anziehend macht, ich könnte es nicht auf einen Nenner bringen. Am meisten liegt es ganz gewiss an seinem Humor. Für mich ist er einer der komischsten Schriftsteller, die je gelebt haben. Ich lache immer wieder laut auf, wenn ich ihn abends im Bett lese. Und nie schlafe ich zufriedener ein, als wenn ihm und seinen komischen Erfindungen meine letzten Gedanken vor dem Schlafen gegolten haben.

Viele glauben vielleicht, Beckett sei zu verschroben und eigenbrötlerisch, zu versunken in absurde «Endspiele», um ein Freund anderer Menschen gewesen sein zu können. Doch da traue ich seinen Biografen. Wer das Glück hatte, in seine Nähe zu kommen, entdeckte seine überraschende Begabung, ein Hüter freundschaftlicher Nähe zu sein. Eine Wärme und eine Leuchtkraft werden seiner Gegenwart nachgesagt, die unvermutet spürbar wurden. Man findet diese übrigens in vielen seiner Briefe. So als würden sich die Beengungen des Daseins auf einmal mit einem Mantel der Großzügigkeit und Weite umgeben. Er vermochte durch Heiterkeit ihm Nahestehende zu erleichtern, er bewies Anhänglichkeit durch seine Güte, eine besondere Sanftheit soll seine kleinen Gesten der Zuneigung umflossen haben. Geschenke waren ihm mehr etwas Symbolisches, manchmal konnten geradezu wertlose Materialien ihm die größte Freude machen. Seinen Freunden soll er manchmal nur gesagt haben: «Erzähl mir was!» Und er hörte zu, staunte und war zufrieden. Wie er Texte schreiben konnte, die sich um ein Nichts drehen, so kann man vielleicht auch Freundschaften um ein Nichts bauen, wer weiß. Spielte sich unter Becketts Freunden etwas Unerfreuliches ab, setzte er dagegen eine der besten Waffen der Freundschaft ein: er vergaß einfach. Beckett soll gesagt haben: «Die Dinge werden einfacher, wenn der Horizont schrumpft.» Vielleicht sah er eine Freundschaft als ideal an, die keinen allzu weiten und fernen Horizont hat, sondern einen ganz nahen, absehbaren, gleichsam eingezirkelten. Oder er verabschiedete sich von seinen Freunden mit den Worten: «Ich werde da sein, wenn Sie Unklarheit brauchen.» Das will ich dir, Grigione, auch versprechen: Ich werde immer da sein, wenn du Unklarheit brauchst! – Dennoch wusste Beckett immer, was für jene zu tun ist, die einen gerade brauchen. So achtete er sehr darauf, den definitiven Abbruch einer gemeinsamen Sache zu verhindern, er wollte keine endgültigen Trennungen, eher alles verlängern oder gar retten, was die Eigenschaft hatte, menschenfreundlich zu sein und unauffällig genug. Dass er Angst hatte, von anderen schutz- und hilflos gesehen zu werden, verstehe ich sehr gut. Seine eigene Misere den Freunden zumuten, das wollte er am allerwenigsten. Deshalb zog er sich am Ende auch wie ein Einsiedler in ein Altersheim zurück. Er lebte dort für sich, aß in seinem Zimmer ganz für sich allein, klagte nicht und machte Witze, wenn jemand ihn besuchte, obwohl Besuche im Heim ihm unangenehm waren. Sein letztes Gedicht heißt «Comment dire – Wie soll man es sagen, oder: Was gibt es für ein Wort dafür?» Das erste Wort dieses Gedichtes heißt «Folie – Wahnsinn». Auch er wusste am Ende nicht, wie man das sagen soll, was das Dringlichste wäre – und zog es vor zu schweigen. Das Altersheim, in dem er sich vor seinem Tod zurückzog, weil er dringlich medizinische Versorgung brauchte, hieß «Le Tiers Temps». Vielleicht glaubte er, dass in der dritten Zeit des

Lebens eine Freundschaft niemandem mehr zumutbar ist. Ich weiß es nicht. Doch je mehr ich mich mit ihm befasse, umso stärker wächst mein Bedürfnis, ihm freundschaftlich nahe zu sein. Es ist freilich eine gewünschte und geträumte Freundschaft, die mit der Zeit von der Ehrfurcht ununterscheidbar wird. Doch ich ertappe mich manchmal dabei, dass ich laut mit ihm rede. – Hast du gewusst, dass er ein Leopardi-Zitat besonders liebte: «In noi di cari inganni, non che la speme, il desiderio è spento. – Nach geliebten Trugbildern ist uns nicht allein die Hoffnung, sondern auch die Sehnsucht erloschen.» Siehst du, was ihm wichtig war? Immer weniger Trugbilder im Leben. Man muss sich von den falschen Hoffnungen verabschieden. Offenheit für das Wirkliche, Abschied von allem, was nur ersehnt werden kann. Das ist für mich Beckett pur!

Wenn du kommst, fahren wir zum Lido hinaus. Und ich nehme einen Text von Beckett mit. Du denkst jetzt vielleicht, es muss sich sicherlich um *Happy Days* handeln, damit wir uns beide wie Winnie und Willie in den Sand des Lidos eingraben und als Paar – uns streitend und liebend, brutal und zärtlich die innersten Gefühle vor dem anderen ausbreitend – unseren Untergang ins Sandloch feiern. Falsch! Ganz falsch! Wenn ich auch zugeben muss, dass ich eine Weile daran gedacht habe, diesen Text zu wählen, weil er doch alle notwendigen Vorkehrungen für einen absurd-komischen Untergang an einem der schönsten Sandstrände der Welt vorführt. Aber ich will ja mit dir nicht im Sand versinken, sondern möglichst lange auf ihm am Wasser entlangspazieren. Weil hier im Sommer Tausende von Touristen sind, die im Verlauf eines Tages diesen Strand von einer Augenweide in eine Abfallgrube verwandeln, hat man in gewissen Abständen Mülltonnen hingestellt. Und jetzt weißt du sicher schon, worauf ich hinauswill: Ja, aus Becketts *Fin de partie,* seinem *Endspiel,* möchte ich dir am Lido einige Stellen in Erinnerung rufen und dir vorweg schon eine Stelle ins Innenohr einpflanzen, dass sie – als Plan und als Zukunftstraum – nie mehr aus deinem Kopf verschwinden möge.

Dieser Text ist ja eine der größten Wundertaten Becketts. Und er schrieb ihn doch zu einer Zeit, als er selbst in einem Loch steckte und glaubte, es sei mit ihm als Schriftsteller zu Ende. Ich weiß, das Stück spielt in einem Innenraum, mit zwei hochgelegenen Fenstern, zu denen man eine Leiter braucht, um hinausblicken zu können. Es gibt vieles, was am Lido nicht so gut dafür passt, wie in einem geschlossenen Innenraum. Wir verzichten da draußen sogar auf das Paar in den Mülltonnen und stecken sie hier weder in Abfallkörbe noch in den Sand. Nur zwei Figuren will ich mit dir und mir am Lido haben: Hamm und Clov. Du bist Hamm, und ich bin Clov. Du der blinde Chef Hamm im Rollstuhl, ich der sehende, immer herumrennende Clov, der je schneller, je lieber abhauen möchte und am Schluss immer noch da ist und vermutlich ohne seinen eigensinnigen, unverständlichen, selten bösartigen, oft ihm auch schmeichelnden Hamm todunglücklich wäre.

Weshalb ich mit dir gerade mit diesem Buch in der Hand am Lido entlangspazieren möchte? Es gibt keine komischeren Gespräche zwischen zwei Menschen als die, welche Beckett Hamm und Clov miteinander führen lässt. Was die beiden einander hier an den Kopf werfen, ist so gut und so frech, so richtig und so daneben, so ehrlich und so verlogen, dass man geradezu Beifall klatschen möchte, wenn Hamm sagt: «Es gibt also keinen Grund dafür, dass sich etwas ändert.» Was ist das nicht für ein tolles Leben, wenn der Herr, die Frustrationen seines Dieners einmal begreifend, zu ihm sagt: «Warum tötest du mich nicht?», und dieser darauf antwortet: «Ich weiß nicht, wie der Speiseschrank aufgeht.» Das ist nur eines von Hunderten von Beispielen, an welchen Freunde lernen können, wie man miteinander umzugehen hätte. Einmal sagt Clov: «Ich gebrauche die Wörter, die du mir beigebracht hast. Wenn sie nichts mehr heißen wollen, bring mir dann andere bei. Oder lass mich schweigen.» Was für eine Klugheit im Umgang miteinander! Man muss sich doch, ein bisschen wenigstens, an die Wörter halten können. Wenn diese ihren Sinn verlieren, braucht es neue, um miteinander weiterzukommen. Meinst du nicht auch? – Hamm fragt: «Sollen wir uns mal totlachen?» Clov darauf: «Ich könnte mich heute nicht mehr totlachen.» Hamm, nachdem er überlegt hat: «Ich auch nicht!» – Sie sind verschieden, und doch grundverwandt. Sie kommen voneinander nicht los, wollen es vermutlich auch gar nicht, und spüren doch, wie anders jeder ist. Noch dieses: Clov summt vor sich hin. Hamm darauf: «Nicht singen.» Clov: «Darf man nicht mehr singen?» Hamm: «Nein.» Clov: «Wie soll das denn enden?» Hamm: «Möchtest du, dass es endet?» Clov: «Ich möchte singen.» Hamm: «Ich könnte dich nicht daran hindern.»

Die Steigerung des Schlusses ist grandios. Man glaubt, jetzt muss die Beziehung endlich platzen. Clov wird abhauen und den blinden Hamm im Rollstuhl allein zurücklassen. Das Gegeneinander-Miteinander-Spiel muss doch einmal aufhören. Weit gefehlt! «Es ist zu Ende, Clov, wir sind am Ende. Ich brauche dich nicht mehr.» Sagt Hamm. Clov darauf: «Das trifft sich gut.» Hamm bittet Clov, ihm vor seinem Weggehen noch ein paar Worte zu sagen, «ein paar Worte ... aus deinem Herzen.» Und nun kommt die Stelle, aus der ich mir seit unserer Begegnung in Rom ein Nachtgebet gemacht habe. Clov, mit starrem Blick und tonloser Stimme, wie Beckett vorschreibt, antwortet: «Man sagte mir: Ja, das ist die Liebe, doch, doch, ganz bestimmt, du brauchst nicht weiterzusuchen. Man sagte mir: Ja, das ist Freundschaft, doch,

doch, das ist Freundschaft, du brauchst nicht weiterzusuchen.» Clov wird Panamahut, Tweedrock, Handschuhe, Regenmantel, Schirm und Koffer holen. Er wird bis zum Ende von Hamms Schlussmonolog in der Nähe stehen, «regungslos und teilnahmslos mit auf Hamm gerichteten Blick». Clov wird seine Reiserequisiten alle wieder ablegen. Das Spiel wird neu beginnen, denn für solcherart Freundschaft gibt es nur das Endlosspiel, kein Endspiel.

Mein lieber Grigione, man muss fest daran glauben, dass eine Freundschaft trotz aller Schiefheiten, Skurrilitäten und Missverständnisse real ist und nicht bloß eine Sache der Wünsche und der Träume. Und dass man nicht, gejagt von Zweifeln und Unentschiedenheiten, weiter nach ihr suchen muss. Genau so wie Clov es sagt, stelle ich mir unsere Freundschaft vor. Greifbar, lebbar, spürbar. Eine Gondel nach unserem Gusto. Du wirst sehen, wir werden viel zu staunen und zu lachen haben. Ich kann nur hoffen, dass meine seltsame, doch reale und auf Greifbarkeiten beruhende Zuneigung dich nicht in Angst und Schrecken versetzt. Es soll – soweit es an mir liegt – eine Freundschaft werden, die unabsehbar lange dauert. Der Lido von Venedig wird sie immer wieder mit allem anreichern, was für ihre Frische und ihre Kraft notwendig ist.

Ich jedenfalls freue mich darauf. Mein Garten der Freundschaft ist ab sofort für dich offen. Sei freundlich und lass mich nicht zu lange warten.

Bei aller Freundschaft …

Meine Aufgabe bleibt es noch, dem Großmogul vor Ende des Jahres darüber zu berichten, wie weit meine Überlegungen zum Aufbau seines Freundschaftspalasts in Samarkand gediehen sind. Er wird nicht gerade erbaut sein über das, was sich bei mir inzwischen getan hat. Doch muss nicht auch ein Großmogul damit rechnen, dass nicht alles nach seinen Plänen abläuft und gelingt? Dass man bei großen Projekten, so unumstritten sie sein mögen, auf unerwartete Schwierigkeiten, ja auf Hindernisse stoßen kann, die zwangsläufig aufschiebende Wirkung haben? Und manchmal sogar, dass ein Projekt mit den vorgesehenen Personen gar nicht zu realisieren ist? – Ich muss die Situation so schildern, dass der Großmogul meine Bemühungen trotzdem achten kann und sein Plan mit dem Palast der Freundschaft, nach Klärung gewisser – allerdings entscheidender – Dinge, nach wie vor eine Chance hat, verwirklicht zu werden, womöglich sogar unter Einschluss meiner Person. Das Folgende ist nur der erste Entwurf meiner Antwort.

An den Großmogul von Samarkand

(mit der freundlichen Bitte an Din Mahmud um Weiterleitung)

Verehrter Großmogul, um es vorwegzusagen: Ich bin beim Versuch, Ihrem Wunsch Folge zu leisten und einen Plan zur Errichtung eines Palastes der Freundschaft in Samarkand zu erarbeiten – ich sage es ungern, doch so ist es –, leider gescheitert. Dieses Schreiben ist der Versuch, Ihnen einige Gründe für das Misslingen zu unterbreiten. Auf den kürzesten Nenner gebracht, lautet die Kernbotschaft: Ich bin der Freundschaft im Verlauf meiner Erkundungen auf unerwartet neue Art und Weise begegnet. Meine Gewissheit darüber, dass ich zum Freund tauge und damit auch für die von mir erwartete Dienstleistung, ist ins Wanken geraten und hat sich in einen tiefen Zweifel verwandelt. Es hat mich dies zur grundsätzlichen Frage geführt, ob ich der richtige Mann sein könne, um für die vorgesehene Aufgabe in Ihre Dienste treten zu dürfen. Sicher bin ich mir inzwischen über eines: Noch wäre es zu früh und in unverantwortlicher Weise voreilig, der Zuständige für Ihren großartigen Plan in Samarkand sein zu wollen. Ich weiß jetzt, dass ich in Sachen Freundschaft noch dringliche Hausaufgaben zu erledigen habe, bevor ich mich als Experte für diesen Bereich einem Wohltäter und Philanthrop zur Verfügung stellen darf.

Dies ist freilich nur mein subjektiver Stolperstein. Es gibt gewaltige objektive Schwierigkeiten, auf die ich im Verlauf meiner Bemühungen gestoßen bin. Aus meinen Aufzeichnungen und Notizen, die ich in einer bescheidenen Auswahl diesem Schreiben beifüge, werden gerade die objektiven Hindernisse, wie ich hoffe, einigermaßen nachvollziehbar. Ich beschränke mich hier auf die Erwähnung nur der allergrößten Klippen, an denen die Wellen meiner Begeisterung für die Freundschaft aufschäumend zurückprallten.

Mein sehnlicher Wunsch wäre es gewesen, jenen Franzosen zum Vorbild und Lehrer zu nehmen, der mit seinen «Fragmenten einer Sprache der Liebe» ein unerreichtes Zeugnis darüber vorgelegt hat, wie man über Begehren, Hoffnung, Verzweiflung und Revolte der Liebenden sprechen kann und soll. Mein Erstaunen und meine Hilflosigkeit waren groß, als ich entdeckte, dass die Sprache der Freundschaft eine ganz und gar erborgte, zusammengestückelte, unspezifische und offene ist. Wenn die Sprache bei der Liebe versagt, wird der Körper einspringen, um für Verstehbarkeit zu sorgen. Wenn in der Freundschaft die Sprache ausbleibt, bleibt auch der Körper stumm. Die Sprache stiehlt in der Freundschaft alles bei jenen Ausdrucksformen, die bereits das persönliche Wohlwollen kennt. Sie pirscht im Garten der

Liebe und der Ethik herum, ohne zu eigenen und spezifischen Ausdrucksformen zu gelangen. Sie hält sich in einer sicheren Mitte auf und schielt hinüber, links zum Glück der Liebe, rechts zur Mitmenschlichkeit und zum Mitleid der Ethik. Sprachen der Freundschaft gibt es demnach unzählige, sie sind austauschbar wie Kleider, man überprüft, ob diese im konkreten Fall passen, und damit hat es sich meistens. Hätte ich es vermocht, Ihnen, verehrter Großmogul, einigermaßen überzeugende «Fragmente einer Sprache der Freundschaft» zu liefern, ein ABC darüber, an welchem Vokabular man Freundschaft erkennen kann, mithilfe welcher Grammatik man diese erlernen und aufgrund welcher Bedeutungslehre man sie weiterschenken kann: Ich würde Ihnen heute weniger beschämt diesen Brief schreiben, als ich es in diesem Augenblick tue.

Mir kam darauf der Gedanke, ob es – wenn schon keine eigene Sprache der Freundschaft – vielleicht so etwas wie eine Ikonografie der Freundschaft geben könnte, eine Art Bilderschrift für dieses beglückende Bedürfnis, so wie sie etwa die Buddhisten mit ihren Mudras kennen, um innere Haltungen und die Geheimsprache der Gedanken nach außen erkennbar zu machen und kundzutun. Ich beugte mich mit Fleiß über die Lehrbücher der Buddhisten, um zu begreifen, ob Freundschaft so etwas wie Ermutigungs- oder Annäherungsgesten kennt. Hat es etwas zu bedeuten, wenn Freunde mit ihren Fingern ein Rad bilden oder wenn sie die Erde mit dem rechten Finger berühren? Rufen auch sie die Erde als Zeuge auf für das, was sie einander zu sagen haben? Kennen Freunde Gesten der Wunschgewährung, der Entsagung oder des Verzichts? Deuten auch sie, wenn ihre Daumen und Zeigefinger sich berühren, einander an, dass sie ein Anliegen begreifen, so als hielten sie ein Körnchen Wahrheit zwischen beiden Fingern? Kennen Freunde vielleicht Bannungsgesten, mit denen sie Gefahren und Dämonen von sich fernzuhalten vermögen? Ist die offene Handfläche, nach oben gehalten, auch bei ihnen eine die Beruhigung und das Wohlbefinden fördernde Geste? Benützen Freunde untereinander eine Körpersprache, die so etwas wie eine «Unio mys-

tica» erkennen lässt? Vermögen sie anzudeuten, dass ihre Polaritäten eins geworden sind? Fragen über Fragen. Ich habe sie alle gestellt und bleibe mit großen Zweifeln zurück!

Freundschaft kennt keine Zeichen, mit welchen die Betroffenen einander wie die Buddhisten andeuten können, wie das Nirwana schon im Diesseits ausgesprengt und über den Raum verteilt werden kann. Sie tauchen nicht die Finger in ein mit Nektar gefülltes Gefäß, um einander zu versichern, dass es für ihre Beziehung keinen Tod gibt. Weshalb nicht? Weil Freundschaft zutiefst antirituell ist, weil sie sich nicht in symbolischen Formen festigen will, weil sie sich wehrt gegen kollektive Erkennbarkeit und gegen Aushängeschilder, mit denen man die anderen darüber unterrichtet, wie es um einen steht. So viele Freundschaftsgesten gibt es vermutlich in dieser Welt, wie es gelebte Freundschaften gibt. Jede erfindet ihre eigenen Umgangsformen, ohne einer festen und ritualisierten Bildersprache zu bedürfen. Wenn die Sprache das Vehikel der Liebe und der Ethik ist, so sind die Bilder jenes der Religion und der Kunst. Freundschaft festigt sich nicht zum allgemein erkennbaren Symbol. Sie bekundet sich in ihrer besonderen Gestalt gerade im dialogischen Umbilden der Formen. Wir erkennen dies daran, dass alle in der Geschichte erbauten «Tempel der Freundschaft» etwas Kaltes, Totes und Künstliches an sich haben. Sie sind kälter als eine Kathedrale im Winter, wo doch immerhin die Kerzen der Andächtigen leuchten und bei aller herrschenden Kälte im Betenden wärmende Gedanken auslösen. Freundschaft ist nur warm und lebendig, wo Freunde miteinander ihre Freundschaft leben. Sie braucht keine Bilder und keine Altäre. Sie braucht Menschen, die wissen, dass das Leben mit anderen jenem Leben vorzuziehen ist, das man allein mit sich ausgestalten will.

Daraus ersehen Sie, verehrter Großmogul, dass ich auch mit meinem zweiten Ansatz scheiterte. Ich versuchte einen dritten. Mein Wunsch war es, Ihnen nach diesen gescheiterten Ansätzen eine wundersam ansteigende «Scala amicitiae» vorzulegen, eine pädagogische Leiter, auf welcher man von den ersten Stufen freundschaftlicher An-

näherung und Begegnung bis hinauf zum vollkommenen Glück der Freundschaft gelangen könnte, so, wie Montaigne dieses mit seinem Freund La Boétie erlebt zu haben behauptete. Als Modell dafür – so glaubte ich – hätte die berühmte Leiter des Johannes vom Sinai dienen können, mit welcher dieser gelehrte Abt für seine Mönche den Aufstieg vom sündigen Menschen zum Gerechten und gottseligen Himmelsbewohner vorzeichnete. Leider täuschte mich auch diese Hoffnung. Zwar gibt es unter den dreißig Stufen oder Sprossen, welche die Leiter dieses Lehrers der Gottesfreundschaft aufweist, durchaus einige, die für die Entwicklung der Freundschaft unter Menschen ihre Nützlichkeit haben könnten. Der Gottesmann redet nämlich von allerlei Gefahren, welche auch der irdischen Freundschaft zusetzen: Zorn, nachtragender Groll, Geldsucht, Prasserei, Gefühllosigkeit, Hochmut, Eitelkeit, Feigheit. Durchaus Charaktereigenschaften des Einzelnen, die auch der Freundschaft schaden, ja sie letztlich unmöglich machen. Je weiter man jedoch des frommen Mannes Leiter hinaufsteigt, umso besser spürt man, dass die Wahrnehmung des anderen – ob Freund oder Feind – immer weniger wichtig wird. Der Mönch beginnt sich auf seiner Leiter nur noch nach Gott auszurichten. Er soll Sanftmut, Einfalt und Arglosigkeit entwickeln, um gottgefällig, nicht um menschengefällig zu werden. Am oberen Ende der Leiter steht dann ein Wesen, das ausschließlich Gott und die himmlische Seligkeit im Sinn hat, ein Heiliger geradezu, der die Eigenschaften, die ihn zur Freundschaft mit einem fehlerhaften und dem Leben zugewandten Zeitgenossen befähigen würden, allesamt von sich abgestreift hat und nur noch in Leidenschaftslosigkeit und vollkommener Seelenruhe vor Gottes Antlitz treten will. Verehrter Großmogul, Sie werden sicher begreifen, dass ich auch dieses Modell als untauglich ansehen musste, weil es ja zum Wesen der Freundschaft gehört, den Freund und die Freundin gerade trotz ihrer Unvollkommenheit, ihrer mühsamen Leidenschaften, ihres unfertigen Temperaments und Charakters zu lieben. Bei aller Verehrung für die Weisheit dieses Kirchenvaters: Zum Begründer Glück bringender irdischer Freundschaften taugt er nicht. Ich legte seine Himmelsleiter vor Verlegenheit beinah errötend wieder aus der Hand.

Sie fragen mich jetzt vielleicht – und gewiss nicht zu Unrecht –, weshalb ich nicht den Gedanken einer irdischen Glückslehre mit jenem der Freundschaft zu verbinden versuchte. Weshalb ich nicht, anstatt am Bau einer Himmelsleiter, an der Entwicklung einer Freundschaftsleiter gearbeitet habe. Eine solche hätte immerhin innerweltliche Zufriedenheit, verbunden mit mitmenschlicher Friedfertigkeit, erreichbar gemacht. Ich will es Ihnen sagen: Diese Aufgabe erinnerte mich allzu sehr an jene unserer westlichen Philosophen und Ethiker, welche – unter Einbeziehung der Freundschaft als einer entscheidenden Sprosse auf der Suche nach dem Glück – wie ihre östlichen Weisheitslehrer dies schon seit Jahrtausenden tun. Ich habe beim Lesen der einschlägigen Schriften entdeckt, wie ermüdend es ist, die Leiter der Glückssucher hochzusteigen, selbst dann, wenn sie die Freundschaft im Visier haben. Seien wir ehrlich: Es ist todlangweilig, ethische Rezepte zur Förderung der Freundschaft zu verordnen! Das Einzige, was mir bei der Erforschung dieses Gebiets als lohnend erschien, war der Versuch großer Dichter, in unerwartet erfrischender Weise Freundschaften zu ersinnen, wie sie unsere Welt am dringlichsten bräuchte, obwohl sie diese bisher nicht erlebte. Um aber solche «Traumfreundschaften» in die Welt zu setzen, muss man ein Dichter sein. Ich aber bin ein Bibliothekar und Bücherwurm, ein Spurenriecher nach Freundschaft und ein Sammler von Freundschaftsgeschichten, die mir auffallen und gefallen. Nicht mehr und nicht weniger. Jede Geschichte interessiert mich, in welcher Menschen auf überraschende Weise zueinanderfinden. Es wäre eine das einzelne Menschenleben weit überfordernde Aufgabe, die gesamte Weltliteratur nach solchen Freundschaftsgeschichten abzusuchen. Ich bleibe, sobald ich etwas finde, immer wieder am Glück der anderen hängen und will nicht weiter. Doch inmitten dieser Geschichten geschah es: Ich begegnete völlig zufällig auf einem Kongress in Rom einem Menschen, der so von Freundschaft sprach, wie ich es bisher nicht kannte. Plötz-

lich erschien mir dies aufregender als alles, was ich über Freundschaft in Büchern finden konnte, und ich ließ mich darauf ein. Was diese Freundin erzählte und wie sie argumentierte, war für mich eine neue Musik der Freundschaft. Daher mein fester Entschluss, Ihren Auftrag, verehrter Großmogul, wieder in Ihre Hände zurückzulegen. Ich werde dieser neuen Freundschaftsmusik folgen. Was daraus wird, kann ich Ihnen heute noch nicht sagen.

Ich habe Grundsätze: Nichts muss sein, aber alles darf sein. Zurückhaltung vermehrt die guten Aussichten. Nichts im Überschwang entscheiden. Ich muss schweigen dürfen, ohne falschen Verdacht zu erregen. Zeitweilige Zweideutigkeiten müssen zumutbar bleiben. In einem gewissen Alter ist Sich-Einrichten mit der Einsamkeit keine Ablehnung der Freundschaft. Übrigens sagt Freundschaft nie: «Ich will den Beweis, jetzt, sofort.» Ich bin mir dazu bewusst: Zuneigung ist anstrengender als Gleichgültigkeit. Aber auch: Ich brauche nicht nur allgemeines Wohlwollen. Das Wohlwollen muss ein Gesicht haben, ein unverwechselbares. Jetzt ist es das Gesicht dieser venezianischen Freundin geworden. Ich glaube, dass man die Entwicklungsstufen der Freundschaft beachten muss. Wie dies Antoine de Saint-Exupéry in seinem Buch «Der Kleine Prinz» empfahl: «Bitte zähme mich! – Wenn du einen Freund willst, so zähme mich!» Dies gelinge nur mit Geduld, behauptet der Fuchs. Man dürfe sich am Anfang nicht zu nahe sein, man müsse sich etwas abseits ins Gras setzen. Nicht direkt ins Angesicht, nur aus dem Augenwinkel dürfe man den anderen anschauen. Alles, was man zu forsch und zu frech anpacke und ausdrücke, führe zu Missverständnissen. Man müsse ausharren, verstohlen blicken, und sich jeden Tag ein bisschen näher zueinandersetzen. So vielleicht käme mit der Zeit Verträglichkeit und am Ende sogar Freundschaft zustande.

Dies ist nicht so weit entfernt von dem, was der sonderbarste aller Kirchenlehrer namens Augustinus empfahl: Man müsse miteinander plaudern und lachen, sich Gefälligkeiten erweisen, gemeinsam schöne Bücher lesen, einander mal necken, mal Achtung bezeugen, gelegentlich auch Meinungsverschiedenheiten austragen, aber ohne Hass.

Man solle nicht zu selbstgenügsam sein, sondern Abwesende vermissen, Freude über Rückkehrende zeigen. Auch die Freundschaft kenne äußere Zeichen und müsse sich dieser bedienen durch «Kuss, Rede, Blicke und tausend freundliche Gebärden: Das ist es, was man an Freunden liebt.»

Ich werde es in Venedig erproben. Vielleicht gelingt es nicht auf dem direkten Weg. Dann soll es nach dem sogenannten «Serendipity-Prinzip» geschehen. Es bedeutet: Man sucht nach etwas ganz Bestimmtem und stößt zufällig auf etwas ganz anderes, was sich als wichtig erweist. Kolumbus und die Entdeckung von Amerika ist ein Beispiel dafür – und in der medizinischen Forschung gibt es zahlreiche Entdeckungen, die sich dem Serendipity-Prinzip verdanken. Ich bin fest entschlossen, es in der Suche nach Freundschaft einzusetzen.

Manchmal denke ich, meine Tauglichkeit für Freundschaft sei noch enorm beschränkt. Beispielsweise wenn ich überlege, dass ich mit einer Frau, die sich mehr fürs Marmeladekochen als für Musik interessiert, unmöglich befreundet sein könnte. Ebenso wenig wie mit einem Mann, dessen Ehrgeiz darin besteht, die Stürmer des AC Milan bei allen Länderspielen seit der Gründung des Vereins mit vollem Namen hersagen zu können. Ist das nicht ein erschreckender Mangel an Freundschaftstauglichkeit? Marmeladekochen und Ehrgeiz in sportlichen Gedächtnisleistungen darf doch kein Hindernis für diese besondere Zuwendung sein, die im Grunde doch alle Menschen verdienen! Freunde warten überall. Selbst dort, wo sie noch keiner sieht und man es am allerwenigsten vermutet.

So ist der Augenblick gekommen, vor Ihrem Projekt die Waffen zu strecken. Sie verstehen gewiss, verehrter Großmogul, dass man auch in der Freundschaft dem folgen muss, was die größte Anziehungskraft hat. «Assai palpitasti» heißt es in einem Gedicht von Leopardi. Mein Herz hat wild genug geschlagen, um den Kern der Freundschaft zu finden. Nun gilt für mich: Geh aus mein Herz und suche Freundschaft! Ich werde es in Venedig tun. Bei aller Freundschaft, Großmogul, würden Sie an meiner Stelle nicht auch so handeln?

Der Schriftsteller Henry James berichtet, was er bei einer Gondelfahrt durch Venedigs Kanäle empfand: Das Dahintreiben zwischen Marmorpalästen und Lichtreflexen mache den Geist für Freiheit und Gelassenheit empfänglich («disposes the mind to freedom and ease»). Gerade das braucht man, um hinter die Rätsel der Freundschaft zu kommen. Dagegen mag die Botschaft jener venezianischen Frau, zu der ich in die Freundschaftsschule ziehe, geradezu martialisch klingen. Sie sagt mir in unmissverständlichem Ton: «Höre auf, dich über die Freundschaft zu hintersinnen. Lebe sie!»

Ich vermute immer noch, eine echte Freundschaft sei ein wirkliches Kunstwerk. Ein Kunstwerk aber ist wie eine Splitterbombe. Ihre Wirkungen gehen nicht nur in eine Richtung. Das heißt: Lebendige Freundschaft kann uns verändern, sie kann – vielleicht dem Blitzeinschlag der Liebe nicht unähnlich – unserem Leben eine neue Richtung geben.

Für den Augenblick genügt es mir, davon überzeugt zu sein, dass Freundschaft Dialog ist und nicht für einen Einzelnen zu bewältigen. Ein wunderbares, unabschließbares Gespräch ist sie, das man nie abbrechen möchte. Dies ist die geradezu mystische Seite der Freundschaft, welche diese zu einem der Religion nicht unverwandten Phänomen macht. Welcher Fromme möchte mit Gott je den Dialog beenden? Welcher Freund mit einem Menschen, von dem er nur Gutes zu erwarten hat? – Wenn ich vorerst nach Venedig anstatt nach Samarkand ziehe, dann weil ich überzeugt bin, dass für mich in der Lagunenstadt ein wunderbarer Dialog eingefädelt ist, über dessen Folgen bisher niemand etwas Sicheres weiß und sagen kann. Am Ende dieses venezianischen Abenteuers soll eine große Freundschaft stehen. Das erkenne ich bereits am Horizont.

Man soll dem Leben nicht vorgreifen. Vielleicht erfahre ich im venezianischen Garten der Freundschaft, was die Voraussetzung dafür wäre, um später in die Dienste eines Großmoguls treten zu können. Darin hat die venezianische Freundin gewiss recht: es muss eine gelebte und erfüllte Freundschaft den Boden dafür liefern, um darauf einen Palast in Samarkand errichten zu können.

So frage ich Sie am Ende dieses Schreibens in aller Bescheidenheit: Verehrter Großmogul, sind Sie jemandes Freund? Oder sind Sie als Herrscher in Ihrem Reich doch nur ein einsamer Mensch?

Die Chinesen sagen: «Der Name ist der Gast der Wirklichkeit.» Der Gast, bei dem ich die Wirklichkeit der Freundschaft ausloten will, heißt Stella. Wenn alles gut geht, ist ihr Name mein Wegweiser zur Freundschaft. Sterne geleiteten bekanntlich die Weisen aus dem Morgenland an den richtigen Ort. Vielleicht tun sie dies auch für die Suchenden und Lernenden aus dem Abendland. Und wie, wenn dieser richtige Ort am Ende Samarkand hieße?

Wenn es so weit ist, verehrter Großmogul, werden Sie von Ihrem Mann im Westen hören. Eines Tages, wer weiß, darf er vielleicht Ihr Freund werden. Denn ganz auf den west-östlichen Diwan der Freundschaft verzichten will Ihr vorgesehener Sekretär auf keinen Fall.

Dass Sie und ich – wie Nietzsche sagt – «vom Sonnenschein der geistigen Heiterkeit umspielt» bleiben mögen. Und dass die Geister der Freundschaft weiter über uns walten!

Ob der Großmogul für einen solchen Absagebrief Verständnis haben wird? Wer kennt schon die inneren Gedanken und Gefühle eines Herrschers an der Seidenstraße! Und ob ich diesen Entwurf Stella nach Venedig zur Prüfung schicken soll? – Eine innere Stimme sagt mir: Halte vorüberziehende Zweifel fern von dir Nahestehenden! Sogar von deinen Freunden!

Ich überschlafe es noch einmal. Morgen werde ich entscheiden.

Literatur zum Thema Freundschaft und zitierte Quellen

Accetto Torquato, Della dissimulazione onesta, Edizioni Costa & Nolan, Genova 1983.

Alberoni Francesco, L'amicizia, Garzanti Elefanti, Roma 1998.

Barbaro Paolo, Venezia – La città ritrovata, Marsilio, Venezia 1998.

Barthes Roland, Fragments d'un discours amoureux, Seuil, Paris 1977; dt. Fragmente einer Sprache der Liebe, suhrkamp taschenbuch, Frankfurt 1988.

Bataille Georges, Die Freundschaft, aus dem Französischen von Gerd Bergfleth, Matthes & Seitz, München 2002.

Beckett Samuel, Endspiel – Fin de partie – Endgame, deutsche Übertragung von Elmar Tophoven, suhrkamp taschenbuch, Frankfurt 1974.

Bloom Allan, Love and Friendship, New York 1993.

Bloom Hyman, Kataloge zu seinem Werk

The Spirits of Hyman Bloom: The sources of his Imagery by Dorothy Abbott Thompson, Chameleon Books, New York 1996.

Color & Ecstasy – The Art of Hyman Bloom, by Isabelle Dervaux, National Academy of Design, New York 2002.

Hyman Bloom – A Spiritual Embrace, by Katherine French, Danforth Museum of Art, Framingham 2007.

Hyman Bloom's Still Life Paintings, Amphora Pottery in the Eye of a Modern Master, by Paul Royka, www.ROYKAS.com.

Boccaccio Giovanni, Decamerone, a cura di Vittore Branca, 2 vol., Einaudi Tascabili, Torino 1980; dt. Das Dekameron, übersetzt von Ruth Macchi, Aufbau Bibliothek, Berlin 1999.

Boccaccio Giovanni, De claris mulieribus – Die großen Frauen, lateinisch/deutsch, ausgewählt, übersetzt und kommentiert von Irene Erfen und Peter Schmitt, Reclam, Stuttgart 1995.

Brodsky Joseph, Ufer der Verlorenen, Hanser, München 1991.

Bunin Iwan, Ein unbekannter Freund, dt. von Swetlana Geier, Dörlemann, Zürich 2003.

Caciorgna Marilena e Guerrini Roberto, Il pavimento del Duomo di Siena, foto di Andrea e Fabio Lensini, Silvana Editoriale, Siena 2004.

Camus Albert, L'hôte, in: L'Exil et le Royaume, Editions Gallimard-folio, Paris 2009; dt. Der Gast, in: Gesammelte Erzählungen, Rowohlt, Reinbek 1966.

Christine de Pizan, Das Buch von der Stadt der Frauen – Le Livre de la Cité des Dames, aus dem Französischen übersetzt von Margarete Zimmermann, dtv, München 1995.

Della Torre Arnaldo, Storia del'Accademia platonica di Firenze, Carnesecchi Editore, Firenze 1902.

Derrida Jacques, De l'hospitalité, Calmann Lévy, Paris 1997; dt. Von der Gastfreundschaft, Passagen, Wien 2001.

Dicziunari Rumantsch Grischun, Società Retorumantscha, Chur 1939 ff.

Doctor Illuminatus, A Ramon Llull Reader, edited and translated by Anthony Bonner, Princeton University Press, Princeton NJ 1993.

Dostojewskij Fjodor, Böse Geister, übersetzt von Swetlana Geier, Fischer Taschenbuch, Frankfurt 2000.

Ehrman Bart D., The Lost Gospel of Judas Iscariot. A New Look at Betrayer and Betrayed, Oxford University Press, Oxford 2006.

Eichler Klaus-Dieter (Hrsg.), Philosophie der Freundschaft, Reclam, Leipzig 1999.

Faderman Lillian, Surpassing the Love of Men. Romantic

Friendship and Love between Woman from the Renaissance to the Present, William Morrow and Company, Inc., New York 1981.

Ficino Marsilio, El Libro dell'Amore, a cura di Sandra Niccoli, Istituto Nazionale di Studi sul Rinascimento, Firenze 1987.

Ficino Marsilio, Über die Liebe oder Platons Gastmahl, lateinisch/deutsch, hrsg. von Paul Richard Blum, Felix Meiner, Hamburg 2004.

Ficino Marsilio e il Ritorno di Platone, Mostra alla Biblioteca Medicea Laurenziana, Catalogo a cura di S. Gentile, S. Niccoli e P. Viti, Casa Editrice Le Lettere, Firenze 1984.

Frédéric Louis, Buddhismus, Götter, Bilder und Skulpturen, aus dem Französischen von Helmut Mennicken, Susanne von Somm und Franziska Weyer, Flammarion, Paris 2003.

Frings Gabriele, Giorgiones *Ländliches Konzert*. Darstellung der Musik als künstlerisches Programm in der venezianischen Malerei der Renaissance, Gebr. Mann, Berlin 1999.

Fröhlich Anne Marie (Hrsg.), Gärten – Texte aus der Weltliteratur, Manesse, Zürich 1993.

Goldoni Carlo, Commedie, edizione Bonino/Bullegas, Garzanti, Milano 1994.

Hiltbrunner Otto, Gastfreundschaft in der Antike und im frühen Christentum, Wissenschaftliche Buchgesellschaft, Darmstadt 2005.

Homer, Die Odyssee, deutsch von Wolfgang Schadewaldt, Rowohlt Taschenbuch, Hamburg 1958.

Ibn al-Arabi, Die Weisheit der Propheten: Fusus al-Hikam. Nach der Übertragung von Titus Burckhardt, Chalice, Zürich 2005.

Johannes vom Sinai, Klimax oder die Himmelsleiter, übersetzt von Georgios Makedos, hrsg. von der Berg-Sinai-Stiftung, Athen 2000.

James Henry, The Aspern Papers, ed. Anthony Curtis, Penguin Classics, London 1986; dt. Die Aspern-Schriften, übersetzt von Bettina Blumenberg, triptychon literaturverlag, München 2003.

Jankélévitch Sophie et Ogilvie Bertrand (Ed.), L'amitié – Dans son harmonie, dans ses dissonances, Editions Autrement, Paris 1995.

Klassen William, Judas – Betrayer or Friend of Jesus?, Fortress Press, Minneapolis 1996.

Knowlson James, Samuel Beckett, Eine Biographie, aus dem Englischen von Wolfgang Held, Suhrkamp, Frankfurt 2001.

Kracauer Siegfried, Über die Freundschaft. Essays, Suhrkamp, Frankfurt 1971.

Landino Cristoforo, Camaldolensische Gespräche, übersetzt von Eugen Wolf, Eugen Diederichs, Jena 1927.

Little Graham, Friendship – being ourselves with others, Scribe Publications, Melbourne 2000.

Llull Ramon, Das Buch vom Freunde und vom Geliebten, Artemis, Zürich 1988.

Lukian, Das Hohelied der Freundschaft (Toxaris), herausgegeben und übertragen von Erwin Steindl, Lebendige Antike, Artemis, Zürich 1962.

Luhmann Niklas, Liebe als Passion. Zur Codierung von Intimität, Suhrkamp, Frankfurt 1982.

Meiser Hans Christian (Hrsg.), Freundschaft – Freunde schaffen und behalten, Fischer Taschenbuch, Frankfurt 1995.

Mérimée Prosper, Mateo Falcone, französisch/deutsch, Reclam, Stuttgart 2004.

Meyer-Krentler Eckhardt, Der Bürger als Freund – Ein sozialethisches Programm und seine Kritik in der neueren deutschen Erzählliteratur, Wilhelm Fink, München 1984.

Michaux Agnès, Le roman de Venise. Un voyage à travers les plus beaux textes de la littérature, Albin Michel, Paris 1996.

Moldi-Ravenna Cristiana und Sammartini Teodora, Die geheimen Gärten Venedigs, Fotos von Gianni Berengo Gardin, Eugen Diederichs, München 1995.

Montaigne Michel de, Oeuvres complètes, Bibliothèque de la Pléiade, Gallimard, Paris 1962; deutsche Ausgabe: Essais, Auswahl und Übertragung von Herbert Lüthy, Manesse, Zürich 1953.

Montaigne Michel de,/Derrida Jacques, Über die Freundschaft, Bibliothek Suhrkamp, Frankfurt 2000.

Müller-Schwefe Hans-Ulrich (Hrsg.), Über die Freundschaft, Insel Taschenbuch, Frankfurt 1996.

Nietzsche Friedrich, L'Ombra di Venezia, nach Heinrich Köselitz' Manuskript aus dem Nachlass, herausgegeben von Jochen Strobel unter Mitarbeit von Falko Heimer, Thelem, w.e.b. Universitätsverlag, Dresden 2006.

Paoli Letizia, Mafia Brotherhoods – Organized Crime, Italian Style, Oxford University Press, Oxford 2003.

Phillips Adam und Taylor Barbara, Freundlichkeit – Diskrete Anmerkungen zu einer unzeitgemäßen Tugend, Klett-Cotta, Stuttgart 2010.

Pizzolato Luigi, L'idea di amicizia nel mondo antico classico e cristiano, Einaudi Paperbacks Filosofia, Torino 1993.

Proust Marcel, Auf der Suche nach der verlorenen Zeit, Frankfurter Ausgabe, hrsg. von Luzius Keller, Suhrkamp, Frankfurt 1994 ff.

Proust Marcel, Enzyklopädie. Handbuch zu Leben, Werk, Wirkung und Deutung, hrsg. von Luzius Keller, Hoffmann und Campe, Hamburg 2009.

Rivera Garretas Maria-Milagros, Orte und Worte der Frauen. Eine Spurensuche im europäischen Mittelalter, aus dem Spanischen von Barbara Hinger, dtv, München 1997.

Schenda Rudolf, Das ABC der Tiere, Märchen, Mythen und Geschichten, C.H.Beck, München 1995.

Schulz Peter, Freundschaft und Selbstliebe bei Platon und Aristoteles, Karl Alber, Freiburg/München 2000.

Schumann Robert, Schriften über Musik und Musiker, ausgewählt und herausgegeben von Josef Häusler, Reclam, Stuttgart 2009.

Shakespeare William, Der Kaufmann von Venedig, zweisprachige Ausgabe, Deutsch von Frank Günther, dtv, München 1995; englisch/deutsch, übersetzt, kommentiert und herausgegeben von Barbara Puschmann-Nalenz, Reclam, Stuttgart 1982.

Shakespeare William, Hamlet, zweisprachige Ausgabe, Deutsch von Frank Günther, dtv, München 1995; englisch/deutsch, herausgegeben, übersetzt und kommentiert von Holger M. Klein, Reclam, Stuttgart 1984.

Shakespeare William, Julius Cäsar, zweisprachige Ausgabe, Deutsch von Frank Günther, dtv, München 1998; englisch/deutsch, übersetzt und kommentiert von Dietrich Klose, Reclam, Stuttgart 1976.

Spence Jonathan D., The Memory Palace of Matteo Ricci, Penguin Books, New York 1985.

Starobinski Jean, Montaigne, Denken und Existenz, Fischer Taschenbuch Wissenschaft, Frankfurt 1989.

Talbot Michael, Antonio Vivaldi, aus dem Englischen von Konrad Küster, insel taschenbuch, Frankfurt 1998.

Tomasi di Lampedusa Giuseppe, Der Gattopardo, Neuausgabe nach der 2002 bei Feltrinelli erschienenen ergänzten Edition, Piper, München 2004.

Vincent-Buffault Anne, L'exercice de l'amitié, Pour une histoire des pratiques amicales aux XVIIIe et XIXe siècles, Seuil, Paris 1995.

Wind Edgar, Heidnische Mysterien in der Renaissance, Suhrkamp, Frankfurt 1981.

Erwähnte Musikbeispiele

Heifetz Jascha, Double Concertos, BACH, Concerto for Two Violins, MOZART, Sinfonia concertante, BRAHMS, Concerto for Violin and Cello, recorded 1961, 1956 and 1960, Living Stereo, Sony BMG Music Entertainment 2006.

Schumann Robert, Davidsbündlertänze op. 6, Wilhelm Kempff, Klavier, aufgenommen 1967, DGG, Collectors Edition 2001.

Vivaldi Antonio, The Vivaldi Album, Cecilia Bartoli, Il Giardino Armonico, Giovanni Antonini, Decca 1999.

Vivaldi Antonio, Arien, Magdalena Kožená, Venice Baroque Orchestra, Andrea Marcon, Archiv Produktion 2010.

Aus dem Literaturprogramm